GERHARD BOLENZ

Sequentielle Investitions- und Finanzierungsentscheidungen

Wirtschaftskybernetik und Systemanalyse

Herausgegeben von

Prof. Dr. Jörg Baetge, Wien
Prof. Dr. Heribert Meffert, Münster/Westfalen
Prof. Dr. Karl-Ernst Schenk, Hamburg

Band 5

Sequentielle Investitions- und Finanzierungsentscheidungen

Ein kontrolltheoretischer Beitrag

Von

Dr. Gerhard Bolenz

DUNCKER & HUMBLOT / BERLIN

Gesellschaft für Wirtschafts- und Sozialkybernetik e. V.
Gutleutstraße 163 - 167, D-6000 Frankfurt/Main 11, Tel. 0611/25 65-1

Gedruckt 1978 bei Fotokop W. Weihert, Darmstadt 1
Printed in Germany

ISBN 3 428 04299 9

VORWORT

Mit der vorliegenden hochinteressanten Arbeit hat sich der Verfasser dem alten und zugleich ewig aktuellen Thema der Interdependenzen zwischen Investitions- und Finanzierungsentscheidungen gewidmet. Allerdings sind mehrperiodige stochastische Investitions- und Finanzierungsmodelle — wie sie Bolenz vorlegt — im Schrifttum u. W. noch nicht zu finden, da bisher Optimierungsverfahren für solche Modelle fehlten, zumal wenn bei den Modellen der stochastische Einfluß der additiven und nicht-additiven Variablen explizit berücksichtigt wird. Der Autor hat sein Modell mit Hilfe des *kontrolltheoretischen Ansatzes* „optimiert" und damit im deutschsprachigen Raum eine Pionierleistung vollbracht. Er ist einer der wenigen Spezialisten auf dem Gebiet der modernen Regelungstheorie, so daß er den Ansatz souverän heranziehen kann.

Untersuchungsziel der Arbeit ist es, mit Hilfe kontrolltheoretischer Verfahren Investitionsalternativen mit den Finanzierungsmaßnahmen optimal, d. h. im Sinne der Zielvorschrift, abzustimmen. Der Autor hat den Fall der Aktiengesellschaft vor Augen und legt deshalb als Zielvorschrift die Maximierung des Barwertes der künftigen erwarteten Nettoausschüttungen (= Marktwert des Eigenkapitals) an die Anteilseigner zugrunde.

Er entwickelt auf der Basis eines einfachen von *Elton/Gruber* 1975 vorgelegten Modelles ein eigenes mehrperiodiges stochastisches Entscheidungsmodell für den Fall unsicherer Erwartungen.

Im Gegensatz zu *Elton/Gruber* werden die Zahlungsströme mehrerer Investitionsalternativen mit Hilfe sogenannter Gewinn-Möglichkeits-Funktionen zusammengefaßt. Dadurch erhält der Autor die völlig neuartige Möglichkeit, die Investitionsvolumina verschiedener Investitionsbereiche in seinem Modell simultan zu bestimmen. Diese Funktionen berücksichtigen die erwarteten Gewinne für jene Investitionsbereiche, deren Gewinne hinsichtlich zeitlicher Struktur und Unsicherheitsgrad gleich sind. Diese Aggregation von Zahlungsströmen mag einigen Kapitaltheoretikern als ein (zu) großes Opfer an Genauigkeit erscheinen, doch halte ich die dadurch gewonnene Möglichkeit, ein mehrperiodiges stochastisches Investitions- und Finanzplanungsmodell erarbeiten zu können, für mehr als nur eine Kompensation des vorerwähnten Nachteils. Mit seinem Modell versucht der Autor, für die verschiedenen Investitionsbereiche den Eigen- und Fremdkapitalbedarf derart mit dem jeweiligen Investitionsvolumen abzustimmen, daß der Barwert der erwarteten Nettoausschüttungen maximiert wird.

Bolenz arbeitet, wie bereits *Elton/Gruber,* mit der in der Kontrolltheorie seit einiger Zeit als recht vorteilhaft herauskristallisierten Methode der Zustandsraumbeschreibung, d. h. die Modelle werden jeweils durch ein System von Zustandsgleichungen dargestellt. Diese Vorgehensweise erlaubt ihm, dynamische Optimierungsverfahren anzuwenden.

Bei der Formulierung des eigenen Modells zur sequentiellen Planung langfristiger Investitions- und Finanzierungsentscheidungen bei Unsicherheit gefällt mir besonders, daß Bolenz freimütig bekennt, daß dieses Modell wegen seiner Nichtlinearität und Stochastizität keine analytische Optimierung erlaubt. Allerdings zeigt er, unter welchen Bedingungen wenigstens eine numerische Optimierung möglich ist.

Der Verfasser vergleicht zur Lösung seines Modells die numerischen Optimierungsverfahren von *Bellman, Theil, Athans* und *Chow* und arbeitet die erheblichen Vorzüge des von *Chow* 1976 entwickelten Lösungsansatzes heraus. In diesem Ansatz wird das Prinzip der dynamischen Sicherheitsäquivalente, welches *Athans* zur Lösung nichtlinearer stochastischer Entscheidungsmodelle vorschlägt, weiterentwickelt. Das Verdienst des Autors, dieses Verfahren für die deutschsprachige Literatur zur Kapitaltheorie erschlossen zu haben, kann nicht hoch genug veranschlagt werden. Das Verfahren von *Chow* bietet die Möglichkeit, den Algorithmus zur Berechnung einer linearen Entscheidungsregel auch auf nichtlineare stochastische Entscheidungsprozesse anzuwenden, sofern (1) die Zielvorschrift zumindest quadratisch approximiert werden kann und (2) sich der zu „optimierende" Prozeß mit Hilfe nichtlinearer stochastischer Differenzengleichungen darstellen läßt, wobei die Parameter stochastisch und die Störvariablen additiv sein dürfen. Auf diese Weise läßt sich für das Modell von Bolenz eine numerische (sub)optimale Strategie zur Maximierung des Marktwertes des Eigenkapitals ermitteln. Der erhebliche Vorzug dieses Verfahrens gegenüber den üblichen Lösungsmethoden liegt darin, daß für den stochastischen Fall bei unvollkommenem Kapitalmarkt die jeweils (sub)optimalen Investitionsvolumina und zugleich die Bestände an Eigen- und an kurz- und langfristigem Fremdkapital sequentiell ermittelt werden.

Wien, im August 1978

Jörg Baetge

VORBEMERKUNGEN

Die vorliegende Veröffentlichung wurde im Juli 1977 vom Fachbereich Wirtschaftswissenschaften der Johann Wolfgang Goethe-Universität in Frankfurt am Main als betriebswirtschaftliche Dissertation angenommen. Meinem verehrten Lehrer, Herrn Professor Dr. Jörg Baetge, bin ich für die wertvollen Ratschläge und Anregungen zu besonderem Dank verpflichtet. Das von ihm entgegengebrachte Verständnis und seine Toleranz haben die Arbeit erst möglich gemacht. Für zahlreiche fruchtbare Diskussionen bin ich den Herren Professor Dr. Laux, Dr. Wolfgang Ballwieser und Dr. Siegmar Stöppler sehr verbunden.

Ich möchte es nicht versäumen, meiner lieben Frau für das große Verständnis während der Erstellung der Arbeit und für die mühevollen Schreibarbeiten des Manuskripts sowie der endgültigen Fassung ganz besonders zu danken.

Der Dr. Max E. Pribilla-Stiftung möchte ich für das Forschungsstipendium und den Druckkostenzuschuß meinen Dank aussprechen. Dank schulde ich auch der Interessengemeinschaft Frankfurter Kreditinstitute, welche die Publizierung dieser Arbeit finanziell gefördert hat.

Gerhard Bolenz

INHALT

ABKÜRZUNGSVERZEICHNIS

AER = American Economic Review

AESM = Annals of Economic and Social Measurement

FAJ = Financial Analysts Journal

HdWW = Handwörterbuch der Wirtschaftswissenschaft

IER = International Economic Review

JFQA = Journal of Financial and Quantitative Analysis

JoET = Journal of Economic Theory

JoF = Journal of Finance

JoPE = Journal of Political Economy

QJoE = Quarterly Journal of Economics

RoES = Review of Economic Studies

RoESt = Review of Economic and Statistics

SEJ = Southern Economic Journal

ZgesStw = Zeitschrift für die gesamte Staatswissenschaft

SYMBOLVERZEICHNIS

$A(t)$ = Bestand der insgesamt bis zum Zeitpunkt t investierten Netto-Vermögensgegenstände

$A_j(t)$ = Bestand der bis zum Zeitpunkt t investierten Netto-Vermögensgegenstände des Investitionsbereiches j

$D(t)$ = Dividendenzahlungen im Zeitpunkt t

$d_1(t)$ = durchschnittliche Zinskosten für kurzfristiges Fremdkapital im Zeitpunkt t

$d_2(t)$ = durchschnittliche Zinskosten für langfristiges Fremdkapital im Zeitpunkt t

$E(t)$ = Bestand an Eigenkapital im Zeitpunkt t

$e(t)$ = durchschnittliche Transaktionskosten für die Aufnahme von langfristigem Fremdkapital im Zeitpunkt t

$EA(t)$ = Kapitalerhöhung im Zeitpunkt t

$F(t)$ = Bestand an Fremdkapital im Zeitpunkt t

$F_1(t)$ = Bestand an kurzfristigem Fremdkapital im Zeitpunkt t

$F_2(t)$ = Bestand an langfristigem Fremdkapital im Zeitpunkt t

$FA(t)$ = Fremdkapitalbetrag, der im Zeitpunkt t aufgenommen wird

$FA_1(t)$ = Betrag an kurzfristigem Fremdkapital, der im Zeitpunkt t aufgenommen wird

$FA_2(t)$ = Betrag an langfristigem Fremdkapital, der im Zeitpunkt t aufgenommen wird

$G(t)$ = kumulierte Gewinne nach Körperschaftsteuer und vor Zinsen bis zum Zeitpunkt t

$G_j(t)$ = kumulierte Gewinne nach Körperschaftsteuer und vor Zinsen des Investitionsbereiches j bis zum Zeitpunkt t

$G_v(t)$ = kumulierte Gewinne vor Körperschaftsteuer und Zinsen bis zum Zeitpunkt t

$\Delta G_j(t)$ = Periodengewinn des Investitionsbereiches j im Zeitpunkt t

$I(t)$ = Netto-Investitionsvolumen im Zeitpunkt t

$I_j(t)$ = Netto-Investitionsvolumen des Investitionsbereiches j im Zeitpunkt t

$i(t)$ = Zinssatz für Fremdkapital im Zeitpunkt t

$i_1(t)$ = Zinssatz für kurzfristiges Fremdkapital im Zeitpunkt t

$i_2(t)$ = Zinssatz für langfristiges Fremdkapital im Zeitpunkt t

$k(t)$ = Eigenkapitalkostensatz im Zeitpunkt t der verschuldeten Gesellschaft

$m_1(t)$ = Marktzinssatz für kurzfristiges Fremdkapital im Zeitpunkt t

$m_2(t)$ = Marktzinssatz für langfristiges Fremdkapital im Zeitpunkt t

$NA(t)$ = Netto-Ausschüttungen der Gesellschaft im Zeitpunk t

$Q(t)$ = Verhältnis von Eigen- zu Fremdkapital (= Verschuldungsgrad) im Zeitpunkt t

$r(t)$ = durchschnittliche Rendite des Investitionsvolumens $I(t)$ im Zeitpunkt t

$r_j(t)$, $\tilde{r}_j(t)$	=	durchschnittliche Rendite der im Investitionsbereich j investierten Beträge im Zeitpunkt t
$\hat{r}_1$	=	durchschnittliche Laufzeit der kurzfristigen Kredite
$\hat{r}_2$	=	durchschnittliche Laufzeit der langfristigen Kredite
$s(t)$	=	der durchschnittliche Körperschaftsteuersatz im Zeitpunkt t
$V(t)$	=	der Gesamtwert der Gesellschaft im Zeitpunkt t
$z(t)$	=	Eigenkapitalkostensatz im Zeitpunkt t einer unverschuldeten Gesellschaft
$b_j(t)$	=	Koeffizienten der durchschnittlichen Renditefunktion des Investitionsbereiches j
$c_j(t)$	=	Koeffizienten von bestimmten Kostenfunktionen der Gesellschaft
$x(t)$	=	n-dimensionaler Vektor der Zustandsvariablen
$u(t)$	=	m-dimensionaler Vektor der Entscheidungsvariablen
$v(t)$	=	n-dimensionaler Vektor von stochastischen (Stör-)Variablen
$y(t)$	=	q-dimensionaler Vektor der exogenen Variablen

1 Einführung

11 Problemstellung

Gegenstand dieser Arbeit ist die langfristige Investitions- und Finanzplanung einer Aktiengesellschaft. Aufgabe der langfristigen Investitions- und Finanzplanung ist es, die der Gesellschaft sich bietenden Investitionsmöglichkeiten so auf die jeweiligen Eigen- und Fremdfinanzierungsmaßnahmen abzustimmen, daß nach Möglichkeit die finanziellen Ziele der an der Gesellschaft beteiligten Anteilseigner optimal erfüllt werden. Als finanzielles Ziel, das die Unternehmensleitung ihren Investitions- und Finanzierungsentscheidungen zugrunde legt, betrachten wir die Maximierung des Barwertes der künftigen erwarteten Netto-Ausschüttungen an die Anteilseigner. Wir versuchen, die jeweiligen Investitions- und Finanzierungsmöglichkeiten in einem mehrperiodigen Entscheidungsmodell abzubilden und die im Hinblick auf die obengenannte Zielsetzung optimalen Entscheidungen abzuleiten. Wegen der Vielfalt und Ungewißheit der künftigen Investitions- und Finanzierungsmaßnahmen kann ein solches Entscheidungsmodell die jeweiligen Zahlungsströme nur in stark aggregierter Form erfassen. Die Investitionsmöglichkeiten der Gesellschaft werden nicht durch einzelne Investitionsprojekte dargestellt, sondern durch entsprechende Gewinn-Möglichkeits-Funktionen, die für einzelne Investitionsbereiche den erwarteten Gewinn (= Einzahlungsüberschuß vor Zinsen und Steuern) als Funktion des jeweiligen Netto-Investitionsvolumens angeben. Die Gewinne in den einzelnen Investitionsbereichen unterscheiden sich sowohl in der zeitlichen Struktur als auch in dem Unsicherheitsgrad.

Die Ziele der Kreditgeber hinsichtlich Rentabilität und Sicherheit ihrer Anlagen gehen nicht unmittelbar in die Zielfunktion des Planungsmodells der Gesellschaft ein, sondern sie schlagen sich in den Kreditbedingungen nieder, zu denen die Kreditgeber bereit sind, Kapital zur Verfügung zu stellen. Die Beziehungen zwischen der Gesellschaft und den Kreditgebern werden durch Zahlungsströme zwischen beiden Parteien berücksichtigt und beeinflussen dadurch die jeweiligen Investitions- und Finanzierungsentscheidungen.

Die Unternehmensleitung stellt bei ihren langfristigen Investitions- und Finanzierungsentscheidungen nicht auf einen vollkommenen Kapitalmarkt ab, für den sich unter bestimmten Annahmen mit Hilfe des Modigliani-Miller-Theorems[1] zeigen läßt, daß es irrelevant ist, ob eine Gesellschaft ihre Investitionen durch Eigenkapital oder Fremdkapital finanziert. Auf einem vollkommenen Kapitalmarkt existiert auch kein Problem bezüglich der Strukturierung von Fremdfinanzierungsmaßnahmen, da nur eine einzige Kreditform mit einem einheitlichen Kostensatz in Höhe des jeweiligen Marktzinses existiert. In dieser Arbeit gehen wir davon aus, daß die Kreditbedingungen, die auf dem Kapitalmarkt gelten, keineswegs einheitlich sind, sondern von der jeweiligen Kapitalstruktur abhängen und daß die Kapitalstruktur Auswirkungen auf das Investitionsprogramm hat. Unter diesen Bedingungen steht die Unternehmensleitung vor dem Problem, wie sie die künftigen Finanzierungsmaßnahmen im Hinblick auf das gesetzte Ziel strukturieren soll.

---

1) Vgl. dazu Modigliani, Franco, Miller, Merton H., The Cost of Capital, Corporation Finance and the Theory of Investment, in: AER, Vol. 48 (1958) S. 261-297, hier S. 268-271. Die von beiden Autoren gesetzte Annahme hinsichtlich der Risikoklasse der erwarteten Einzahlungsüberschüsse einer Gesellschaft läßt sich aufheben. Vgl. dazu Hax, Herbert, Laux, Helmut, Investitionstheorie, in: Beiträge zur Unternehmensforschung. Gegenwärtiger Stand und Entwicklungstendenzen, hrsg. von G. Menges, Würzburg-Wien 1969, S. 227-284, hier S. 266-268.

Hinsichtlich der Fremdfinanzierungsmaßnahmen ist es bei der langfristigen Betrachtung nicht sinnvoll, die möglichen künftigen Maßnahmen einzeln und mit exakt festgelegten Bedingungen[1] in dem Kalkül zu berücksichtigen, da die Unternehmensleitung zu Beginn des Planungszeitraumes nicht in der Lage ist, die einzelnen Projekte hinsichtlich Zinssatz und Laufzeit vorauszusehen. Wir werden aus diesem Grunde und wegen der auf dem Markt beobachtbaren Zinsunterschiede zwischen kurz- und langfristigen Fremdfinanzierungsmöglichkeiten in dem zu entwickelnden Planungsmodell zwischen diesen beiden Kreditformen unterscheiden und den jeweils benötigten Kreditbetrag bestimmen.

Will die Unternehmensleitung den Barwert ihrer künftigen erwarteten Netto-Ausschüttungen maximieren, dann benötigt sie Kenntnis darüber, wie der Markt die künftigen erwarteten Ausschüttungen diskontiert. Den jeweiligen Kalkulationszinsfuß bezeichnet man als Eigenkapitalkostensatz. Nimmt man an, daß der Eigenkapitalkostensatz sich im Zeitverlauf nicht ändert, diese Annahme ist nur zulässig, wenn man von Fremdfinanzierungsmaßnahmen absieht, dann können Investitionsentscheidungen nach dem Kapitalwertkriterium getroffen werden. Berücksichtigt man aber Fremdfinanzierungsmöglichkeiten auf einem nicht vollkommenen Kapitalmarkt, dann kann ein solch einfaches Kriterium zur Festlegung von Investitionsentscheidungen nicht mehr ohne weiteres angewendet werden.

In dieser Arbeit wird versucht, das Investitionsvolumen der einzelnen Investitionsbereiche, deren Gewinne sich hinsichtlich der zeitlichen Struktur und des Unsicherheitsgrades unterscheiden, sowie den Eigen- und Fremdkapitalbedarf so festzulegen, daß der Marktwert des Eigenkapitals (= Barwert der erwarteten Netto-Ausschüt-

---

1) So auch Swoboda, Peter, Finanzierungstheorie, Würzburg-Wien 1973, S. 11.

tungen) maximiert wird, wobei die Eigen- und Fremdkapitalkosten von der Kapitalstruktur der Gesellschaft abhängen. Die Fremdkapitalkosten umfassen dabei nicht nur Zinskosten, sondern auch Transaktionskosten und Kosten für finanzielle Schwierigkeiten. Bezüglich der Eigenfinanzierung wird davon ausgegangen, daß die an der Gesellschaft beteiligten Anteilseigner bereit sind, den von der Gesellschaft benötigten Kapitalbetrag im Verhältnis ihrer bisherigen Beteiligung einzuzahlen.

Zur Lösung dieses Problems werden dynamische deterministische und stochastische Entscheidungsmodelle formuliert, die in mehreren Entscheidungszeitpunkten die jeweiligen Entscheidungsvariablen optimal festlegen. Die Optimierung dieser Modelle erfolgt mit Hilfe von kontrolltheoretischen Verfahren, die es sowohl unter einwertigen als auch mehrwertigen Erwartungen erlauben, dynamische mehrdimensionale Entscheidungsmodelle sequentiell zu optimieren.

12 Gang der Untersuchung

Ausgangspunkt unserer Überlegungen ist in Kapitel 2 das Elton-Gruber-Modell[1], das unter sicheren Erwartungen Probleme der langfristigen Finanzplanung einer Publikumsgesellschaft diskutiert. Die Bedeutung dieses Modells liegt darin, daß es im Unterschied zu den bisher vorgeschlagenen Ansätzen der traditionellen und der Modigliani-Miller-These ein zeitkontinuierliches Modell mit unendlich vielen Entscheidungszeitpunkten und zeitabhängigen Funktionen bzw. Variablen darstellt. Die von Elton-Gruber verwendete zeitliche Verknüpfung der Variablen in Form sogenannter Zustandsgleichungen erfordert ein dynamisches Optimierungsverfahren, auf das wir bei der Ermittlung des optimalen Investitionsvolumens, der optimalen Selbst-, Eigen- und Fremdfinanzierungsentscheidungen eingehen werden. Wir gehen in Kapitel 2 zunächst noch von sicheren Erwartungen aus, weil das von uns zur Ermittlung der mehrperiodigen optimalen Entscheidungen verwendete aufwendige Instrumentarium unter sicheren Erwartungen leichter durchschaubar ist. Die sich anschließende kritische Würdigung dieses Ansatzes umfaßt zum einen die generellen Schwierigkeiten der Formulierung quantitativer Modelle im Bereich der Finanzplanung und zum anderen konkrete Verbesserungsmöglichkeiten des Elton-Gruber-Modells.

Um ein mehrperiodiges Entscheidungsmodell formulieren zu können, das sowohl unsichere Erwartungen als auch die in Abschnitt 2 vorgeschlagenen Verbesserungsmöglichkeiten bezüglich des Elton-Gruber-Modells berücksichtigt, benötigt man geeignete Beschreibungsformen

---

1) Vgl. dazu Elton, Edwin J., Gruber, Martin J., Finance as a Dynamic Process, Englewood Cliffs 1975, S. 142-155.

für mehrperiodige stochastische Entscheidungsprozesse. In Kapitel 3 werden deshalb diejenigen mathematischen Beschreibungsformen dargestellt, deren wir uns bei der Entwicklung des eigenen Modells zur langfristigen Planung von Investitions- und Finanzierungsentscheidungen in Kapitel 4 bedienen. Diese Beschreibungsformen sind von den Optimierungsverfahren zu trennen. Die Güte eines Finanzplanungsmodells hängt davon ab, inwieweit es gelingt, die wichtigsten Determinanten der langfristigen Finanzplanung einer Unternehmung abzubilden. Kapitel 4 beschäftigt sich mit der grundsätzlichen Möglichkeit, die Gewinnentwicklung einer Unternehmung bei unsicheren Erwartungen und stark aggregierten Größen zu beschreiben. Außerdem wird untersucht, wie die Fremdfinanzierungsmöglichkeiten in dem Modell abgebildet werden können.

Der in Kapitel 4 entwickelte mehrperiodige stochastische Entscheidungsprozeß zur Investitions- und Finanzplanung umfaßt in jeder Periode mehrere Zustands- und Entscheidungsvariablen. Dieser Entscheidungsprozeß soll so optimiert werden, daß die Entscheidungsvariablen sämtlicher Perioden nicht bereits zu Beginn des Planungszeitraumes endgültig festgelegt werden. Die Ermittlung einer optimalen Strategie für sequentielle Entscheidungsprozesse wirft methodische Probleme auf. Das von uns entwickelte Modell läßt wegen seiner nichtlinearen Beziehungen keine analytische Bestimmung der optimalen Strategie zu. Es existieren aber numerische Lösungsverfahren, mit denen unter bestimmten Bedingungen eine optimale Strategie für nichtlineare stochastische Entscheidungsprozesse ermittelt werden kann.

Im Kapitel 5 werden wir deshalb geeignete Lösungsverfahren zur Ermittlung einer optimalen Strategie diskutieren.

Kapitel 6 zeigt, wie mit Hilfe eines geeigneten Optimierungsverfahrens die optimale Strategie für den mehrperiodigen stochastischen Entscheidungsprozeß zur Investitions- und Finanzplanung numerisch bestimmt werden kann.

2 Investitions- und Finanzierungsentscheidungen einer Aktiengesellschaft bei einwertigen Erwartungen

21 Überblick über das Kapitel

In diesem Abschnitt wird das Elton-Gruber-Modell als ein vereinfachtes Grundmodell dargestellt, in dem mit Hilfe des Ziels Maximierung der Wohlfahrt der zu Beginn des Planungszeitraums beteiligten Anteilseigner optimale Investitions- und Finanzierungsentscheidungen festgelegt werden. Die wesentlichste Vereinfachung dieses Grundmodells besteht darin, daß nur von einwertigen Erwartungen ausgegangen wird, d.h. von möglichen Wahrscheinlichkeitsverteilungen künftiger Variablen wird jeweils nur ein einziger Wert, nach Möglichkeit ein repräsentativer Wert dieser Verteilung, gegriffen. Das Zustandekommen und die Ermittlung dieses Wertes wird in diesem Kapitel nicht untersucht, sondern er wird als gegeben angenommen. Diese bei Elton-Gruber nicht zu findende Bemerkung ist u.E. notwendig, da sonst nicht einzusehen ist, warum das Modell Annahmen hinsichtlich des Anteilseignerverhaltens gegenüber der unternehmerischen Fremdfinanzierung enthält, die nur unter Berücksichtigung von unsicheren Erwartungen plausibel sind.

Die Verzinsung der in der Gesellschaft investierten Gegenstände werden durch eine Renditefunktion beschrieben. Zur Finanzierung der in der Renditefunktion enthaltenen Investitionsprojekte kann die Gesellschaft Gewinne einbehalten, jederzeit Eigenkapital aufnehmen und sich unter Beachtung einer vorgegebenen Restriktion Fremdkapital beschaffen, wobei jeweils nur eine Form an Eigen- und Fremdkapital existiert. Die Kosten des Eigenkapitals unter Berücksichtigung von Gewinnsteuern verhalten sich gemäß dem unter der Annahme des vollkommenen Kapitalmarktes abgeleiteten Modigliani-Miller-Theorem, wonach die Eigenkapitalkosten in Abhängigkeit des Verschuldungsgrades linear steigen. Hinsichtlich der Verschuldungsmöglichkeiten wird angenommen, daß die Unternehmung zu einem konstanten Zinssatz Fremdkapital bis zu einer exogen vorgegebenen Verschuldungsgrenze aufnehmen kann.

Die Selbst-, Eigen- und Fremdfinanzierungsentscheidungen werden aufgrund einwertiger Größen getroffen, die in einem zeitkontinuierlichen Modell mit zeitabhängigen Variablen in Form von deterministischen Differential- bzw. Systeme von Differentialgleichungen miteinander verknüpft sind. Maximierungsprobleme (Minimierungsprobleme) unter Berücksichtigung von Differential- bzw. Systeme von Differentialgleichungen können mit Hilfe der Variationsrechnung resp. Kontrolltheorie analysiert werden. Sind neben den Differentialgleichungen noch weitere Restriktionen hinsichtlich bestimmter Variablen - wie in dem folgenden Grundmodell - zu berücksichtigen, dann muß zur Lösung des hier gestellten Problems das im Vergleich zur Variationsrechnung allgemeinere kontrolltheoretische Instrumentarium herangezogen werden.

Die Ergebnisse dieses Entscheidungsmodells hängen von der Zielfunktion und den sonst zugrunde liegenden Determinanten ab. Hebt man die Annahme einwertiger Erwartungen auf, dann muß die Zielfunktion Maximierung des Barwertes der künftigen Netto-Ausschüttungen an die Anteilseigner mit dem allgemeineren Ziel Maximierung des Risikonutzens aus den künftigen Netto-Ausschüttungen nicht mehr in Einklang stehen. Behält man dennoch die Zielfunktion Maximierung des Barwertes der künftigen Nettoausschüttungen bei, dann ist die Wahl dieser Zielfunktion zu begründen. Außerdem muß die Brauchbarkeit bestimmter Annahmen, wie etwa das Modigliani-Miller-Theorem und die im Modell verwendete Darstellung der Investitions- und Finanzierungsmöglichkeiten, im Hinblick auf eine langfristige Investitions- und Finanzplanung gewürdigt werden. Die in diesem Zusammenhang vorgebrachten Bedenken und Verbesserungsmöglichkeiten dienen als Basis zur Entwicklung des eigenen Modells in Kapitel 4.

22 Das Elton-Gruber-Modell als Grundmodell zur Finanzplanung

221 Die Annahmen des Modells

Elton-Gruber gehen bei ihrem Modell von folgenden expliziten und impliziten Annahmen aus:[1)]

1. Die im Modell enthaltenen Größen sind einwertig.
2. Die Aktiengesellschaft verfolgt das Ziel Maximierung der Wohlfahrt der zu Beginn des Planungszeitraumes an ihr beteiligten Anteilseignern.
3. Die im Unternehmen für Investitionen benötigten finanziellen Mittel können durch Selbst-, Eigen- und Fremdfinanzierung aufgebracht werden, wobei jeweils nur eine Form an Eigen- und Fremdkapital E(t) bzw. F(t) existiert.
4. Der im Zeitpunkt t für Investitionen benötigte Betrag an Eigenkapital EA(t) wird durch die Ausgabe von neuen Aktien beschafft. Die zu emittierenden Aktien sind beliebig teilbar.
5. Emissionskosten für Eigenkapital fallen nicht an.
6. Die Anteilseigner fordern für eine rein eigenfinanzierte Unternehmung einer bestimmten Risikoklasse den konstanten Zinssatz z(t).
7. Die Anteilseigner verlangen dann eine höhere Verzinsung k(t) > z(t), wenn die Unternehmung fremd-

---

1) Vgl. dazu Elton, Edwin J., Gruber, Martin J., Finance, S. 143-147.

finanziert ist,[1] wobei k(t) im Zeitverlauf konstant ist.

8. Die Gesellschaft und die Anteilseigner können zum Zinssatz i(t), der im Zeitverlauf als konstant unterstellt wird, Mittel aufnehmen und anlegen.

9. Die Laufzeit der Kredite ist unendlich, das bedeutet, die Fremdkapitalgeber stellen der Gesellschaft gegen einen uniformen Zahlungsstrom in Höhe der Fremdkapitalzinsen finanzielle Mittel zur Verfügung.

10. Bei der Aufnahme von Fremdkapital ist darauf zu achten, daß das Verhältnis zwischen dem Fremd- und Eigenkapitalbestand, $Q(t) = F(t)/E(t)$, (= Verschuldungsgrad), eine exogen vorgegebene Verschuldungsgrenze $\hat{Q}(t)$ nicht überschreiten darf. Diese Verschuldungsgrenze wird im Zeitverlauf als konstant angenommen $\hat{Q}(t) = \hat{Q}$. Eine solche Beschränkung der Fremdkapitalaufnahme wird damit begründet, daß die Fremdkapitalgeber bei zu hoher Verschuldung keine fristgerechten Zins- und Tilgungszahlungen mehr erwarten und deshalb die Einhaltung dieser Grenze fordern.

11. Der Gewinn im Zeitpunkt t, G(t), nach Steuern und vor Zinsen ist zum einen von den bereits vor dem Planungszeitraum investierten Vermögensgegenständen und zum anderen von dem bis zum Zeitpunkt t kumulierten Netto-Investitionsvolumen abhängig. Die Investitionsmöglichkeiten werden durch eine monoton fallende Grenzrenditefunktion beschrieben.

12. Die bilanziellen Abschreibungen entsprechen der tatsächlichen wirtschaftlichen Abnutzung und werden in jeder Periode für entsprechende Ersatz-Investitionen verwendet. Aufgrund dieser Annahme ist es möglich, im folgenden nur von den Netto-Investitionen auszugehen.

---

1) Ist das Unternehmen rein eigenfinanziert, dann gilt $z(t) = k(t)$.

13. In jeder Periode t gilt folgende Bilanzgleichung: die Mittelverwendung der Periode t, der Netto-Investitionsbetrag I(t) plus die Nettoausschüttungen D(t) plus die um die Steuerersparnis verminderten Fremdkapitalzinsen i(t)F(t)(1-s) muß, gleich den dem Unternehmen im Zeitpunkt t zur Verfügung stehenden finanziellen Mitteln, Gewinn nach Steuern vor Fremdkapitalzinsen G(t) plus Eigen- und Fremdkapitalaufnahme EA(t) bzw. FA(t), sein.

14. Die Unternehmung zahlt lediglich Körperschaftsteuern. Der Steuersatz der Periode t beträgt s(t) und ist konstant.

15. Die zeitliche Entwicklung des Modells vollzieht sich kontinuierlich.

16. Der Planungszeitraum ist unendlich.

Aufgabe des Modells ist es, in jeder Periode t die Fremd- und Eigenkapitalaufnahme FA(t) bzw. EA(t) sowie das Netto-Investitionsvolumen I(t) im Hinblick auf eine mit dem Ziel Maximierung der Wohlfahrt der Anteilseigner in Einklang stehende Zielfunktion zu optimieren. Die vierte Entscheidungsvariable D(t) kann außer acht bleiben, da sie durch die übrigen Werte der Bilanzgleichung, die alle in das Modell eingehen, eindeutig determiniert ist.

222 Die Struktur des Modells

Das Ziel Maximierung der Wohlfahrt der unmittelbar vor Beginn des Planungszeitraumes am Unternehmen beteiligten Aktionäre ist, ohne Angabe, wie diese Wohlfahrt gemessen werden kann, nicht operational. In der Literatur wird vorgeschlagen, die Wohlfahrt der Aktionäre mit Hilfe des Barwertes der künftigen Netto-Ausschüttungen zu messen bzw. diesen Wert als Hilfsgröße heranzuziehen.[1] Diese Größe bezeichnet man auch als Marktwert des gesamten Eigenkapitals oder als Ertragswert der Unternehmung. Der Marktwert des gesamten Eigenkapitals, den Elton-Gruber als Zielgröße unterstellen, ergibt sich als Barwert aller künftigen Dividendenzahlungen D(t) an die zu Beginn des Planungszeitraumes am Unternehmen beteiligten Aktionäre minus dem Barwert aller während des Planungszeitraumes emittierten Aktien EA(t), $t \varepsilon [0,\infty]$.[2] Für den zeitkontinuierlichen Fall ergibt sich der entsprechende Wert als[3]

$$(2.1) \quad E(0) = \int_0^\infty (D(\tau) - EA(\tau)) e^{\int_0^\tau -k(u)du} d\tau.$$

Ist k(t) = k konstant, dann vereinfacht sich (2.1) zu

$$(2.2) \quad E(0) = \int_0^\infty (D(\tau) - EA(\tau)) e^{-k\tau} d\tau.$$

Der Diskontierungssatz k(t) einer bestimmten Risikoklasse repräsentiert die Kapitalkosten, welche die Anteilseigner für die Überlassung von Eigenkapital fordern.[4]

---

1) Vgl. dazu z.B. Porterfield, James T.S., Investment Decisions and Capital Cost, Englewood Cliffs 1965, S. 68-80; Lerner, Eugene M., Carleton, Willard, T., Financing Decisions of the Firm, in: JoF, Vol. 21 (1966), S. 202-214, hier S. 202; Franke, Günter, Verschuldungs- und Ausschüttungspolitik im Lichte der Portefeuille-Theorie, Köln-Berlin-Bonn-München 1971, S. 84-85 und S. 89-90.

2) Vgl. Hax, Herbert, Investitionstheorie, Würzburg-Wien 1970, S. 84-87.

3) Vgl. Elton, Edwin J., Gruber, Martin J., Finance, S. 144.

4) Vgl. Porterfield, James T.S., Investment Decisions, S. 76; Robichek, Alexander A., Myers, Stewart C., Optimal Financing Decisions, Englewood Cliffs 1965, S. 21; Hax, Herbert, Investitionstheorie, S. 115-117.

Für eine rein eigenfinanzierte Gesellschaft gilt annahmegemäß k(t) = z(t). Hinsichtlich der Änderung des Diskontierungssatzes bei der Aufnahme von Fremdkapital und unter Berücksichtigung von Körperschaftsteuern orientieren sich Elton-Gruber an dem unter statischen Bedingungen abgeleiteten Theorem von Modigliani-Miller, wonach die von den Anteilseignern geforderte Verzinsung eine lineare Funktion des Verschuldungsgrades ist.[1)]

Der Kalkulationszinfuß k(t) unter Berücksichtigung von Körperschaftsteuern kann aufgrund folgender Überlegungen gewonnen werden:[2)]

Der Gewinn nach Steuern und vor Zinsen einer zum Teil fremdfinanzierten Unternehmung errechnet sich wie folgt

$$(2.3)\quad G(t) = (1-s)(G_V(t) - iF(t)) + iF(t)$$
$$= (1-s)G_V(t) + siF(t),$$

wobei $G_V(t)$ den Gewinn vor Steuern und Fremdkapitalzinsen und s den durchschnittlichen Körperschaftsteuersatz darstellen. Die Anteilseigner einer zum Teil fremdfinanzierten Unternehmung erhalten demnach unter Berücksichtigung von Körperschaftsteuern einen "Zinsbonus"[3)] in Höhe von siF(t).

Der Gesamtwert der Unternehmung V(t), verstanden als Barwert der künftigen Gewinne vor Fremdkapitalzinsen, er-

---

1) Vgl. Modigliani, Franco; Miller, Merton H., The Cost of Capital, S. 271; hierzu auch Hax, Herbert, Investitionstheorie, S. 128-131.

2) Vgl. dazu auch Modigliani, Franco, Miller, Merton H., Corporate Income Taxes and the Cost of Capital: A Correction, in: AER, Vol. 53(1963), S. 433-443, hier S. 436-439.

3) Robichek, Alexander A., Myers, Stewart C., Optimal Financing Decisions, S. 39.

rechnet sich wie folgt

$$(2.4) \quad V(t) = \frac{(1-s)G_V(t)}{z} + \frac{siF(t)}{i}$$

$$= \frac{(1-s)G_V(t)}{z} + sF(t).$$

Den Beweis dafür, daß die erwartete Rendite z einer rein eigenfinanzierten Gesellschaft, der richtige Kalkulationszinsfuß für den erwarteten Gewinnstrom $G_V(t)$ und der Fremdkapitalzinssatz i derjenige für den Zinsbonus siF(t) ist, führen Modigliani-Miller mit Hilfe des Arbitrage-Theorems.[1]

Die von Modigliani-Miller bewiesene Beziehung (2.4) kann nun zur Ermittlung des Eigenkapitalkostensatzes verwendet werden. Ersetzt man in (2.4) $(1-s)G_V(t)$ gemäß (2.3) durch G(t)-siF(t), dann erhält man

$$(2.5) \quad V(t) = \frac{G(t)}{z} - \frac{siF(t)}{z} + \frac{szF(t)}{z}$$

$$= \frac{G(t)}{z} + s(\frac{z-i}{z})F(t).$$

Nach Abzug von F(t) auf beiden Seiten in (2.5) und nach Aufteilung von G(t) in den Netto-Gewinn $G_n(t)$ und die Fremdkapitalzinsen iF(t) gilt für den Marktwert des Eigenkapitals

$$(2.6) \quad E(t) = V(t) - F(t)$$

$$= \frac{G_n(t)}{z} + \frac{i \cdot F(t)}{z} - F(t) + s(\frac{z-i}{z})F(t)$$

$$= \frac{G_n(t)}{z} - (1-s)(\frac{z-i}{z})F(t).$$

Aus (2.6) läßt sich nun die Rendite des Eigenkapitals

---

1) Vgl. Modigliani, Franco, Miller, Merton H., Corporate Income Taxes, S. 435-437.

errechnen, mit der die Anteilseigner die künftigen Nettoausschüttungen in (2.1) diskontieren

$$(2.7) \quad \frac{G_n(t)}{E(t)} = k(t) = z + (1-s)(z-i)\frac{F(t)}{E(t)}.$$

Elton-Gruber legen ihrem Modell als Kalkulationszinsfuß Relation (2.7) zugrunde. Damit wird unterstellt, daß die Anteilseigner bei der Bewertung der künftigen Netto-Ausschüttungen sich gemäß dem unter statischen Bedingungen abgeleiteten Modigliani-Miller-Theorem verhalten.

Aus dem Zielfunktional[1] läßt sich eine "fundamentale Bewertungsgleichung" für das Eigenkapital ableiten.[2] Betrachtet man ein Modell mit den diskreten Zeitpunkten t und t+1, dann ergibt sich der Bestand des Eigenkapitals E(t) im Zeitpunkt t als Barwert der Dividenden D(t) plus dem Barwert des Eigenkapitals E(t+1) minus dem Wert des zusätzlich emittierten Eigenkapitals,

$$(2.8) \quad E(t) = \frac{1}{1+k(t)}(D(t) + E(t+1) - EA(t)).$$

Hier wird unterstellt, daß Dividendenzahlung und Kapitalerhöhung jeweils am Ende der Periode t bzw. zu Beginn der nächsten Periode t+1 erfolgen.

Die Veränderung des Eigenkapitals bei kontinuierlicher Zeitbetrachtung erhält man aus (2.8) durch Differenzenbildung zwischen E(t+1) - E(t) und einer Grenzbetrachtung für $t \longrightarrow 0$

$$(2.9) \quad \dot{E}(t) = k(t)E(t) - D(t) + EA(t).$$

Integriert man (2.9) vom Zeitpunkt 0 bis zum Zeitpunkt t,

---

1) Zu dem Begriff eines Funktionals vgl. S. 25.

2) Vgl. Elton, Edwin J., Gruber, Martin J., Finance, S. 144.

dann erhält man für einen gegebenen Anfangsbestand E den Bestand an Eigenkapital E(t) im Zeitpunkt t.

Die Veränderung des Fremdkapitals im Zeitpunkt t ergibt sich aufgrund der jeweiligen Kreditaufnahme FA(t) > 0,

$$(2.10) \quad \dot{F}(t) = FA(t).$$

Die Gewinnänderung $\dot{G}(t)$ nach Steuern, aber vor Zinsen, ist annahmegemäß gleich dem Produkt aus der durchschnittlichen Rendite r(I(t)) und dem Netto-Investitionsvolumen I(t) abzüglich der Körperschaftsteuer

$$(2.11) \quad \dot{G}(t) = r(I(t))I(t)(1-s).$$

Die Rendite ist wiederum eine Funktion des Netto-Investitionsvolumens. Die marginale Verzinsung $\frac{\partial r(I(t))}{\partial I(t)}$ ist positiv, nimmt aber mit zunehmendem Investitionsvolumen ab. Die Funktion (2.11) bezeichnet man auch als Gewinn-Möglichkeits-Funktion.[1]

Die Variablen der Gleichungen (2.9), (2.10) und (2.11) beschreiben aufgrund der obengenannten Annahmen in jedem Zeitpunkt t die Veränderung der dem Unternehmen verfügbaren finanziellen Mittel. Man bezeichnet die Variablen E(t), F(t), G(t) auch als Zustandsvariablen[2] und die Gleichungen (2.9), (2.10) und (2.11) als Zustandsgleichungen, die den Verlauf der Variablen eines Modells in jedem Zeitpunkt eindeutig determinieren. Für jeden Zu-

1) Dieser Begriff stammt von Lintner, John, The Cost of Capital and Optimal Financing of Corporate Growth, in: JoF, Vol. 18 (1963), S. 292-310, hier S. 299-300; derselbe, Optimal Dividends and Corporate Growth under Uncertainty, in: QJoE, Vol. (1964), S. 49-95, hier S. 56-58.

2) Zum Konzept der Zustandsvariablen vgl. Abschnitt 3311.

stand sind außerdem noch bestimmte Anfangswerte E, F und G gegeben, welche die Werte dieser Zustandsvariablen unmittelbar vor Beginn des Planungszeitraumes beschreiben.

In der Zustandsgleichung (2.9) wird k(t) durch die Verhaltensgleichung

$$(2.7) \quad k(t) = z + (1-s)(z-i)\,\frac{F(t)}{E(t)}$$

ersetzt und D(t) aufgrund der Bilanzgleichung

$$(2.12) \quad G(t) + EA(t) + FA(t) = D(t) + I(t) + iF(t)(1-s)$$

bestimmt. (2.12) resultiert aus der Annahme 13, wonach in jedem Zeitpunkt t die der Gesellschaft bis dahin zur Verfügung stehenden finanziellen Mittel, der Gewinn vor Fremdkapitalzinsen, die beschafften eigen- und fremdfinanzierten Mittel, gleich den bis zum Zeitpunkt t benötigten Mitteln, Dividenden, Netto-Investitionsbeträge und um die Steuerersparnis reduzierten Fremdkapitalzinsen, sein müssen. Den Kreditgebern stehen selbstverständlich nur Zinszahlungen in Höhe von iF(t) zu und nicht den um die Steuerersparnis reduzierten Betrag iF(t)(1-s). Wird (2.12) nach

$$(2.13) \quad D(t) = G(t) + EA(t) + FA(t) - I(t) - iF(t)(1-s)$$

aufgelöst und die rechte Seite von (2.13) in (2.9) eingesetzt, dann ist dadurch gewährleistet, daß die Bilanzgleichung (2.12) in jedem Zeitpunkt t eingehalten wird. Die Substitution von (2.7) und (2.13) in (2.9) ergibt demnach

$$(2.14) \quad \dot{E}(t) = \left[z + (1-s)(z-i)\,\frac{F(t)}{E(t)}\right] E(t) - \left[G(t) + EA(t) + FA(t) - I(t) - iF(t)(1-s)\right] + EA(t)$$
$$= zE(t) + z(1-s)F(t) - G(t) - FA(t) + I(t).$$

Zusätzlich sind noch folgende Restriktionen zu berücksichtigen: Das exogen vorgegebene Verhältnis Eigen- zu Fremdkapital $\hat{Q}(t) = \hat{Q}$ darf nicht überschritten werden, außerdem dürfen D(t) und EA(t) nicht negativ werden

(2.15) $F(t)/E(t) \leq \hat{Q}$

(2.16) $D(t) \geq 0$ bzw.

(2.17) $G(t) + EA(t) + FA(t) - I(t) - iF(t)(1-s) \geq 0$,

(2.18) $EA(t) \geq 0$.

Wir verwenden anstelle der Nebenbedingung (2.16) die Nebenbedingung (2.17). Dies geschieht deswegen, da D(t) in (2.9) durch (2.13) eliminiert wurde. Damit sind die Determinanten des Elton-Gruber-Modells bis auf die Zielvorschrift, die es erlaubt, die Entscheidungsvariablen I(t), FA(t) und EA(t) so festzulegen, daß die Zustandsvariablen E(t), F(t) und G(t) den Marktwert des Eigenkapitals maximieren. Die Entscheidungsvariable D(t) bleibt bei der Optimierung außer acht, da bei Kenntnis der übrigen Entscheidungs- und Zustandsvariablen D(t) gemäß (2.13) eindeutig determiniert ist.

Ein geeignetes Zielfunktional für dieses dynamische Optimierungsmodell muß neben dem Marktwert des Eigenkapitals, der durch (2.1) bzw. (2.2) definiert ist, auch den Einfluß der Verschuldungspolitik berücksichtigen. Hinsichtlich des Einflusses der Fremdfinanzierung auf die Netto-Ausschüttungen der Gesellschaft wird von folgender Überlegung ausgegangen:
Ergibt sich aufgrund der künftigen optimalen Entscheidungen zu Beginn des Planungszeitraumes eine zusätzliche Fremdkapitalaufnahme bzw. Fremdkapitalrückzahlung im Vergleich zu dem bereits vorhandenen Anfangsbestand an Fremdkapital F, dann wird diese Differenz F(O)-F sofort

an die Anteilseigner ausgeschüttet[1] bzw. von den Anteilseignern durch eine Kapitalerhöhung der Gesellschaft zugeführt. Das Zielfunktional des Entscheidungsmodells lautet demnach

$$(2.19) \quad \max \left[(\bar{F}(0) - F) + E(o) \right].$$

(2.19) ist unter Einhaltung der folgenden Nebenbedingungen zu optimieren:

$$(2.14) \quad \dot{E}(t) = zE(t) + z(1-s)F(t) - G(t) - FA(t) + I(t), \qquad t\varepsilon[0,\infty],$$

$$(2.10) \quad \dot{F}(t) = FA(t), \qquad t\varepsilon[0,\infty],$$

$$(2.11) \quad \dot{G}(t) = r(I(t))I(t)(1-s), \qquad t\varepsilon[0,\infty],$$

$$(2.15) \quad \hat{Q}E(t) - F(t) \geq 0, \qquad t\varepsilon[0,\infty],$$

$$(2.17) \quad G(t) + EA(t) + FA(t) - I(t) - iF(t)(1-s) \geq 0, \qquad t\varepsilon[0,\infty],$$

$$(2.18) \quad EA(t) \geq 0, \qquad t\varepsilon[0,\infty].$$

Das Elton-Gruber-Modell wird durch drei Zustandsvariablen E(t), F(t), G(t), die sich gemäß den Zustandsgleichungen (2.10), (2.11) und (2.14) im Zeitverlauf entwickeln, und die optimal zu bestimmenden Entscheidungsvariablen I(t), FA(t) und EA(t) determiniert, wobei in jedem Zeitpunkt t die Nebenbedingungen (2.15), (2.17) und (2.18) eingehalten werden müssen. Die Zustandsvariablen können nun in einen Zustandsvektor x(t), die Entscheidungsvariablen in einen Entscheidungs- bzw. Steuervektor u(t) und die exogen gegebenen Parameter in einem Vek-

1) Ergibt sich in diesem Zeitpunkt gleichzeitig eine Eigenkapitalerhöhung EA(0), dann kann diese um die Differenz F(0)-F reduziert werden.

tor y(t) zusammengefaßt werden. Die Zustandsgleichungen und Nebenbedingungen werden durch entsprechend dimensionierte Vektorfunktionen F(x(t),u(t),y(t)) bzw. h(x(t), u(t)) dargestellt. Das Zielfunktional lautet

$$\int_0^\infty W(x(t),u(t))dt.$$

Unter Berücksichtigung dieser Definitionen kann man das dynamische Optimierungsproblem auch als eine Steuerkette beschreiben[1)]

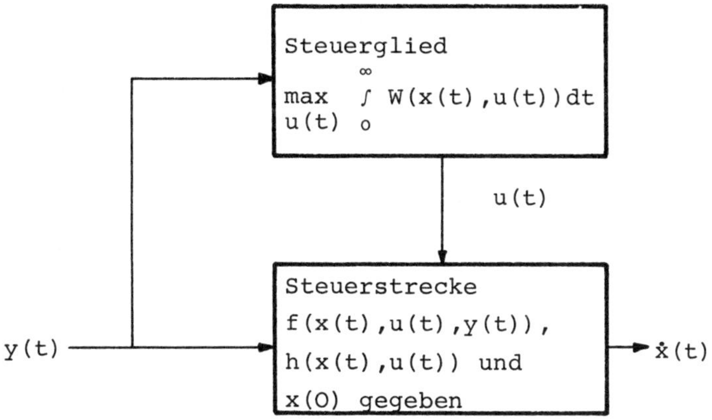

Abb. 1: Das Elton-Gruber-Modell als Steuerkette

Legende: x(t): Zustandsvektor
u(t): Entscheidungs- bzw. Steuervektor
y(t): Vektor der exogen gegebenen Parameter
☐ : Systemelement
→ : Informationsfluß zwischen den Elementen

1) Zum Prinzip der Steuerung von ökonomischen Prozessen vgl. Baetge, Jörg, Betriebswirtschaftliche Systemtheorie. Regelungstheoretische Planungs-Überwachungsmodelle für Produktion, Lagerung und Absatz, Opladen 1974, S. 23-26.

Das in Abb. 1 dargestellte Blockschaltbild läßt sich wie folgt interpretieren: Gesucht ist für jeden Zeitpunkt t jener Steuervektor u(t), der unter Berücksichtigung der Zustandsgleichungen, der Anfangszustände und der Nebenbedingungen das gegebene Ziel optimal erfüllt. Diese Aufgabe läßt sich mit Hilfe des Pontrjaginschen Maximumprinzips[1)] lösen. Elton-Gruber bedienen sich ebenfalls dieses Lösungsverfahrens.

23 Ermittlung der optimalen Ergebnisse

231 Das Maximumprinzip von Pontrjagin zur Optimierung deterministischer dynamischer Entscheidungsmodelle

Das Maximumprinzip wurde von Pontrjagin und seinen Schülern 1956[2)] formuliert und unter Rückgriff auf die klassische Variationsrechnung und die Methode der Lagrange-Multiplikatoren in den folgenden Jahren bewiesen.[3)] Es wurde von Pontrjagin nur für kontinuierliche Prozesse bewiesen, mittlerweile aber auch auf diskrete Prozesse übertragen.[4)] Im Gegensatz zur klassischen

---

1) Pontrjagin, L.S., Boltjansky, V.G., Gamkrelidze, R.V., Misčenko, E.F., Mathematische Theorie der optimalen Prozesse, aus dem Russischen übersetzt von W. Hahn und R. Herschel, München-Wien 1964, S. 77-114.

2) Boltjanskij, V.G., Gamkrelidze, R.V., Pontrjagin, L.S., Zur Theorie der optimalen Przesse, in: DAN (Doklady Akad. Nauk SSSR, Moskaus) 1956, S. 7-10, (in russischer Sprache). Zitiert nach Pontrjagin, L.S. et. at. Mathematische Theorie, S. 339.

3) Die erste Monographie zur "Mathematischen Theorie optimaler Prozesse" wurde dann 1961 vorgelegt; vgl. Fußnote 1, S. 22.

4) Zum Maximumprinzip für diskrete Prozesse vgl. z.B. Pindyck, Robert S., Optimal Planning for Economic Stabilization, The Application of Control Theory to Stabilization Policy, Amsterdam-London 1973, S. 11-23 und die dort angegebene Literatur.

Variationsrechnung, die nicht in der Lage ist, abgeschlossene Mengen von zulässigen Variablenwerten, d.h. Nebenbedingungen bei der Extremierung zu berücksichtigen,[1] läßt das Maximumprinzip Nebenbedingungen sowohl für Entscheidungs- als auch für Zustandsvariablen des Modells zu. Die Aufgabe des Maximumprinzipes läßt sich wie folgt charakterisieren:

Gegeben sei eine endliche Menge von Entscheidungsvariablen, die gemäß den technischen oder wirtschaftlichen Gegebenheiten im Modell festzulegen sind. Gesucht ist innerhalb des gesamten Planungszeitraumes $[0,T]$ für das System von Zustandsgleichungen jene Kombination von Entscheidungsvariablen unter Berücksichtigung der jeweiligen Nebenbedingungen, die das Zielfunktional optimiert. Diese optimale Kombination von Entscheidungsvariablen kann mit Hilfe des Theorems von Pontrjagin gefunden werden.[2]

Das im Anhang 1 angegebene Theorem gibt zwar die Bedingungen für die optimalen Entscheidungsvariablen an, es enthält aber noch kein konstruktives Lösungsverfahren. Mittlerweile wurden aber eine Reihe von konstruktiven,

---

1) Pontrjagin, L.S., et al., Mathematische Theorie, S. 228-229.

2) Ebenda, S. 246-302; vgl. auch Athans, Michael, Falb, Peter, L., Optimal Control. A Introduction to the Theory and Its Applications, New York et. al. 1966, S. 288-308. Eine der ersten Arbeiten, die sich mit der Anwendung des Maximumprinzips in der Ökonomie beschäftigt, stammt von Arrow, Kenneth J.: Applications of Control Theory to Ecconomic Growth, in: Mathematics of the Decision Sciences. Part 2, Volume 12, Lectures in Applied Mathematics, hrsg. von George B. Dantzig und Arthur F. Veinott, Jr., Providence 1968, S. 85-119, hier S. 91; Stöppler, Siegmar, Dynamische Produktionstheorie auf systemtheoretischer Grundlage, Diss. Frankfurt 1972, erschienen als Dynamische Produktionstheorie, Opladen 1975, S. 83-114. Die Zitate sind aus Stöppler, Siegmar, Dynamische Produktionstheorie, Opladen 1975, entnommen.

insbesondere numerische, Lösungsverfahren entwickelt, die aufgrund des Maximumprinzips optimale Entscheidungen gewährleisten.[1)]

Die allgemeine Struktur des mehrperiodigen Entscheidungsprozesses läßt sich unter Berücksichtigung, daß sowohl die Zeit eine unabhängige Variable[2)] ist als auch bestimmte Nebenbedingungen in Gleichungs- und Ungleichungsform gelten, wie folgt beschreiben:[3)]

$$\text{(2.19)} \quad \max J = \max \int_0^T W(x(t),u(t),t)dt + Z(x(T))$$

$$\text{(2.20)} \quad \dot{x}(t) = f(x(t),u(t),t), \qquad t\varepsilon[0,T],$$

$$\text{(2.21)} \quad h(x(t),u(t),t) = 0, \qquad t\varepsilon[0,T],$$

$$\text{(2.22)} \quad k(x(t),u(t),t) > 0, \qquad t\varepsilon[0,T].$$

x(t) ist ein n-dimensionaler Zustandsvektor und u(t) ein m-dimensionaler Entscheidungsvektor. W beschreibt ein Funktional, während f eine n-dimensionale, h eine r-dimensionale und k eine s-dimensionale Vektorfunktion darstellen. Gegeben sind außerdem Anfangsbedingungen x(0) und unter Umständen auch Endbedingungen Z(x(T)).

Der erste Term des Zielfunktionals (2.19) berücksichtigt den laufenden Beitrag des gesamten Modells zum

---

1) Einen guten Überblick über verschiedene Lösungsverfahren geben Bryson, Arthur E., Ho, Yu-Chi, Applied Optimal Control, Optimization, Estimation and Control, Waltham 1969, S. 212-245.

2) Die hier gewählte Schreibweise mit einer expliziten Abhängigkeit der einzelnen Gleichungen von der Zeit gestattet neben der Berücksichtigung von zeitabhängigen Zustands- und Entscheidungsvariablen auch die Formulierung von zeitvarianten Modellstrukturen.

3) Zu dieser Darstellungsform vgl. Stöppler, Siegmar, Dynamische Produktionstheorie, Opladen 1975, S. 92.

Zielfunktional,[1] während der zweite Term die Bewertung der Zustandsvariablen am Ende des Betrachtungszeitraumes erfaßt.
Gleichung (2.20) beschreibt den zeitlichen Verlauf der Zustandsvariablen. Die in Gleichung (2.21) bzw. (2.22) formulierten Nebenbedingungen können entweder für Zustands- oder für Entscheidungsvariablen oder für beide gelten. Weiterhin sind stets Anfangsbedingungen x(0) und, sofern vorhanden, die Vorschriften über Endbedingungen der Zustandsvariablen Z(x(T)) einzuhalten.

Bevor wir das Pontrjaginsche Maximumprinzip zur Ermittlung der optimalen Entscheidungsvariablen anwenden, muß die sogenannte Hamiltonfunktion definiert werden. Die Hamiltonfunktion ist das dynamische Analogon zur Lagrange-Funktion bei einer statischen Optimierung mit Nebenbedingungen in Gleichungsform, wobei die Kozustandsvariablen p(t) die gleiche Bedeutung wie die Lagrange-Multiplikatoren[2] haben und somit auch als dynamisierte Schattenpreise bzw. Opportunitätskosten interpretiert werden können.[3]

Die Hamiltonfunktion setzt sich für ein Modell ohne Nebenbedingungen, d.h. ohne (2.21) und (2.22), wie folgt

---

1) Ein Funktional wird wie folgt definiert: Ist S eine Menge von Funktionen und R eine Menge von reellen Zahlen, dann ist die Abbildung F von S in R ein Funktional auf S ($F : S \longrightarrow R$), Roberts, Blaine, Schulze, David L., Modern Mathematics and Economic Analysis, New York 1973, S. 318. Bezogen auf unser Beispiel hießt das, jedem reellen Wert J ist aufgrund des Funktionals W eine Funktion von x(t) und u(t) zugeordnet.

2) Vgl. Roberts, Blaine, Schulze, David L.: Modern Mathematics, S. 512.

3) Vgl. dazu Stöppler, Siegmar, Dynamische Produktionstheorie, S. 87-92.

zusammen:[1]

(2.23)

$$H(x(t),u(t),p(t),t) = W(x(t),u(t),t) + p(t)'f(x(t),u(t),t), t \in [0,T],$$

wobei p(t) einen n-dimensionalen Vektor von sogenannten Kozustandsvariablen darstellt. Die Hamiltonfunktion erfaßt in jedem Zeitpunkt den sogenannten Gesamtbeitrag der Zustandsgleichungen zum jeweiligen Zielfunktional, und zwar setzt sich dieser aus dem Beitrag des Zielfunktionals selbst und den mit den Kozustandsvariablen bewerteten zeitlichen Änderungen der Zustandsvariablen $\dot{x}(t)$ zusammen.[2] Die Kozustandsvariable $p_i(t)$ gibt also an, welchen unternehmensinternen Verrechnungspreis (Schattenpreis) die in dem Zustand $x_i(t)$ dargestellte ökonomische Größe im Zeitpunkt t hat.[3] Da in einem mehrdimensionalen dynamischen Modell die Verrechnungspreise nicht nur von dem augenblicklichen Zustand x(t)

---

1) Pontrjagin, L.S. et al., Mathematische Theorie, S. 23-27; Athans, Michael, Falb, Peter L., Optimal Control, S. 245-246; Boltjanskij, W.G., Mathematische Methoden der optimalen Steuerung, München 1972, S. 27.29.

2) Vgl. Stöppler, Siegmar, Dynamische Produktionstheorie, S. 89-90; Roberts, Blaine, Schulze, David L., Modern Mathematics, S. 512.

3) Vgl. zu der ökonomischen Interpretation der Kozustandsvariablen auch Dorfman, Robert, An Economic Interpretation of Optimal Control Theory, in: AER, Vol. 59 (1969), S. 817-831, hier S. 829-830. Bensoussan, A., Hurst, E. Gerald, Jr., Näslund, B., Management Applications of Modern Control Theory, Amsterdam-Oxford-New York 1974, S. 20-23 und die dort angegebene Literatur.

abhängen,[1] sondern auch von dem künftigen Verlauf des Systems der Zustandsgleichungen, muß p(t) die Entwicklung des künftigen Zustandes $x(\tau), \tau > t$, erfassen. Wie man aus Anhang 1 ersieht, wird p(t) durch den Endwert p(T) und das System von Differentialgleichungen für $\dot{p}(t)$ bestimmt. Da p(t) von x(t) abhängt und p(t) wegen der Endbedingung p(T) rekursiv zu lösen ist, schlägt sich in p(t) die Entwicklung der künftigen Zustände nieder.

Umfaßt das Modell zusätzlich Nebenbedingungen, dann ergibt sich gemäß Bedingung 3. des Anhanges 1 in jedem Zeitpunkt t ein Optimierungsproblem mit nichtlinearer Zielfunktion - in Form der Hamiltonfunktion - und linearen oder nichtlinearen Nebenbedingungen. Um dieses Optimierungsproblem zu lösen, wird eine erweiterte Hamiltonfunktion formuliert, wo neben der Hamiltonfunktion (2.23) die Nebenbedingungen mit entsprechenden Multiplikatoren additiv hinzugefügt werden.[2] Die Nebenbedingungen in Gleichungsform werden mit Lagrange-Multiplikatoren $v(t) \lesseqgtr 0$ und diejenigen in Ungleichungsform mit nichtnegativen Multiplikatoren $w(t) \geq 0$ gemäß Kuhn-Tucker[3] multipliziert

---

1) Die vergangene zeitliche Entwicklung des Zustandes $x_i(t)$ ist in einem deterministischen Modell in $x_i(t)$ vollständig erfaßt. Vgl. dazu das in Abschnitt 331 dargestellte Konzept der Zustandsraumbeschreibung für deterministische zeitdiskrete Modelle. Dieses Konzept gilt für zeitkontinuierliche Modelle analog.

2) Vgl. dazu Arrow, Kenneth J., Economic Growth, S. 87-92; Stöppler, Siegmar, Dynamische Produktionstheorie, S. 93-102; Bensoussan, A., Hurst, G., Jr., Näslund, B., Management, S. 15-27.

3) Zu den Lagrange-Multiplikatoren nach Kuhn-Tucker vgl. Kuhn, H.W., Tucker, A.W., Nonlinear Programming, in: Proceedings of the Second Berkeley Symposium on Mathematical Statistics and Probability, hrsg. von J. Neyman, Berkeley-Los Angelos 1951, S. 481-492; vgl. auch Hax, Herbert, Koordination von Entscheidungen, Köln-Berlin-Bonn-München 1965, S. 184-187; Stöppler, Siegmar, Dynamische Produktionstheorie, S. 93.

(2.24)

$$L(t) = L(x(t),u(t),p(t),v(t),w(t),t) = H(x(t),u(t),p(t),t) + v(t)'h(x(t),u(t),t) + w(t)'k(x(t),u(t),t), \quad t \in [0,T].$$

Beide Multiplikatoren v(t) und w(t) erfassen den durch die Nebenbedingungen verursachten Momentanbeitrag zum Zielfunktional im Zeitpunkt t. Aufgrund der notwendigen Bedingungen des Pontrjaginschen Maximumprinzips, vgl. Anhang 1, sind die Entscheidungsvariablen u(t) dann optimal, wenn unter Berücksichtigung der Bedingungen für die Kozustandsvariablen p(t) und die Multiplikatoren v(t) und w(t) die erweiterte Hamiltonfunktion in jedem Zeitpunkt $t \in [0,T]$ bezüglich der Entscheidungsvariablen u(t) maximiert (minimiert) wird.

Um dieses Instrumentarium zur Optimierung des Elton-Gruber-Modells anwenden zu können, müssen noch einige Eigenschaften von Steuerungsmodellen bzw. des Lösungsverfahrens kurz erörtert werden. Steuerungsmodelle lassen sich grundsätzlich nach den Bedingungen hinsichtlich ihres Endzeitpunktes, der entweder fest vorgegeben oder auch frei sein kann, unterscheiden. Bei freien Endzeitpunkten handelt es sich um zeitoptimale Modelle. Weiter sind Modelle mit festem Endzeitpunkt, in solche mit beschränkten und unbeschränkten Zustandsvariablen am Ende des Planungszeitraumes zu unterscheiden.[1] Modelle mit festem Endzeitpunkt, aber unbeschränkten Zustandsvariablen am Ende des Planungszeitraumes, sind in der Regel leichter zu lösen als solche, die bestimmten Endbedingungen unterliegen, da sich die Endwerte der Kozustandsvariablen im Fall ohne Endbe-

---

1) Vgl. hierzu Athans, Michael, Falb, Peter L., Optimal Control, S. 306-307.

dingungen leichter ermitteln lassen.[1] Außerdem gilt generell bei der Lösung von dynamischen Optimierungsmodellen, daß eine Diskontierung mit e^{-kt} bei der Optimierung außer acht bleiben kann, wenn der Diskontierungsfaktor positiv ist.[2]

232 Ermittlung der optimalen Ergebnisse des Elton-Gruber-Modells mit Hilfe des Maximumprinzips

2321 Die notwendigen Optimalitätsbedingungen für das Elton-Gruber-Modell

Überträgt man das im vorangegangenen Abschnitt dargelegte Instrumentarium auf das Elton-Gruber-Modell, dann gelten folgende Überlegungen:
Die Entscheidungsvariablen EA(t), FA(t) und I(t), die entsprechend den Zustandsgleichungen die Zustände E(t), F(t) und G(t) beeinflussen, sind so festzulegen, daß das Zielfunktional maximiert wird. Dies wird dadurch erreicht, daß "...at any moment in time change the state variable so that the moument of each state variable added times the marginal value of adding a dollar to that state is maximized."[3]

Bei der Ermittlung der optimalen analytischen Lösung wird weiterhin unterstellt, daß die jeweiligen Parameter und die Gewinn-Möglichkeits-Funktion (2.11) zeitinvariant sind.

---

1) Vgl. dazu die notwendige Bedingung 7. des Maximumprinzips in Anhang 1, wo nur die Ableitung $\frac{Z(x^*(T))}{x^*(T)}$ zu berücksichtigen ist.
Während im Fall mit Nebenbedingungen Schwierigkeiten bei der Ermittlung der Multiplikatoren a auftreten können. Vgl. zu diesem Problem Stöppler, Siegmar, Dynamische Produktionstheorie, S. 91-92.

2) Vgl. dazu Arrow, Kenneth J., Economic Growth, S. 93-97.

3) Elton, Edwin J.; Gruber, Martin J., Finance, S. 147.

Die Hamiltonfunktion für das Elton-Gruber-Modell im Zeitpunkt t lautet

(2.25)

$$H(t) = p_1(t) \left[zE(t) + z(1-s)F(t) - G(t) - FA(t) + I(t)\right] + p_2(t)FA(t) + p_3(t)\left[r(I(t))I(t)(1-s)\right].$$

Die erweiterte Hamiltonfunktion enthält neben H(t) auch die in jedem Zeitpunkt t einzuhaltenden Restriktionen (2.15), (2.17) und (2.18) mit den zugehörigen Kuhn-Tucker-Multiplikatoren $w_i(t)$, i = 1,2,3,

(2.26)

$$L(t) = p_1(t) \left[zE(t) + z(1-s)F(t) - G(t) - FA(t) + I(t)\right] + p_2(t)FA(t) + p_3(t)\left[r(I(t))I(t)(1-s)\right] + w_1(t)\left[G(t) + EA(t) + FA(t) - I(t) - iF(t)(1-s)\right] + w_2(t)EA(t) + w_3(t) \left[\hat{Q}E(t) - F(t)\right].$$

Die notwendige Bedingung des Kuhn-Tucker-Theorems besagt, daß anstelle des Maximierungsproblems mit Nebenbedingungen die Funktion (2.26) hinsichtlich I(t), EA(t) und FA(t) zu maximieren ist. Liegt das Optimum der Funktion (2.23) im Innern des durch diese Funktion definierten Bereiches und nicht auf dem Rande, so gelten, wie aus der gewöhnlichen Differentialrechnung bekannt, als notwendige Bedingungen für ein Extremum, daß die ersten Ableitungen gleich Null sein müssen. Handelt es sich zudem um eine konkave Funktion, so ist die notwendige Bedingung zugleich auch hinreichend. Beide Bedingungen sind hier erfüllt. Außerdem müssen die entsprechenden Bedingungen bezüglich der Kozustandsvariablen (vgl. dazu Anhang 1) $\dot{p}_1(t) = -\partial L(t)/\partial E(t)$, $\dot{p}_2(t) = -\partial L(t)/\partial F(t)$ und $\dot{p}_3(t) = -\partial L(t)/\partial G(t)$ sowie die Endbedingungen $p_1(\infty)$, $p_2(\infty)$ und $p_3(\infty)$ eingehalten werden.

Die notwendigen Bedingungen dafür, daß (2.26) ein Maximum annimmt, lauten demnach:

(2.27)

$$\frac{\partial L(t)}{\partial I(t)} = p_1^*(t) + p_3^*(t)\left[\frac{\partial r(I(t))}{\partial I(t)} I^*(t) + r(I(t))\right](1-s) - w_1^*(t) = 0, \qquad t\varepsilon[0,\infty],$$

(2.28) $$\frac{\partial L(t)}{\partial EA(t)} = w_1^*(t) + w_2^*(t) = 0, \qquad t\varepsilon[0,\infty],$$

(2.29) $$\frac{\partial L(t)}{\partial FA(t)} = -p_1^*(t) + p_2^*(t) + w_1^*(t) = 0, \quad t\varepsilon[0,\infty],$$

Nach dem Maximumprinzip müssen außerdem die optimalen Entscheidungsvariablen folgendem System von Differentialgleichungen genügen:

(2.30) $$\dot{p}_1^*(t) = -\frac{\partial L(t)}{\partial E(t)} = -zp_1^*(t) - w_3(t)\,Q, \; t\varepsilon[0,\infty],$$

(2.31) $$\dot{p}_2^*(t) = -\frac{\partial L(t)}{\partial F(t)} = -(1-s)zp_1^*(t) + w_3^*(t) + i(1-s)w_1^*(t) \qquad t\varepsilon[0,\infty],$$

(2.32) $$\dot{p}_3^*(t) = -\frac{\partial L(t)}{\partial G(t)} = p_1^*(t) - w_1^*(t), \qquad t\varepsilon[0,\infty],$$

(2.33) $$\dot{E}(t) = \frac{\partial L(t)}{\partial p_1(t)} = zE(t) + z(1-s)F(t) - G(t) - FA(t) + I(t), \qquad t\varepsilon[0,\infty],$$

(2.34) $$\dot{F}(t) = \frac{\partial L(t)}{p_2(t)} = FA(t), \qquad t\varepsilon[0,\infty],$$

(2.35) $$\dot{G}(t) = \frac{\partial L(t)}{p_3(t)} = r(I(t))I(t)(1-s), \qquad t\varepsilon[0,\infty].$$

Mit Hilfe der notwendigen Bedingungen können nun die optimalen Entscheidungsvariablen bzw. Funktionen von Entscheidungsvariablen angegeben werden. Will man für die Zustandsvariablen konkrete Zeitpfade, auch Trajektorien genannt, angeben, dann sind in der Regel bestimmte Anfangswerte für die Zustandsvariablen zu beachten. Bei der Lösung der Differentialgleichungen für die Kozustandsvariablen sind dagegen bestimmte Endwerte $p_1(\infty)$, $p_2(\infty)$ und $p_3(\infty)$ einzuhalten. Diese Endwerte ergeben sich in einem Modell ohne Endbedingungen aufgrund des Beitrages der Zustandsvariablen zum Zielfunktional am Planungshorizont.

Wie bereits oben erwähnt, haben die Kozustandsvariablen $p_i(t)$, $i = 1,2,3$, die gleiche Bedeutung wie Lagrange-Multiplikatoren, sie geben an, welchen Beitrag eine zusätzliche Einheit der betreffenden Zustandsvariablen $E(t)$, $F(t)$ und $G(t)$ im Zeitpunkt t für das jeweilige Zielfunktional liefert. Das gleiche gilt auch am Planungshorizont. Liefert z.B. eine Zustandsvariable am Ende des Planungszeitraumes keinen Beitrag zur Zielfunktion, so ist auch der Wert der zugehörigen Kozustandsvariablen Null. Die Endbedingungen der Kozustandsvariablen für das obige Planungsmodell mit unendlichem Planungshorizont ergeben sich aus der Struktur des Problems.[1] Der Wert für $p_i(\infty)$, $i = 1,2,3$, ist gleich dem zusätzlichen Beitrag, den eine Einheit Eigenkapital, Fremdkapital bzw. Gewinn im Unendlichen zum Zielfunktional leistet. Da der Entscheidungsträger den betreffenden Zustandsvariablen im Unendlichen gegenwärtig keinen positiven oder negativen Beitrag zuordnen wird, gilt $p_i(\infty) = 0$, $i = 1,2,3$.

Zur analytischen Bestimmung der optimalen Lösung ist Voraussetzung, daß eine explizite Lösung für die Kuhn-Tucker-Multiplikatoren $w_i(t)$, $i = 1,2,3$, gefunden wird. Da die Kuhn-Tucker-Multiplikatoren definitionsgemäß positiv sind, folgt aus (2.28), daß im Optimum $w_1^*(t)$ und $w_2^*(t)$ gleich null sein müssen. Nach dem Kuhn-Tucker-Theorem[2] sind also die zu $w_1^*(t)$ und $w_2^*(t)$ ge-

1) Vgl. Elton, Edwin J., Gruber, Martin J., Finance, S. 150.

2) Vgl. Kuhn, H.W., Tucker, A.W., Nonlinear Programming, S. 481-492.

hörigen Nebenbedingungen (2.17) und (2.18) in keinem Zeitpunkt t bis zur Grenze ausgelastet und können deshalb bei den weiteren Ableitungen außer acht bleiben, d.h. Dividendenzahlungen D(t) und Kapitalerhöhungen EA(t) werden in keinem Zeitpunkt kleiner als Null werden. Dadurch vereinfachen sich (2.27), (2.29), (2.31) und (2.32) zu:

$$(2.36)\quad \frac{\partial L(t)}{\partial I(t)} = p_1^*(t) + p_3^*(t)\left[\frac{\partial r(I(t))}{\partial I(t)}\, I^*(t) + r(I(t))\right](1-s) = 0, \qquad t\varepsilon[0,\infty],$$

$$(2.37)\quad \frac{\partial L(t)}{\partial FA(t)} = -\, p_1^*(t) + p_2^*(t) = 0, \qquad t\varepsilon[0,\infty],$$

$$(2.38)\quad \dot{p}_2^*(t) = -\,(1-s)zp_1^*(t) + w_3^*(t) = 0, \qquad t\varepsilon[0,\infty],$$

$$(2.39)\quad \dot{p}_3^*(t) = p_1^*(t), \qquad t\varepsilon[0,\infty].$$

Die Kozustandsgleichungen (2.30), (2.38) und (2.39) sind nur noch von dem Multiplikator $w_3^*(t)$ abhängig. Die Differentialgleichungen für die Kozustandsvariablen könnten bei Kenntnis einer expliziten Lösung für $w_3^*(t)$ also in geschlossener Form bestimmt werden.

Gemäß (2.37) gilt im Optimum $p_1^*(t) = p_2^*(t)$, $t\varepsilon[0,\infty]$, und deshalb auch $\dot{p}_1^*(t) = \dot{p}_1^*(t) = p_2(t)$. Setzt man für $\dot{p}_1^*(t)$ und $\dot{p}_2^*(t)$ die entsprechenden Größen aus (2.30) und (2.38) in (2.37) ein, dann gilt

$$(2.40)\quad -\, zp_1^*(t) - w_3^*(t)\hat{Q} = -\,(1-s)zp_1^*(t) + w_3^*(t), \qquad t\varepsilon[0,\infty].$$

Löst man (2.40) nach $w_3^*(t)$ auf, so erhält man

$$(2.41)\quad w_3^*(t) = \left(\frac{-sz}{1+\hat{Q}}\right)p_1^*(t), \qquad t\varepsilon[0,\infty].$$

$w_3^*(t)$ wird nun in (2.30) und (2.38) eingesetzt

(2.42) $$\dot{p}_1^*(t) = - zp_1^*(t) + (\frac{sz}{1+\hat{Q}})p_1^*(t)\hat{Q}$$

$$= - z(1 - \frac{s\hat{Q}}{1+\hat{Q}})p_1^*(t), \qquad t\varepsilon[0,\infty],$$

(2.43) $$\dot{p}_2^*(t) = - (1-s)zp_1^*(t) - (\frac{sz}{1+\hat{Q}})p_1^*(t)$$

$$= - z(1 - \frac{s\hat{Q}}{1+\hat{Q}})p_1^*(t), \qquad t\varepsilon[0,\infty].$$

In beiden Fällen haben wir eine homogene Differentialgleichung, deren allgemeine Lösung sich durch einfache Integration der Gleichung (2.42) bzw. (2.43) ergibt.

Setzt man

(2.44) $$m = z(1 - \frac{s\hat{Q}}{1+\hat{Q}}),$$

dann gilt

(2.45) $$p_1^*(t) = p_1^*(\infty) - \int_t^\infty (-mp_1^*(s))ds$$

$$= 0 + \int_t^\infty mp_1^*(s)ds$$

$$= -e^{-mt}, \qquad t\varepsilon[0,\infty],$$

(2.46) $$p_2^*(t) = p_2^*(\infty) - \int_t^\infty (-m)(-e^{-ms})ds$$

$$= 0 - \int_t^\infty me^{-ms}\, ds$$

$$= -e^{-mt}, \qquad t\varepsilon[0,\infty].$$

Da $p_1^*(t)$ bekannt ist, gilt nach (2.39) für $p_3^*(t)$

(2.47) $$p_3^*(t) = p_3^*(\infty) - \int_t^\infty p_1^*(s)ds$$

$$= 0 - \int_t^\infty -e^{-ms}ds$$

$$= \frac{1}{m}\, e^{-mt}, \qquad t\varepsilon[0,\infty].$$

Das Vorzeichen der Kozustandsvariablen und damit ihr Beitrag zur Hamiltonfunktion geht aus der 1. Bedingung des Maximumprinzips (s. Anhang 1) hervor. Allgemein ist die zeitliche Veränderung der Kozustandsvariablen durch die negative Ableitung der Hamiltonfunktion nach den Zuständen definiert. Der Wert einer Kozustandsvariablen $p_i(t)$ nimmt dann ab, wenn die entsprechende Veränderung der Zustandsgleichung $f_i(x(t), u(t), t)$ bezüglich $x_i(t)$, $i \varepsilon \{1,\ldots,n\}$, positiv ist und umgekehrt.[1)]

Die Bewertung der identischen negativen Kozustandsvariablen $p_1^*(t)$ und $p_2^*(t)$ in unserem Modell nimmt demnach zu, da die infinitesimale Zunahme von Eigen- bzw. Fremdkapital negativ ist, wobei e^{-mt} das kontinuierliche Analogon des diskreten statischen Diskontierungsfaktors ist.[2)]
m gibt die marginalen Kosten des Eigen- und Fremdkapitals an, die im Optimum gleich sind. Der durch die Kozustandsvariable $p_3^*(t)$ erfaßte Beitrag einer zusätzlichen infinitesimal kleinen Einheit G(t) ist negativ, da $p_3^*(t)$ positiv ist. Dieses Ergebnis resultiert aus dem Verlauf der Gewinn-Möglichkeits-Funktion (2.11), die annahmegemäß abnehmende Grenzerträge besitzt.[3)]

Aufgrund der optimalen Kozustandsvariablen und der entsprechenden Anfangsbedingungen der Zustandsvariablen kann nun, wie in Abschnitt 2323 gezeigt wird, für gegebene Anfangswerte optimale Zeitpfade für Eigen- und Fremdkapital berechnet werden. Weiterhin leiten wir im folgenden allgemeine Aussagen über den Verschuldungs- und Investitionsumfang, den Marktwert des Eigen- und Fremdkapitals sowie die Dividendenpolitik und die Eigenfinan-

---

1) Vgl. Stöppler, Siegmar, Dynamische Produktionstheorie, S. 90.

2) "Note that e^{-mt} is the continuous analog to the discrete static discount rate of m." Elton, Edwin J., Gruber, Martin J., Finance, S. 151, Fußnote 20.

3) Vgl. dazu Annahme 11, S. 11.

zierungsentscheidungen ab, die aus den oben angegebenen notwendigen Optimalitätsbedingungen resultieren.[1)]

2322 Der Verschuldungs- und Investitionsumfang

Der Verschuldungsumfang für das Elton-Gruber-Modell ergibt sich aus (2.41) in Verbindung mit dem Kuhn-Tucker-Theorem. Der Multiplikator $w_3^*(t)$ in (2.41) ist wegen $p_1^*(t) < 0$, $t \varepsilon [0,\infty]$, immer größer als Null. Das bedeutet, daß die Fremdkapitalaufnahme soweit auszudehnen ist, bis die exogen vorgegebene Verschuldungsgrenze $\hat{Q}$ gerade erreicht wird

$$(2.48) \quad F^*(t) \,/\, E^*(t) = \hat{Q}.$$

Setzt man in (2.44) für $\hat{Q}$ Gleichung (2.48) ein, dann gilt sowohl für die marginalen Eigen- als auch Fremdkapitalkosten im Optimum

$$(2.49) \quad m^* = z\left(1 - \frac{s\hat{Q}}{1+\hat{Q}}\right) = z\left(1 - \frac{sF^*(t)}{F^*(t)+E^*(t)}\right).$$

Die Identität der marginalen Eigen- und Fremdkapitalkosten ist auf die Berücksichtigung der Verschuldungsgrenze $\hat{Q}$ zurückzuführen. Im Optimum ist eine Fremdkapitalerhöhung nur bei gleichzeitiger Erhöhung des Eigenkapitals möglich. Es fallen bei Erreichen der Verschuldungsobergrenze sowohl für Fremd- als auch Eigenkapital Opportunitätskosten in Höhe von m an.[2)] Eine weitere Fremdkapitalerhöhung ist in diesem Punkt teurer als in dem Bereich, wo die Verschuldungsgrenze noch nicht er-

---

1) Vgl. dazu Elton, Edwin J., Gruber, Martin J., Finance, S. 151-154.

2) Im folgenden schreiben wir anstelle von m^* nur noch m.

reicht ist,[1] vorausgesetzt, die Fremdkapitalkosten sind niedriger als die Eigenkapitalkosten. Dieses Ergebnis weicht von dem Ergebnis von Modigliani-Miller ab, da diese die Eigen- und Fremdkapitalkosten vor der Verschuldungsanalyse festlegen und die Kosten nach Erreichen einer Verschuldungsgrenze nicht mehr untersuchen.

Aufgrund der Optimalitätsbedingung (2.36) ergibt sich eine Bedingung dafür, welche Verzinsung ein neues Investitionsprojekt mindestens erzielen muß, damit es bei optimaler Entscheidung noch ins Investitionsprogramm aufgenommen wird. Wir setzen dazu für die Kozustandsvariablen $p_1^*(t)$ und $p_3^*(t)$, deren optimalen Werte in (2.36) ein und erhalten

$$(2.50)\quad -e^{-mt} + \frac{1}{m} e^{-mt}\left[r(I^*(t)) + \left.\frac{\partial r(I(t))}{\partial I(t)}\right|_* I^*(t)\right](1-s)=0$$

bzw.

$$(2.51)\quad m = \left[r(I^*(t)) + \left.\frac{\partial r(I(t))}{\partial I(t)}\right|_* I^*(t)\right]\ (1-s).$$

(2.51) besagt, daß im Optimum nur solche Investitionsprojekte von der Unternehmung zu tätigen sind, die eine Verzinsung von mindestens m erzielen. Da der Kalkulationszinsfuß m, vgl. dazu (2.44) in Verbindung mit (2.45) und (2.47), im Zeitverlauf konstant ist, muß auch das optimale Investitionsvolumen $I(t) = I^*$ im Zeitverlauf konstant sein. Weiterhin gilt aufgrund (2.49) und (2.51)

---

1) "Given that the firm operates at its maximum debt to equity ratio, an increase in debt is more costly than the unconstrained case would suggest because an increase in debt must be accompanied by an increase in equity." Elton, Edwin J., Gruber, Martin J., Finance, S. 152.

(2.52)

$$z(1 - \frac{sF^*(t)}{F^*(t)+E^*(t)}) = m = (1-s)\left[r(I^*) + \frac{r(I)}{I}\Big|_* I^*\right]$$

Das in (2.52) ermittelte Ergebnis besagt demnach, daß im Optimum in jedem Zeitpunkt t die marginalen Kosten für Eigen- und Fremdkapital gleich dem Grenzertrag der im Zeitverlauf als invariant unterstellten Gewinn-Möglichkeits-Funktion sein müssen. Dieses Teilergebnis unterscheidet sich damit nicht von Modigliani-Millers statischen Betrachtung dieser Zusammenhänge, wo ebenfalls eine zusätzliche Investition nur dann vorteilhaft ist, wenn ihre Rendite mindestens gleich den durchschnittlichen Kapitalkosten ist.[1)] Letztere sind bei Modigliani-Miller mit den marginalen Kapitalkosten identisch.

Dieses spezielle Ergebnis wird insbesondere durch die zeitliche Konstanz der Parameter bedingt.[2)] Aus (2.52) folgt, daß das Investitionsvolumen I^* soweit auszudehnen ist, bis die marginale Verzinsung gleich den marginalen Kapitalkosten ist. Das optimale Investitionsvolumen I^* ist wegen der zeitkonstanten Parameter des Modells für den gesamten Planungszeitraum ebenfalls konstant.

Als weiteres Ergebnis kann festgehalten werden, daß die marginalen Kapitalkosten m (2.49) unabhängig von dem jeweiligen absoluten Fremd- und Eigenkapitalumfang sind und durch das exogen vorgegebene Verschuldungsverhältnis Q determiniert werden. Unter den hier gesetzten Prämissen können also auch in einem deterministischen

1) Vgl. z.B. Modigliani, Franco, Miller, Merton H., The Cost of Capital, S. 288-291.

2) Die Anwendung des Maximumprinzips ist selbstverständlich nicht an die Konstanz der Parameter gebunden. Wird jedoch diese Annahme aufgehoben, dann läßt sich eine explizite Lösung nicht mehr so einfach ermitteln. Vgl. dazu Senchack, Andrew J., Jr., The Firm's Optimal Financial Policies: Solution, Equilibrium, and Stability, in: JFQA, Vol. 10 (1975), S. 543-555, hier S. 549.

dynamischen Modell Investitionsentscheidungen von Finanzierungsentscheidungen getrennt werden. Für konkrete Entscheidungssituationen hätte diese Separation den Vorteil, daß die einzelnen Investitionsprojekte unabhängig von den jeweiligen Finanzierungsmöglichkeiten beurteilt werden könnten.[1)] Die Gültigkeit dieser Aussage setzt die obengenannten Prämissen voraus. Diese sind aber kaum zur Abbildung konkreter Entscheidungssituationen hinsichtlich des Finanzierungsverhaltens einer Aktiengesellschaft geeignet.

Das hier gewonnene Entscheidungskriterium (2.52) bezüglich des optimalen Volumens an Eigen-, Fremdkapital und Investitionen zeigt außerdem, daß es von Dividendenentscheidungen D(t) unabhängig ist.

2323 Der Marktwert des Eigen- und Fremdkapitals

Nachdem bei der Ermittlung des optimalen Verschuldungsumfanges festgestellt wurde, daß Eigen- und Fremdkapital stets so aufzunehmen ist, daß die vorgegebene Verschuldungsgrenze $\hat{Q}$ gerade erreicht wird, sollen nun die jeweiligen Marktwerte im Zeitverlauf abgeleitet werden. Wie bereits festgestellt, gilt im Optimum

$F^*(t) = \hat{Q}E^*(t)$ bzw. $\dot{F}^*(t) = \hat{Q}\dot{E}^*(t)$, $\quad t \in [0,\infty]$ und

aufgrund von (2.10) die Beziehung

$$(2.53) \qquad \dot{E}^*(t) = \frac{\dot{F}^*(t)}{\hat{Q}} = \frac{FA^*(t)}{\hat{Q}}.$$

Nach Einsetzen von (2.14) für $\dot{E}^*(t)$ und unter Berücksichtigung der Definitionen für k(t) und D(t) ((2.7) bzw. (2.17)) erhält man

---

1) Zu diesem Ergebnis kommen auch Modigliani, Franco, Miller, Merton H., The Cost of Capital, S. 288.

$$(2.54)\quad \frac{FA^*(t)}{\hat{Q}} = zE^*(t) + (1-s)(z-i)F^*(t) - G^*(t) + I^* - FA^*(t) + iF^*(t)(1-s).$$

Unter Berücksichtigung der Identität $\hat{Q}E^*(t) = F^*(t)$ und des Wertes $G^*(t) = G(O) + (1-s)r(I^*)I^*t$, der sich durch Integration der Zustandsgleichung (2.11) ergibt, läßt sich für (2.54) auch schreiben

$$(2.55)\quad \frac{FA^*(t)}{\hat{Q}} = \frac{1}{1+\hat{Q}}\left[(z + (1-s)(z-i)\hat{Q} + (1-s)i\hat{Q})E^*(t) - G(O) - (1-s)r(I^*)I^*t + I^*\right]$$

Setzt man diesen Ausdruck in (2.53) ein und beachtet dabei die Definition für m gemäß (2.44), dann erhält man

$$(2.56)\quad \dot{E}^*(t) = mE^*(t) - \frac{G(O) + (1-s)r(I^*)I^*t - I^*}{1+\hat{Q}}.$$

Die allgemeine Lösung dieser inhomogenen Differentialgleichung für eine zeitinvariante Gewinn-Möglichkeits-Funktion $r(I^*)$ stellt den maximalen Marktwert des Eigenkapitals bzw. den Reichtum der Anteilseigner zu Beginn des Planungszeitraumes dar, der von den Ausschüttungen D(t) unabhängig ist

$$(2.57)\quad E^*(O) = \left[\frac{G(O)}{m} - \frac{I^*}{m} + \frac{(1-s)r(I^*)I^*}{m^2}\right]\frac{1}{1+\hat{Q}}.$$

(Zur Lösung der inhomogenen Differentialgleichung (2.56) vgl. Anhang 2.) Der optimale Wert des Eigenkapitalbestandes für die übrigen Zeitpunkte t beträgt nach Gleichung (5) im Anhang 2 bei einer Integrationskonstante $C_1 = O$

$$(2.58)\quad E^*(t) = \left[\frac{G(O)}{m} - \frac{I^*}{m} + \frac{(1-s)r(I^*)I^*}{m^2} + \frac{(1-s)r(I^*)I^*}{m}\right]\frac{1}{1+\hat{Q}},\qquad t\varepsilon\,[O,\infty].$$

Nach (2.58) beträgt die konstante optimale zeitliche Änderung des Eigenkapitals

$$(2.59)\quad \dot{E}^*(t) = \left[\frac{(1-s)r(I^*)I^*}{m}\right]\frac{1}{1+\hat{Q}},\qquad t\varepsilon[0,\infty] \text{ und } t\neq 0.$$

Das bedeutet, in jedem Zeitpunkt t ist die Eigenkapitaländerung gleich dem den Anteilseignern zustehenden Anteil $(1/1+\hat{Q})$ an der mit m kapitalisierten Gewinnänderung $\dot{G}(t)$.

Multipliziert man beide Seiten von (2.57) mit $(1+\hat{Q})$ und beachtet die Identität $\hat{Q}E^*(0) = F^*(0)$, so ergibt sich ein Gesamtwert der Unternehmung im Zeitpunkt t = 0 in Höhe von

$$(2.60)\quad E^*(0) + F^*(0) = \frac{G(0)}{m} - \frac{I^*}{m} + \frac{(1-s)r(I^*)I^*}{m^2},$$

wobei sich das Fremdkapital

$$(2.61)\quad F^*(0) = \left[\frac{G(0)}{m} - \frac{I^*}{m} + \frac{(1-s)r(I^*)I^*}{m^2}\right]\frac{\hat{Q}}{1+\hat{Q}}$$

durch Subtraktion der Gleichung (2.57) von (2.60) ergibt.

Im Zeitpunkt t ergibt sich nach (2.58) ein Fremdkapitalbetrag von

$$(2.62)\quad F^*(t) = \left[\frac{G(0)}{m} - \frac{I^*}{m} + \frac{(1-s)r(I^*)I^*}{m^2} + \frac{(1-s)r(I^*)I^*t}{m}\right]\frac{\hat{Q}}{1+\hat{Q}}.$$

Der Gesamtwert der Unternehmung hängt demzufolge nur vom Investitionsvolumen I^*, der zeitkonstanten Gewinnänderung $r(I^*)I^*(1-s)$, dem Anfangswert G(0) und dem Kalkulationszinsfuß m ab. Außerdem gilt aufgrund von

(2.57) und (2.58), daß der Marktwert des Eigenkapitals für alle Zeitpunkte t unabhängig von der Dividendenpolitik ist. Damit bestätigt sich die von Modigliani-Miller bei statischer Betrachtungsweise abgeleitete These, daß die Ausschüttungspolitik den Marktwert des Eigenkapitals nicht beeinflußt, obwohl der Barwert den künftigen Nettoausschüttungen zu maximieren ist.[1]

2324 Dividendenpolitik und Eigenfinanzierungsentscheidungen

Obwohl der Marktwert des Eigenkapitals unabhängig von Dividendenzahlungen ist, was in (2.57) zum Ausdruck kommt, impliziert dies nicht, daß auch Eigenfinanzierungsentscheidungen irrelevant sind.[2] Der zur Dividendenrestriktion gehörige optimale Multiplikator $w_1^*(t) = 0$ besagt, daß in keinem Zeitpunkt t die Nebenbedingung $D(t) \geq 0$ verletzt wird. Die gleiche Überlegung gilt auch für die Eigenkapitalerhöhung EA(t), da $w_2^*(t) = 0$.

Damit D(t) nicht negativ wird, muß einerseits in jedem Zeitpunkt t entsprechend viel Eigenkapital aufgenommen werden. Da aber die erste Ableitung der erweiterten Hamiltonfunktion nach der Entscheidungsvariablen EA(t) immer gleich Null ist,[3] bringt es andererseits keinen Vorteil, wenn mehr Eigenkapital aufgenommen wird als gerade zur Einhaltung der Restriktion für D(t) erforderlich ist, denn jede weitere Erhöhung von EA(t) hat keinen Einfluß auf das Zielfunktional. Die im Zeitpunkt t zu zahlenden Dividenden $D^*(t)$ und die Eigenkapitalaufnahmen

1) Vgl. dazu Miller, Merton H., Modigliani, Franco, Dividend Policy, S. 411-415.

2) "... the fact that dividend policy does not matter does not imply that new equity financing does not matter." Elton, Edwin, J., Gruber, Martin J., Finance, S. 153.

3) Vgl. dazu (2.28) und die Überlegungen auf S. 31.

EA(t) werden in Abhängigkeit der im Zeitverlauf benötigten Investitionsmittel bestimmt. Bestimmungsgleichung hierfür ist (2.13). Die optimalen Ergebnisse für $G^*(t)$, $FA^*(t)$ und $F^*(t)$ sind aufgrund der bisher ermittelten Lösungsgleichungen gegeben. $G^*(t)$ erhält man durch Integration von (2.11) über die Zeit, während sich $F^*(t)$ aus (2.62) und $FA^*(t)$ aus der Ableitung von (2.62) nach der Zeit ergeben.

Die Dividendenzahlung im Zeitpunkt t beträgt demnach

$$(2.63)\quad D(t) = G(O)(1-s) + (1-s)r(I^*)I^*t + EA(t) + \left[\frac{(1-s)r(I^*)I^*}{m}\right]\frac{\hat{Q}}{1+\hat{Q}} - I^* - i(1-s)\left[\frac{G(O)}{m} + \frac{(1-s)r(I^*)I^*t}{m} - \frac{I^*}{m} + \frac{(1-s)r(I^*)I^*}{m^2}\right]\frac{\hat{Q}}{1+\hat{Q}}.$$

(2.63) kann in einen zeitunabhängigen Term C und in einen zeitabhängigen Teil zerlegt werden. Faßt man C wie folgt zusammen

$$(2.64)\quad C = G(O)(1-s) + \left[\frac{(1-s)r(I^*)I^*}{m}\right]\frac{\hat{Q}}{1+\hat{Q}} - I^* - i(1-s)\left[\frac{G(O)}{m} - \frac{I^*}{m} + \frac{(1-s)r(I^*)I^*}{m^2}\right]\frac{\hat{Q}}{1+\hat{Q}},$$

dann erhält man für $D^*(t)$

$$(2.65)\quad D^*(t) = C + EA^*(t) + (1-s)r(I^*)I^*t - i(1-s)\left[\frac{(1-s)r(I^*)I^*t}{m}\right]\frac{\hat{Q}}{1+\hat{Q}}.$$

Da annahmegemäß $D(t) \geq 0$, gilt für (2.65)

$$(2.66) \quad C + EA^*(t) + (1-s)\left[r(I^*)I^* \cdot \frac{i(1-s)\hat{Q}}{1+\hat{Q}} r(I^*)I^*\right]t \geq 0.$$

Der minimale Wert für D(t) beträgt nach (2.66)Null. Das im Zeitpunkt aufzunehmende Eigenkapital kann ebenfalls mit Hilfe von (2.66) bestimmt werden.

$$(2.67) \quad EA^*(t) \geq - C - (1-s)\left[1 - \frac{i(1-s)\hat{Q}}{m(1+\hat{Q})}\right]r(I^*)I^*t.$$

EA(t) kann annahmegemäß nicht den Wert Null unterschreiten. Folglich ist der minimale Wert von $EA^*(t)$ entweder Null oder gleich dem positiven Wert der rechten Seite von (2.67). Dieser (positive) minimale Wert ist auch gleichzeitig optimal, da es keinen Vorteil bringt, mehr als diesen Betrag aufzunehmen, d.h. im Optimum gilt für (2.67) das Gleichheitszeichen.

Die rechte Seite von (2.67) ist dann positiv, wenn sich dem Unternehmen genügend vorteilhafte Investitionsmöglichkeiten bieten d.h. solche Projekte, deren interner Zinsfuß größer als m ist. Für den Fall, daß $EA^*(t)$ positiv ist, kann aus Gleichung (2.67) durch Differentiation nach der Zeit eine negative zeitliche Veränderung der Eigenkapitalaufnahme bestimmt werden

$$(2.68) \quad \frac{\partial EA^*(t)}{\partial t} = - (1-s) \left[1 - \frac{i(1-s)\hat{Q}}{m(1+\hat{Q})}\right]r(I^*)I^*.$$

Die Finanzierung des Investitionsvolumens I^* durch zusätzliches Eigenkapital erfolgt demnach solange, bis die selbsterwirtschafteten Mittel ausreichen, um die neuen Investitionsprojekte I^* zu finanzieren. Dieses Ergebnis zeigt, daß Eigenfinanzierungsmaßnahmen im Elton-Gruber-Modell sehr wohl relevant sind, um den

Marktwert des Eigenkapitals zu maximieren.[1)]

24 Würdigung des Grundmodells und seine Bedeutung für Investitions- und Finanzierungsentscheidungen einer Aktiengesellschaft

241 Allgemeine Bemerkungen

Das Elton-Gruber-Modell ist ein normatives dynamisches Entscheidungsmodell zur Ermittlung optimaler Investitions- und Finanzierungsentscheidungen einer Aktiengesellschaft sowie eine zieladäquate Bewertung dieser Unternehmung für die Anteilseigner.[2)] Wenn ein solches Modell als Entscheidungshilfe praktisch angewendet werden soll, dann wird verlangt, daß es die jeweilige Entscheidungssituation möglichst realistisch beschreibt. Die praktische Anwendung des Modells ist somit von der Realitätsnähe der dem Modell zugrunde liegenden Prämissen abhängig.

Bei der Beurteilung des Elton-Gruber-Modells als Entscheidungshilfe für konkrete Entscheidungssituationen sind folgende Probleme zu diskutieren:

1. Ist Marktwertmaximierung bzw. Maximierung des Barwertes der künftigen Nettoausschüttungen an die Anteilseigner eine sinnvolle Zielsetzung im Rahmen der Unternehmensfinanzierung? In diesem Zusammen-

---

1) "The minimum amount of new equity sales over time will decrease until internal funds plus cash flow from new debt are sufficient to finance new investment. Thus, although dividend policy does not matter, a minimal level exists for new equity flotation at any moment in time. Any new equity flotation above the minimum levels leaves the wealth of initial stockholders unchanged." Elton, Edwin J., Gruber, Martin J., Finance, S. 154.

2) Vgl. Elton, Edwin J., Gruber, Martin J., Finance, S. 142.

hang interessiert insbesondere das Problem des relevanten Diskontierungssatzes. Dabei ist insbesondere der Gültigkeitsbereich der Modigliani-Miller-These bezüglich des Eigenkapitalkostensatzes näher zu untersuchen.

2. Wie lassen sich die Investitions- und Finanzierungsmöglichkeiten einer Unternehmung in einem langfristigen Entscheidungsmodell adäquat abbilden?

3. Inwieweit ändern sich das Modell und die Ergebnisse, wenn unsichere Erwartungen, d.h. bestimmte diskrete Wahrscheinlichkeitsverteilungen bzw. -funktionen[1], hinsichtlich bestimmter Modellvariablen explizit berücksichtigt werden?

Wir werden diesen Fragen im folgenden nachgehen, wobei wir die letzte Frage nicht isoliert, sondern in Verbindung mit den beiden ersten Fragen erörtern werden.

242 Die Problematik der Zielfunktion Maximierung des Marktwertes des Eigenkapitals

2421 Aufgabe der Zielfunktion Maximierung des Marktwertes des Eigenkapitals

Als übergeordnetes Ziel, nach dem die Unternehmensleitung einer Aktiengesellschaft ihre Investitions- und Finanzierungsentscheidungen ausrichten soll, wird das Ziel Wohlstandsmaximierung der an der Gesellschaft beteiligten Anteilseigner angesehen.[2] Der maximale Wohl-

---

1) Wir bezeichnen in dieser Arbeit das Verteilungsgesetz einer diskret verteilten Zufallsvariablen als Wahrscheinlichkeitsverteilung und das einer kontinuierlich verteilten Zufallsvariablen als Wahrscheinlichkeitsfunktion.

2) Vgl. dazu z.B. Modigliani, Franco, Miller, Merton H., The Cost of Capital, S. 261-262; Porterfield, James T.S., Investment Decisions, S. 5-19; Robichek, Alexander A., Myers, Stewart C., Optimal Financing, S. 2-3.

stand der Anteilseigner bzw. von Individuen gilt dann als erreicht, wenn der Konsumnutzen des betreffenden Individuums im Zeitverlauf optimiert wird.[1] Als ein operationales Unternehmensziel für Investitions- und Finanzierungsentscheidungen, das zur Erreichung des Ziels Wohlstandsmaximierung dient, wird das Ziel Marktwertmaximierung. d.h. Maximierung der erwarteten Netto-Ausschüttungen der Aktiengesellschaft an die Anteilseigner, angesehen.[2] Man bezeichnet diese Zielfunktion auch als Maximierung des Marktwertes des Eigenkapitals der Aktiengesellschaft.[3] Verfolgt eine Aktiengesellschaft dieses Ziel, dann leistet sie unter bestimmten Voraussetzungen den aus ihrer Sicht besten Beitrag zur Erreichung des optimalen Konsumnutzens der Anteilseigner im Zeitverlauf, da jeder Anteilseigner durch Ausschüttungen, Verkauf von Anteilen und/oder Verschuldung seinen Konsumstrom optimieren kann.[4]

Da die Zielfunktion Maximierung des Marktwertes des Eigenkapitals nicht immer mit den Interessen der Anteilseigner in Einklang stehen muß, werden wir im folgenden einige der in der Literatur vorgebrachten Einwände gegen diese Zielfunktion untersuchen. Da diese Einwände von der jeweils unterstellten Kapitalmarktsituation und den Annahmen über die Erwartungen der Anteilseigner abhängen, werden wir die Untersuchung nach diesen beiden Kriterien gliedern.

---

1) Das Ziel Konsumstromoptimierung geht zurück auf Fisher, Irving, The Theory of Interest, New York 1965, Reprint August M. Kelly 1965.

2) Vgl. dazu z.B. Fußnote 2) auf S. 46.

3) Vgl. z.B. Modigliani, Franco, Miller, Merton H., The Cost of Capital, S. 290.

4) Vgl. dazu etwa Porterfield, James T.S., Investment Decisions, S. 16.

Da die Zielfunktion Maximierung des Marktwertes des Eigenkapitals nur dann angewendet werden kann, wenn der jeweilige Diskontierungssatz für die Netto-Ausschüttungen (= Eigenkapitalkostensatz) bekannt ist, werden wir gleichzeitig untersuchen, welcher Eigenkapitalkostensatz für die einzelnen Marktsituationen anzusetzen ist. Nur wenn dieser der Unternehmensleitung bekannt ist, kann sie die Zielfunktion Marktwertmaximierung ihren Investitions- und Finanzierungsentscheidungen zugrunde legen.

2422 Der Marktwert des Eigenkapitals bei vollkommenem Kapitalmarkt und sicheren Erwartungen

Auf einem vollkommenen Kapitalmarkt können Unternehmungen und private Anleger beliebige Beträge in Form von Schuld- bzw. Gläubigerpapieren zu einem gegebenem Zinssatz (= Marktzinssatz) und ohne Zahlung von Transaktionskosten aufnehmen bzw. anlegen, wobei die mit den einzelnen Transaktionen verbundenen Zins- und Tilgungszahlungen zu den vereinbarten Terminen mit Sicherheit geleistet werden. Die Annahme sicherer Erwartungen bedeutet, daß die Unternehmensleitung und die Anteilseigner sichere Erwartungen hinsichtlich der künftigen Netto-Ausschüttungen haben. Der Marktwert des Eigenkapitals der Gesellschaft ergibt sich dann als Barwert des sicheren künftigen Netto-Ausschüttungsstromes.

Dieses Ziel verstößt dann nicht gegen das Ziel Wohlstandsmaximierung der Anteilseigner, wenn die Rendite der in der Gesellschaft investierten Mittel unabhängig von dem Marktzinssatz ist, mit dem die Anteilseigner die künftigen Netto-Ausschüttungen abzinsen.[1] Ist

1) Zum Beweis dieser Bedingung vgl. Laux, Helmut, Kapitalkosten und Ertragsteuern, Köln-Berlin-Bonn-München 1969, S. 20-27.

diese Annahme nicht erfüllt, dann schafft die Unternehmensleitung nicht mehr unbedingt für alle Anteilseigner die besten Voraussetzungen zur Wohlstandsmaximierung, da ein von den Entscheidungen der Gesellschaft abhängiger Marktzinssatz nicht mehr zur Bestimmung des **maximalen** Wohlstandes, d.h. zur Transformation der Ausschüttungen und Erlöse aus dem Verkauf von Aktien gemäß dem optimalen Konsumstrom, herangezogen werden kann.[1]

Der Marktwert des Eigenkapitals ist dann maximal, wenn die Unternehmung a) alle Investitionsprojekte mit positivem Kapitalwert, wobei als Kalkulationszinsfuß der Marktzinssatz herangezogen wird, oder b) mit einem internen Zinsfuß, der größer als der Marktzinssatz ist, realisiert.[2] Die Eigenkapitalkosten sind also hier gleich dem Marktzinssatz. Diese Identität muß erfüllt sein, da eine Unternehmung einerseits nur dann Eigenkapital aufnehmen wird, wenn es nicht teurer ist als Fremdkapital, andererseits werden die Eigenkapitalgeber mindestens die gleiche Rendite wie die Fremdkapitalgeber fordern. Unter den Annahmen eines vollkommenen Kapitalmarktes, sicherer Erwartungen und ohne Berücksichtigung von Ertragsteuern stellt sich auch nicht das Problem, ob Eigen- oder Fremdkapital aufzunehmen ist,[3]

---

1) Vgl. zu dieser Voraussetzung auch Fama, Eugene F., Miller, Merton H., The Theory of Finance, New York u.a. 1972, S. 176-181.

2) Auf die Probleme der Ermittlung von Investitionsentscheidungen mit Hilfe der Kapitalwert- oder internen Zinsfußmethode oder auch anderer geeigneter Methoden der Planung von Investitionsprogrammen gehen wir bei der Diskussion der Zielfunktion Maximierung des Marktwertes des Eigenkapitals in diesem Abschnitt und in den Abschnitten 2422-2424 nicht ein.

3) Vgl. dazu Modigliani, Franco, Miller, Merton H., The Cost of Capital, S. 262 bzw. Lintner, John, Dividends, Earnings, Leverage, Stock Prices, and the Supply of Capital to Corporations, in: RoES, Vol. 44 (1962), S. 243-269.

das bedeutet, auf einem solchen Kapitalmarkt ergeben sich für die Unternehmensleitung keine Probleme hinsichtlich der Eigen- und Fremdfinanzierungsentscheidungen. Für praktische Entscheidungen ist diese Marktsituation nicht relevant. Wir haben sie hier lediglich der Vollständigkeit wegen mit aufgeführt.

2423 Der Marktwert des Eigenkapitals bei unvollkommenem Kapitalmarkt und sicheren Erwartungen

Unvollkommenheiten des Kapitalmarktes sind, wie im Elton-Gruber-Modell, bereits dadurch gekennzeichnet, daß nur bis zu einer bestimmten Verschuldungsgrenze von der Gesellschaft und den Anteilseignern Fremdkapital zum Marktzinssatz aufgenommen werden kann, während beliebig viele Mittel zum Marktzins angelegt werden können. Weiterhin spricht man dann von Marktunvollkommenheiten, wenn bei steigendem Verschuldungsgrad steigende Kreditzinssätze am Markt verlangt werden.

Die Kreditzinsen, die eine Gesellschaft für Fremdfinanzierungsmaßnahmen auf einem unvollkommenen Kapitalmarkt zu zahlen hat, lassen sich nicht allgemeingültig angeben. Bezüglich der Eigenkapitalkosten läßt sich unter diesen Voraussetzungen ebenfalls nichts allgemeingültiges sagen. Es handelt sich dann, wie im Elton-Gruber-Modell, um Setzungen des Modellkonstrukteurs.

Unternimmt man den Versuch, diese Marktform bei sicheren Erwartungen zu rechtfertigen, dann ergeben sich sachlogische Schwierigkeiten. In einer Welt mit sicheren Erwartungen und einheitlichen Eigen- und Fremdkapitalkostensatz in Höhe des Marktzinssatzes ist kaum einzusehen, warum die Gesellschaft eine Verschuldungsgrenze einhalten soll, wenn der über die Verschuldungsgrenze hinausgehende Fremdkapitalbetrag getilgt und die vereinbarten Zinsen gezahlt werden können.[1] Wird dennoch von diesen Annahmen ausgegangen, dann lassen sich diese nur aus Vereinfachungsgründen, wie im Elton-Gruber-Modell, rechtfertigen. Die den jeweiligen Planungsmodellen zugrunde gelegten sicheren Werte können dann als repräsentative Werte von möglichen unsicheren Größen aufgefaßt werden.[2]

Unter diesen Voraussetzungen kann der Kalkulationszinsfuß für die Zielfunktion Maximierung des Marktwertes des Eigenkapitals jeweils nur gesetzt werden. Zur Ermittlung der optimalen Investitions- und Finanzierungsentscheidungen kann in solchen Modellen in der Regel nicht mehr die Kapitalwert- oder interne Zinsfußmethode verwendet werden. Man benötigt dann entsprechende Optimierungsverfahren, die simultan das optimale Investitions- und Finanzierungsprogramm bestimmen.[3] Das optimale Ergebnis enthält dann gleichzeitig die optimalen Eigen- und Fremdfinanzierungsmaßnahmen.

Hinsichtlich der Brauchbarkeit der Zielfunktion Marktwertmaximierung läßt sich folgendes sagen: Kann die Unternehmensleitung davon ausgehen, daß a) alle Anteilseigner den gleichen Diskontierungssatz wie sie verwenden, b) dieser der geeignete Transformationssatz zur Konsumstromoptimierung darstellt und c) der Diskontierungssatz von den Entscheidungen der Gesellschaft unabhängig ist, dann handelt die Unternehmensleitung im Interesse der Anteilseigner. Sind diese

---

1) Vgl. dazu Laux, Helmut, Kapitalkosten, S. 16.

2) Vgl. dazu die Überlegungen S. 8 . Eine ähnliche Begründung für das Arbeiten mit solchen Modellen unter sicheren Erwartungen gibt Laux, Helmut, Kapitalkosten, S. 17.

3) Ein mögliches dynamisches Optimierungsverfahren wurde in Abschnitt 22 dargestellt. Zu anderen Optimierungsverfahren mit möglicherweise anderen Zielfunktionen vgl. Hax, Herbert, Investitionstheorie, S. 68-72.

Voraussetzungen nicht erfüllt, dann müssen Entscheidungen nach dieser Zielfunktion nicht mit den Interessen aller Aktionäre in Einklang stehen.[1)]

2424 Der Marktwert des Eigenkapitals bei vollkommenem Kapitalmarkt und unsicheren Erwartungen

Die Annahme unsicherer Erwartungen bezieht sich darauf, daß die Anteilseigner einen unsicheren Netto-Ausschüttungsstrom der Gesellschaft im Zeitverlauf erwarten. Sind die Eigenkapitalgeber nicht risikoneutral, d.h. sie bewerten den Erwartungswert eines unsicheren Netto-Ausschüttungsstromes nicht gleich dem eines gleich hohen sicheren Netto-Ausschüttungsstromes, dann legen sie bei der Ermittlung des Marktwertes des Eigenkapitals nicht den Marktzinssatz für sichere Anlagen als Diskontierungssatz zugrunde, sondern einen entsprechend höheren Zinssatz. In diesem Diskontierungssatz ist also eine Risikoprämie enthalten, welche die Anteilseigner aufgrund des Geschäftsrisikos[2)] (Investitionsrisikos) hinsichtlich der unsicheren Netto-Gewinne der Gesellschaft fordern.

Der Marktzins stellt bei dieser Marktform gleichzeitig den Zinssatz dar, zu dem sich alle Marktteilnehmer, d.h. die Gesellschaft und die Anteilseigner, in beliebiger Höhe verschulden bzw. finanzielle Mittel mit si-

---

1) Zu dieser Argumentation vgl. Laux, Helmut, Kapitalkosten, S. 27.

2) Solomon (Ezra, The Theory of Financial Management, New York-London 1963, S. 77) versteht unter Geschäftsrisiko: "The quality of the expected stream of net operating earnings O depends on a complex of factors thich we can refer to as business uncertainty. These factors include general expectations with respect to over all economic and political trends, specific expectations about the particular regions and markets within which the company aquires resources and sells its products, and the speed and flexibility with which the company can lower its total revenue declines."

cherem Ertrag anlegen können. Nimmt man außerdem noch an,[1] daß eine Verschuldung der Gesellschaft die Erwartungen der Anteilseigner bezüglich des Netto-Ausschüttungsstromes nicht ändern und daß der von der Gesellschaft aufgenommene Fremdkapitalbetrag mit Sicherheit getilgt wird und die vereinbarten Zinsen gezahlt werden, dann gilt nach dem Modigliani-Miller-Theorem, ohne Berücksichtigung von Gewinnsteuern, folgende erwartete Rendite der Aktien (= Eigenkapitalkosten)

(2.69) $k = z + (z-i)\frac{F}{E}.$[2]

Der dem deterministischen Elton-Gruber-Modell zugrunde liegende Eigenkapitalkostensatz ist also auch unter unsicheren Erwartungen und bei Gültigkeit der obengenannten Voraussetzungen der zieladäquate Diskontierungssatz für die Gesellschaft. Unter diesen Voraussetzungen gilt außerdem, wie bereits angedeutet, daß die Kapitalstruktur der Gesellschaft irrelevant ist, d.h. es ist unerheblich, ob die Gesellschaft eigen-, selbst- oder fremdfinanziert. Lediglich unter Berücksichtigung von Körperschaftsteuern läßt sich wegen der steuerlichen Abzugsfähigkeit der Fremdkapitalzinsen durch Fremdfinanzierung einen Vorteil erzielen.[3]

Die in (2.69) angegebene Funktion der Eigenkapitalkosten setzt voraus, daß neben den Fremdkapitalkosten i die Kosten des Eigenkapitals z einer unverschuldeten

---

1) Zu diesen Annahmen vgl. Hax, Herbert, Laux, Helmut, Investitionstheorie, S. 263-264.

2) Zur Ermittlung der Kosten des Eigenkapitals unter Berücksichtigung von Körperschaftsteuern vgl. S. 14-16.

3) Zu diesem Unterschied vgl. Modigliani, Franco, Miller, Merton H., Corporate Income Taxes, S. 439-443.

Gesellschaft bekannt sind. In älteren Ansätzen[1] wird stets davon ausgegangen, daß der Eigenkapitalkostensatz z gegeben ist. Das Zustandekommen dieser Größe am Kapitalmarkt wird in diesen Ansätzen nicht näher untersucht. In neueren Ansätzen[2], die sich mit der Ermittlung optimaler Investitions- und Finanzierungsentscheidungen beschäftigen, wird aufgrund expliziter Annahmen über das Verhalten der Marktteilnehmer der Eigenkapitalkostensatz einer unverschuldeten Gesellschaft abgeleitet.

Diese Ansätze der Kapitalmarkttheorie gehen in der Regel von folgenden Annahmen aus,[3] unter denen sich Gleichgewichtskurse, die als Basis der Eigenkapitalkosten dienen, für die auf dem Kapitalmarkt gehandelten Wertpapiere ermitteln lassen: Der Markt ist vollkommen, d.h. die Marktteilnehmer können beliebig viel Geld zu einem sicheren Zinssatz aufnehmen und anlegen. Es fallen keine Transaktionskosten und Steuern beim Kauf oder Verkauf von Wertpapieren an. Auf dem Markt herrscht vollkommene Konkurrenz, kein Anleger kann durch seine Transaktion die Kurse beeinflussen. Die Anleger sind risikoscheu und besitzen homogene Erwartungen, d.h. sie legen ihren Entscheidungen dieselben

---

1) Vgl. z.B. Modigliani, Franco, Miller, Merton H., The Cost of Capital, S. 261-297; Gordon, Myron J., The Investment, Financing, and Valutation of the Corporation, Homewood 1962, S. 100-113; Solomon, Ezra, The Theory, S. 27-36.

2) Vgl. z.B. Lintner, John, The Valuation of Risk Assets and the Selection of Risky Investments in Stock Portfolios and Capital Budgets, in: RoESt, Vol. 47(1965), S. 13-37; Laux, Helmut, Kapitalkosten, S. 105-155; derselbe, Expected Utility Maximization and Capital Budgeting Subgoals, in: Unternehmensforschung Jg. 15 (1971), S. 130-146; wiederabgedruckt in einer deutschen Übersetzung, Nutzenmaximierung und finanzwirtschaftliche Unterziele, in: Die Finanzierung der Unternehmung, hrsg. von Herbert Hax und Helmut Laux, Köln 1975, S. 65-84; Franke, Günter, Verschuldungs- und Ausschüttungspolitik im Lichte der Portefeuille-Theorie, Köln-Berlin-Bonn-München 1971.

3) Vgl. dazu z.B. Laux, Helmut, Nutzenmaximierung, S. 66-67.

Wahrscheinlichkeitsverteilungen zugrunde. Die Anleger handeln so, daß sie den Nutzen ihres Endvermögens maximieren. Der Planungszeitraum beträgt eine Periode. Die unter diesen Annahmen sich ergebenden Gleichgewichtskurse lassen nun bestimmte Aussagen über die Zusammensetzung der optimalen individuellen Portefeuilles und die Marktwerte der am Markt insgesamt auftretenden Gesellschaften zu. Aufgrund der sich ergebenden Unternehmenswerte können dann Kriterien zur Ermittlung von unternehmerischen Investitionsentscheidungen abgeleitet werden.[1)]

Nach den neueren Ansätzen ergibt sich auch, wie bei Modigliani-Miller, eine Irrelevanz hinsichtlich der unternehmerischen Finanzierungsentscheidungen.[2)]

Mit Hilfe dieser Ansätze kann gleichzeitig die Güte der Zielfunktion Marktwertmaximierung im Vergleich zu der allgemeineren Zielfunktion Maximierung des Nutzens des Vermögens der Anteilseigner beurteilt werden.[3)] Wir wollen nun die Aufgabenstellung der neueren Ansätze kurz umreißen und anschließend einige Argumente aufgreifen, die für bzw. gegen die Zielfunktion Maximierung des Marktwertes des Eigenkapitals sprechen können.

---

1) Zu den Ergebnissen vgl. z.B. Laux, Helmut, Kapitalkosten, S. 105-139.

2) Vgl. dazu z.B. Franke, Günter, Verschuldungs- und Ausschüttungspolitik, S. 103-106; Swoboda, Peter, Finanzierungstheorie, S. 42-43; Saelzle, Rainer, Investitionsentscheidungen und Kapitalmarkttheorie, Wiesbaden 1976, S. 114-117.

3) Vgl. dazu Laux, Helmut, Nutzenmaximierung, S. 65-81; Franke, Günter, Conflict and Compatibility of Wealth and Welfare Maximization, in: European Finance Association. 1975 Proceedings, hrsg. von Bertrand Jacquillat, Amsterdam-Oxford-New York 1975, S. 223-246.

Die neueren Ansätze[1] gehen davon aus, daß die am Markt auftretenden Individuen ihre Portefeuilles so zusammenstellen, daß der erwartete Risikonutzen ihres Vermögens am Ende des einperiodigen Planungszeitraumes maximiert wird. Dieses Ziel bezieht also im Gegensatz zu dem Ziel Maximierung des Marktwertes des Eigenkapitals unmittelbar die subjektive Risikoeinstellung der Anteilseigner explizit mit ein. Es berücksichtigt damit aber nicht den Konsumnutzen, den das Individuum durch diese Anlage erzielt. Als Nutzenfunktion wird in der Regel eine quadratisch bzw. exponentiell verlaufende Funktion unterstellt.[2] Aufgrund dieser Annahme und den auf S. 54-55 genannten Annahmen ergibt sich, daß im Marktgleichgewicht, d.h. in dem Zustand, wo die Nachfrage nach Aktien den insgesamt umlaufenden Aktien entspricht, die Zusammensetzung der optimalen Portefeuilles identisch ist.[3] Die individuellen optimalen Portefeuilles unterscheiden sich, je nach Risikoeinstellung des Individuums, nur hinsichtlich des Bestandes an Aktien, die das Individuum jeweils zum Gleichgewichtskurs in seinem Portefeuille hält.

Aufgrund dieser Überlegungen ist es möglich, für jede auf dem Markt auftretende Gesellschaft eine Risikoprämie zu bestimmen,[4] um die der Erwartungswert der Netto-Ausschüttungen reduziert werden muß, damit dieser mit dem Marktzinsfuß für sichere Anlagen diskontiert werden darf. Der Marktpreis des Eigenkapitals ergibt

---

1) Vgl. dazu z.B. Laux, Helmut, Nutzenmaximierung, S. 65-67.

2) Zur Konzeption des Bernoulli-Nutzens vgl. Schneeweiß, Hans, Entscheidungskriterien bei Risiko, Berlin-Heidelberg-New York 1967, S. 61-73.

3) Vgl. dazu Laux, Helmut, Nutzenmaximierung, S. 69; derselbe, Kapitalkosten, S. 119-124.

4) Vgl. dazu Laux, Helmut, Nutzenmaximierung, S. 69-70.

sich dann als Barwert des Erwartungswertes der Netto-Ausschüttungen, der sich im Ein-Perioden-Modell aus den Erwartungswerten der unsicheren Dividenden und des Marktwertes des Eigenkapitals am Ende der Periode minus dem Barwert der jeweiligen Risikoprämie zusammensetzt, wobei als Diskontierungssatz der Marktzinsfuß für sichere Anlagen zugrundegelegt wird.

Vergleicht man nun unter den hier gemachten Voraussetzungen das optimale Investitionsvolumen,[1] das eine Gesellschaft realisieren muß, um den Nutzen der Anteilseigner zu maximieren, mit dem optimalen Investitionsvolumen bei Maximierung des Marktwertes des Eigenkapitals, dann erhält man folgendes Ergebnis:[2] Eine Gesellschaft, die das marktwertmaximale Investitionsvolumen bestimmt, maximiert mit dieser Entscheidung nur dann den Nutzen eines Anteilseigners, wenn dieser sämtliche die von ihm gehaltenen Anteile an der Gesellschaft verkaufen will. Beabsichtigt der Anteilseigner, Aktien zu kaufen bzw. nur einen Teil seiner Aktien zu verkaufen oder sein Portefeuille nicht zu verändern, dann sind Investitionsentscheidungen nach dieser Zielfunktion nicht optimal. Wollen die Anteilseigner ihre Anteile an einer Gesellschaft halten, dann wird der Nutzen des Vermögens der Anteilseigner maximiert, wenn die Gesellschaft so lange investiert, bis die interne Rendite der Investitionsprojekte größer ist als die durchschnittlichen Kapitalkosten.[3] Das nutzenmaximale Investitionsvolumen für einen Anteilseigner, der weder kauft noch verkauft, ist bei dem An-

1) Zu den einzelnen Voraussetzungen bezüglich der Investitionsmöglichkeiten und des Informationsstandes der Anteilseigner vgl. <u>Laux</u>, Helmut, Nutzenmaximierung, S. 71-72.

2) Vgl. dazu <u>Laux</u>, Helmut, Nutzenmaximierung, S. 78-81.

3) Zur Definition der durchschnittlichen Kapitalkosten vgl. <u>Laux</u>, Helmut, Nutzenmaximierung, S. 75.

satz von Laux doppelt so groß wie das marktwertmaximale.[1]

Dieses Ergebnis könnte nahelegen, daß unternehmerische Investitions- und Finanzierungsentscheidungen nicht nach dem Ziel Maximierung des Marktwertes des Eigenkapitals, sondern nach dem Ziel Nutzenmaximierung des Vermögens der Anteilseigner zu treffen sind.[2] Akzeptiert man die zum Teil wenig realistischen Annahmen, die diesem Ergebnis zugrunde liegen, dann muß man zustimmen.

Es ist nun zu fragen, ob dieses Ergebnis aufrechterhalten werden kann, wenn man bestimmte restriktive Annahmen aufhebt. Franke hat das Verhältnis zwischen Marktwert- und Nutzenmaximierung unter allgemeineren Annahmen untersucht. Bei seinen Ableitungen müssen die Anteilseigner lediglich konkave und differenzierbare Nutzenfunktionen besitzen. Außerdem können die Wahrscheinlichkeitsverteilungen der Anteilseigner hinsichtlich der künftigen Netto-Ausschüttungen der Gesellschaften voneinander abweichen.[3] Die Annahme eines vollkommenen Kapitalmarktes bleibt weiterhin bestehen.[4] Uns interessieren hier lediglich die Schlußfolgerungen von Franke hinsichtlich des Verhältnisses zwischen den beiden Zielsetzungen, um zu sehen, ob die Zielfunktion Marktwertmaximierung unter realistischeren Annahmen

---

1) Vgl. dazu Laux, Helmut, Nutzenmaximierung, S. 80, aber auch Laux, Helmut, Marktwertmaximierung, Kapitalkostenkonzept und Nutzenmaximierung, in: ZgesStw, 131. Bd. (1975), S. 113-133.

2) Vgl. dazu Laux, Helmut, Kapitalkosten, S. 139-144; Whitmore, G.A., Market Demand Curve for Common Stock and the Maximization of Market Value, in: JFQA, Vol. 5 (1970), S. 105-114, hier S. 110-113; Long, J., Wealth, Welfare, and the Price of Risk, in: JoF, Vol. 27 (1972), S. 419-433, hier S. 425.

3) Vgl. Franke, Günter, Conflict, S. 224.

4) Vgl. Franke, Günter, Conflict, S. 225.

als bei Laux weiterhin zu "fehlerhaften" Ergebnissen führt.[1)]

Franke kommt zu dem Ergebnis, daß ein Konflikt zwischen den beiden Zielen nur dann auftritt, wenn keine vollkommene Konkurrenz auf dem Kapitalmarkt herrscht. Das bedeutet, daß Anteilseigner in der Lage sind, die Aktienkurse durch entsprechende Transaktionen bewußt beeinflussen. Außerdem können die Marktzutritts- und -abgangsmöglichkeiten beschränkt sein. Der Mangel an vollkommener Konkurrenz ist aber keine notwendige Voraussetzung für einen Konflikt zwischen den beiden Zielen.[2)] Ergeben sich aber in der Realität Konflikte aufgrund von Marktunvollkommenheiten, unterschiedlichen Kreditkosten, verschiedenen Einkommensteuersätze und Transferkosten beim Kauf und Verkauf, dann ist es der Gesellschaft nicht mehr möglich, die unternehmerischen Investitions- und Finanzierungsentscheidungen so zu bestimmen, daß der Nutzen des Vermögens jedes einzelnen Anteilseigners durch diese Maßnahmen gleichzeitig maximiert wird.[3)] Diese Konflikte werden auch nicht bei Anwendung der Zielfunktion Marktwertmaximierung gelöst, sie können bei dem Ziel Marktwertmaximierung aber vernachlässigt werden.

Eine Anwendung der Zielfunktion Marktwertmaximierung setzt voraus, daß die Unternehmensleitung die erwartete

---

1) Die Verallgemeinerungen von Franke lassen keine konkreten Entscheidungskriterien, wie etwa bei Laux, für Investitions- und Finanzierungsentscheidungen zu. Vgl. Laux, Helmut, Nutzenmaximierung, S. 71-74.

2) But a lack of perfect competition does not necessarily create a conflict between wealth and welfare maximization." Franke, Günter, Conflict, S. 241. Als Indikator für Konflikte benutzt Franke das relative Risiko-Aversions-Maß von Pratt und Arrow, vgl. S. 238-239.

3) Vgl. Franke, Günter, Conflict, S. 243.

Rendite der Anteilseigner (Eigenkapitalkosten) kennt und weiß, wie sich diese ändert, wenn etwa das Risiko der Netto-Ausschüttungen durch neue Investitionen verändert wird. Selbst wenn man Anhaltspunkte über die derzeitigen Eigenkapitalkosten besitzt, dann kann die Unternehmensleitung nicht davon ausgehen, daß diese während des Planungszeitraumes konstant bleiben.[1] Dieses Informationsproblem könnte gegen das Ziel Marktwertmaximierung sprechen. Bei dem Ziel Nutzenmaximierung benötigt man jedoch ebenfalls Informationen über die durchschnittlichen Kapitalkosten der Gesellschaft.[2]

Nähert man die Annahmen der Realität an, dann ist es der Unternehmensleitung kaum noch möglich, so zu entscheiden, daß der Nutzen des Vermögens möglichst vieler Anteilseigner maximiert wird. Damit steht die Unternehmensleitung vor dem Problem, für welche Anteilseigner sie den Nutzen maximieren soll. Bei der Verfolgung des Ziels Marktwertmaximierung werden solche Konflikte in einer bestimmten Form gelöst. Deshalb ist Marktwertmaximierung für praktische Investitions- und Finanzierungsentscheidungen die geeignetere Zielfunktion. Bei Anwendung dieser Zielfunktion bleibt aber das Problem der Ermittlung der Eigenkapitalkosten. Verfolgt die Unternehmensleitung das Ziel Marktwertmaximierung, dann muß sie den für sie relevanten Eigenkapitalkostensatz innerhalb des jeweiligen Planungszeitraums schätzen.

2425 Zusammenfassende Beurteilung der Zielfunktion Maximierung des Marktwertes des Eigenkapitals

In den vorangegangenen Abschnitten interessierte in erster Linie die Frage, unter welchen Voraussetzungen

1) Vgl. Franke, Günter, Conflict, S. 243.

2) Vgl. Franke, Günter, Conflict, S. 243.

die Zielfunktion Marktwertmaximierung mit dem Ziel Wohlstandsmaximierung der Anteilseigner vereinbar ist. Bei sicheren Erwartungen ist dies gewährleistet, wenn die Unternehmensleitung die künftigen Netto-Ausschüttungen mit einem Zinssatz (= Eigenkapitalkosten) diskontiert, der unabhängig von den Anlagemöglichkeiten in der betreffenden Gesellschaft ist. Bei unsicheren Erwartungen und vollkommenem Kapitalmarkt kann unter bestimmten Voraussetzungen Marktwertmaximierung gegen das Aktionärsziel Maximierung des erwarteten Risikonutzens, der sich aus dem gesamten sicheren und unsicheren Vermögen der Anteilseigner ergibt, verstossen.
Die Zielfunktion Marktwertmaximierung hat im Gegensatz zu dem Ziel Nutzenmaximierung den Vorteil, daß zumindest mittelbar von der Risikoeinstellung der Anteilseigner abstrahiert werden kann. Ihr Nachteil liegt darin, daß die Unternehmensleitung nur sehr schwierig den Eigenkapitalkostensatz bestimmen kann.

Entscheidet man sich für die Zielfunktion Marktwertmaximierung zur Ermittlung von Investitions- und Finanzierungsentscheidungen einer Aktiengesellschaft, dann fehlen derzeit für den Fall eines unvollkommenen Kapitalmarktes und unsicheren Erwartungen geeignete Hypothesen bezüglich der Entwicklung der Eigen- und Fremdkapitalkosten bei unterschiedlichen Verschuldungsgraden der Gesellschaft.

Denn man wird in einer Welt mit unsicheren Erwartungen nicht davon ausgehen können, daß festverzinsliche Wertpapiere zu einem sicheren Zinssatz gehandelt werden bzw. eine Gesellschaft sich stets zu einem konstanten Zinssatz verschulden kann. Die Kreditgeber werden bei sehr geringer Verschuldung bereit sein, der Gesellschaft Kredite zu dem jeweiligen Marktzinssatz für festverzinsliche Wertpapiere zur Verfügung zu stellen.

Steigt die Verschuldung über eine gewisse Grenze an, dann fordern die Kreditgeber einen höheren Zinssatz, da sie dann an dem Geschäftsrisiko der Gesellschaft beteiligt sind, d.h. bei niedrigen Gewinnen vor Fremdkapitalzinsen besteht die Gefahr, daß diese die Fremdkapitalzinsen und die vereinbarten Tilgungszahlungen nicht mehr bzw. zum Teil nicht mehr decken. Bei Erreichen eines großen Verschuldungsumfanges werden die Kreditgeber unter Umständen der Gesellschaft wegen der Konkurs- und Vergleichsgefahr keine weiteren Kredite mehr gewähren. Bei unsicheren Erwartungen werden also die Kreditgeber die Kreditvergabe von der jeweiligen finanziellen Situation der Gesellschaft abhängig machen.

Außerdem benötigt die Unternehmensleitung zur Ermittlung des Marktwertes des Eigenkapitals Kenntnis über den relevanten Eigenkapitalkostensatz, der dem jeweiligen Verschuldungsumfang Rechnung trägt. Einen Weg wie nun Eigen- und Fremdkapitalkosten bei unvollkommenem Kapitalmarkt und unsicheren Erwartungen ermittelt werden können, werden wir bei der Darstellung des eigenen Entscheidungsmodells zeigen.

243 Die Abbildung der zeitlichen Struktur und Unsicherheit der einzelnen Modellgrößen

Der Vorteil des Elton-Gruber-Modells besteht unter anderem darin, daß die zeitliche Entwicklung der einzelnen Modellgrößen in Form von zeitkontinuierlichen Zustandsgleichungen und zeitvariablen Parametern explizit erfaßt wird.[1] Für konkrete Entscheidungsmo-

---

1) Betrachtet man das Elton-Gruber-Modell nur mit den konstant gesetzten Parametern, dann könnte der Vorteil, der sich im Vergleich zu den bisherigen Ansätzen in einer allgemeineren Modellstruktur niederschlägt, untergehen. Zu einem ähnlichen Modell mit einer allgemeineren dynamischen Modellstruktur vgl. Senchak, Andrew Jr., The Firm, S. 543-549.

delle der Investitions- und Finanzplanung empfiehlt es sich, zeitdiskrete Modelle zu formulieren, da einerseits die verfügbaren Daten und Informationen, die in das Modell eingehen, nur für diskrete Zeitpunkte verfügbar sind und andererseits in der Realität nur zu diskreten Zeitpunkten entschieden wird. Wir verwenden deshalb bei der praktischen Anwendung von entsprechenden dynamischen Investitions- und Finanzplanungsmodellen zeitdiskrete Modelle, da diese der Realität eher entsprechen als zeitkontinuierliche Modelle. Wie solche Modelle formuliert werden können, wird in Kapitel 3 allgemein beschrieben.

Die Annahme, daß alle Modellgrößen des Elton-Gruber-Modells einwertig sind, schränkt die praktische Anwendbarkeit des Modells neben den übrigen wenig realistischen Annahmen, wie das Verhalten der Anteilseigner gegenüber der Unternehmensverschuldung und die zeitliche Konstanz aller Modellparameter, zusätzlich ein. Elton-Gruber begründen die Annahme sicherer Erwartungen damit, daß die Mathematik der stochastischen Kontrolltheorie sehr kompliziert und noch nicht abschließend entwickelt ist.[1] Unserer Ansicht nach bietet sie dennoch geeignete Beschreibungsformen und Optimierungsverfahren, die unter Verwendung von Computern mit vertretbarem Aufwand optimale Lösungen von stochastischen Entscheidungsprozessen durchaus erlauben.

Bei der Formulierung des eigenen Entscheidungsmodells werden wir hinsichtlich der künftigen Periodengewinne der Gesellschaft von bestimmten Wahrscheinlichkeitsfunktionen ausgehen. Die jeweiligen unsicheren Werte

---

1) "... the mathematics of control theory for the risk case, are extremely complex and not fully developed." Elton, Edwin J., Gruber, Martin J., Finance, S. 143, Fußnote 4.

des mehrperiodigen Modells werden in einem sequentiellen Entscheidungsprozeß abgebildet. Dieser Prozeß wird so optimiert, daß mit Hilfe einer geeigneten Strategie die verschiedenen Entscheidungsvariablen jeweils nur für die gerade laufende Periode festgelegt werden. Da der Prozeß in jeder Periode durch mehrere Variablen beschrieben wird, benötigt man eine geeignete Darstellungsform für diese Prozesse. Hierauf werden wir in Kapitel 3 näher eingehen.

244 Die Berücksichtigung von Investitions- und Finanzierungsmöglichkeiten im Elton-Gruber-Modell

Im Gegensatz zu den meisten bisherigen Ansätzen der Investitions- und Finanzplanung unter sicheren oder quasi-sicheren Erwartungen gehen Elton-Gruber bei der Beschreibung ihres Modells nicht von gegebenen Periodengewinnen aus, sondern berücksichtigen in Abhängigkeit des jeweiligen Netto-Investitionsvolumens $I(t)$ die jeweilige Gewinnänderungen $\dot{G}(t)$. Die bisherigen Ansätze[1)] betrachten dagegen meist nur im Zeitverlauf konstante oder mit konstanter Wachstumsrate sich ändernde Gewinne. Die Gewinn-Möglichkeits-Funktion (2.11) $\dot{G}(t) = (1-s)r(I(t))I(t)$ bestimmt die Gewinnänderung $\dot{G}(t)$ im Zeitpunkt t als Produkt der durchschnittlichen Rendite der investierten Mittel $r(I(t))$ und dem Netto-Investitionsvolumen $I(t)$. Elton-Gruber unterstellen, was realistisch sein dürfte, hinsichtlich der Renditefunktion, daß diese mit steigendem Investitionsvolumen abnimmt.

---

1) Vgl. dazu z.B. Modigliani, Franco, Miller, Merton H., The Cost of Capital, S. 261-297; Miller, Merton H., Modigliani, Franco, Dividend Policy, S. 411-433; Gordon, Myron J., The Investment, S. 43-113; Solomon, Ezra, The Theory, S. 51-117; Swoboda, Peter, Investition, S. 125-199; Schneider, Dieter, Investition und Finanzierung. Lehrbuch der Investitions- und Finanzierungs- und Ungewißheitstheorie, Köln und Opladen 1970, S. 393-473.

Um die Bedeutung dieser Gewinn-Möglichkeits-Funktion näher zu analysieren, betrachten wir nicht deren zeitliche Änderung, sondern den bis zum Zeitpunkt t angefallenen Periodengewinn, der sich aus dem Gewinn G(O) und den vom Zeitpunkt O bis zum Zeitpunkt integrierten Gewinnänderungen (2.11) zusammensetzt[1])

$$(2.71) \quad G(t) = G(0) + (1-s) \int_0^t r(I(t))I(t)dt, \quad t\varepsilon[0,\infty].$$

Demnach ergibt sich der kumulierte Periodengewinn aus der Komponente G(O), welche die Gewinne der bereits vor dem Planungszeitpunkt (t=O) vorhandenen Vermögensgegenstände berücksichtigt, und den kumulierten Gewinnänderungen der bis zum Zeitpunkt t getätigten Netto-Investitionen. Würde beispielsweise das kumulierte Netto-Investitionsvolumen vom Zeitpunkt O bis zum Zeitpunkt t Null betragen, dann fielen bis zu diesem Zeitpunkt nur Gewinne der bereits vor dem Planungszeitraum vorhandenen Vermögensgegenstände an. Die für diese Vermögensgegenstände notwendigen Ersatz-Investitionen sind nicht explizit erfaßt, da annahmegemäß die bilanzielle Abschreibung der wirtschaftlichen Abnutzung entspricht. Die übrigen Gewinne sind von der zeitvariablen Renditefunktion und dem kumulierten Investitionsvolumen abhängig. Da das Netto-Investitionsvolumen I(t) aufgrund der Bilanzgleichung (2.12) von den insgesamt zur Verfügung stehenden finanziellen Mitteln und den benötigten finanziellen Mitteln abhängt, ist die Gewinnentwicklung auch von den übrigen Zustands- und Entscheidungsvariablen des Modells abhängig.

---

1) Wir betrachten nun wieder die allgemeine zeitabhängige Formulierung des Elton-Gruber-Modells und nicht die Version mit den zeitkonstanten Parametern, wie sie zur Ermittlung der optimalen Lösung in Abschnitt 232 verwendet wurde.

Es stellt sich die Frage, ob der Gewinnstrom ein geeigneter Maßstab für das sich aus Zahlungsströme zusammensetzende Kapitalbudget der Unternehmung ist. Der tatsächliche Beitrag zum Kapitalbudget ist vom Saldo der gesamten Einzahlungs- und Auszahlungsströme der Unternehmung während des betreffenden Planungszeitraumes abhängig. Bei unsicheren Erwartungen sind anstelle der verschiedenen einwertigen Ströme entsprechende stochastische Größen (Prozesse) zu beachten. Dazu benötigt man einen Finanzplan, in dem unter Berücksichtigung der künftigen relevanten Entscheidungen des Unternehmens die zugehörigen Ein- und Auszahlungen abgebildet werden. Ein solches Planungsmodell dürfte für die mittel- und langfristige Investitions- und Finanzplanung nur sehr schwer gelingen, da die vielfältigen Interdependenzen nicht mehr im einzelnen zu überschauen sind. Man ist also gezwungen, die Beiträge zum Kapitalbudget der Unternehmung in aggregierten Größen zu erfassen. Der dem Elton-Gruber-Modell und in anderen Investitions- und Finanzplanungsmodellen[1)] zugrunde liegende Gewinnstrom ist eine aggregierte Ersatzgröße für die erwarteten Einzahlungsüberschüsse, von der wir ebenfalls ausgehen werden.

Im Elton-Gruber-Modell wird der künftige Gewinnstrom vom Zeitpunkt 0 bis zum Zeitpunkt t durch das in diesem Zeitraum getätigte Netto-Investitionsvolumen bestimmt. Dadurch ist es möglich, die sich im Unternehmen bietenden Anlagemöglichkeiten durch eine im Zeitverlauf variierende interne Verzinsung darzustellen, wobei sowohl das Netto-Investitionsvolumen als auch die Renditefunktion in der Zeit variieren können.

---

1) Vgl. dazu z.B. Carleton, Willard T., Linear Programming and Capital Budgeting Models: A New Interpretation, in: JoF, Vol. 24 (1969), S. 825-833, hier S. 829-830; derselbe, An Analytical Model for Long-Range Financial Planning, in: JoF, Vol. 25 (1970), S. 300-301.

Im folgenden werden wir ein stochastisches zeit-diskretes Modell formulieren, das den Periodengewinn als einen stochastischen Prozeß beschreibt. Bevor wir dies tun, müssen wir uns in Abschnitt 3 mit der allgemeinen Beschreibung von entsprechenden stochastischen Prozessen beschäftigen.

Als wenig befriedigend könnte die globale Darstellung der Gewinnentwicklung der Gesellschaft in Abhängigkeit des gesamten Netto-Investitionsvolumens angesehen werden. Für eine Unternehmensleitung stellt sich im Rahmen einer globalen Investitions- und Finanzplanung, die nicht von einzelnen Investitionsprojekten ausgeht, häufig das Problem, Investitionsbeträge auf verschiedene Investitionsbereiche aufzuteilen, deren Gewinnströme durch unterschiedliche Breite, zeitliche Struktur und Unsicherheit gekennzeichnet ist. Als Abgrenzungskriterium für solche Investitionsbereiche bietet sich z.B. die organisatorische Gliederung der Gesellschaft nach Sparten, die in der Regel nach Produktion bzw. Produktgruppen gebildet werden, an.[1] Formuliert man nun für jede Sparte eine entsprechende Gewinn-Möglichkeits-Funktion, dann kann mit Hilfe der hier dargestellten Entscheidungsmodelle eine optimale Abstimmung der jeweiligen Investitionsbeträge für alle Investitionsbereiche vorgenommen werden. Das in Kapitel 4 entwickelte Modell geht von mehreren Investitionsbereichen aus.

Hinsichtlich den Fremdfinanzierungsmöglichkeiten einer Aktiengesellschaft ist es ebenfalls irreal, von nur einer Fremdkapitalform mit unendlicher Laufzeit auszugehen. Eine detaillierte Untergliederung der Finanzierungsformen in einzelne Kredite scheint dagegen

---

1) Zu dem Konzept der Spartenorganisation vgl. Grochla, Erwin, Unternehmensorganisation. Neue Ansätze und Konzeptionen, Reinbek bei Hamburg 1972, S. 187-204.

im Rahmen einer Globalplanung genau so wenig sinnvoll. Eine grobe Gliederung der Kreditformen nach ihrer Fristigkeit liegt dagegen nahe, da sich diese Mittel nicht nur in den Tilgungsbedingungen unterscheiden, sondern in der Regel auch in dem jeweils vereinbarten Zinssatz.[1] Unterscheidet man z.B. in kurz- und langfristige Kredite, so ist es mit den hier entwickelten dynamischen Entscheidungsmodellen möglich, die Auswirkungen verschiedener Fremdfinanzierungsformen auf den Marktwert des Eigenkapitals der jeweiligen Gesellschaft zu untersuchen.

245 Die Bedeutung des Elton-Gruber-Modells für die weitere Untersuchung

Elton-Gruber diskutieren unter einwertigen Erwartungen Probleme der Investitions- und Finanzierungstheorie, die sich insbesondere mit der zeitlichen Strukturierung von Eigen-, Selbst- und Fremdfinanzierungsmaßnahmen beschäftigen, wobei das von ihnen formulierte Modell jeweils nur eine Eigen- und Fremdfinanzierungsform berücksichtigt. Der Vorteil dieses Modells etwa gegenüber der Betrachtungsweise von Modigliani-Miller und der traditionellen Kapitalstruktur-Auffassung liegt darin, daß die zeitliche Entwicklung der Modellvariablen explizit erfaßt wird und ein für diese Struktur adäquates Lösungsverfahren verwendet wird. Die von Elton-Gruber vorgenommene Einschränkung der zeitabhängigen Parameter auf konstante Werte erfolgt vermutlich im Hinblick auf die dann relativ einfache Berechnungsmöglichkeit optimaler Ergebnisse. Diese Einschränkung hinsichtlich der zeitlichen Struktur ist aber zur Formulierung und Lösung solcher Modelle nicht erforderlich.

---

1) Vgl. dazu Abschnitt 4223.

Der Ansatz erlaubt es z.B., die in der Literatur[1)] sehr verbreitete Annahme, daß die künftigen Gewinne entweder in absoluter Höhe oder als ein mit konstanter Rate wachsender Zahlungsstrom exogen vorgegeben sind, aufzuheben. Selbst nachdem Elton-Gruber alle Parameter zeitkonstant gesetzt haben, ist das Netto-Investitionsvolumen $I(t)=I$ immer noch variabel. Der konstante optimale Wert I^* für den gesamten Planungszeitraum ist das Ergebnis der Optimierung.

Die dem Modell zugrunde liegende Zielfunktion Maximierung des Marktwertes des Eigenkapitals erwies sich unter verschiedenen Kapitalmarktsituationen und sicheren bzw. unsicheren Erwartungen als durchaus brauchbares Ziel zur Ermittlung von finanzwirtschaftlichen Entscheidungen einer Aktiengesellschaft. Allerdings steht dieses Ziel unter bestimmten Voraussetzungen nicht mehr in Einklang mit den Zielen aller Aktionäre. Die Funktion der Eigenkapitalkosten gemäß der Modigliani-Miller-These, die Elton-Gruber der Berechnung des Marktwertes des Eigenkapitals zugrunde legen, gilt zwar unter den Annahmen eines vollkommenen Kapitalmarktes und unsicheren Erwartungen der Anteilseigner bezüglich der Netto-Ausschüttungen. Für konkrete Investitions- und Finanzierungsentscheidungen benötigt man jedoch andere Hypothesen hinsichtlich der Eigenkapitalkosten, die der jeweiligen unternehmerischen Entscheidungssituation angepaßt sind.

Elton-Gruber berechnen ihre Ergebnisse, obwohl sie nur einwertige Größen zulassen, aufgrund der Modigliani-Miller-These und der Annahme, die Gesellschaft könne sich nur bis zu einer bestimmten Grenze verschulden. Eine ökonomische Begründung dieser Annahme geben Elton-Gruber nicht.

---

1) Vgl. dazu z.B. die in Fußnote 1, S. 64, angegebene Literatur.

Für eine konkrete Anwendung des Modells bietet sich die Berücksichtigung von stochastischen Beziehungen und eine weitere Untergliederung hinsichtlich der Investitions- und Fremdfinanzierungsmöglichkeiten an. Die dynamische Struktur des Modells erlaubt es, sowohl unsichere Erwartungen als auch eine weitere Untergliederung verschiedener Modellvariablen in einem sequentiellen Entscheidungsmodell zu berücksichtigen.

Obwohl die Struktur des Elton-Gruber-Modells für konkrete Investitions- und Finanzentscheidungen weitgehend zu verändern bzw. zu verbessern ist, so liegt die Bedeutung des Modells im wesentlichen darin, daß die bisherige statische Betrachtungsweise der Kapitalstrukturprobleme durch eine dynamische ersetzt werden kann.

3 Mögliche allgemeine Beschreibungsformen ökonomischer Entscheidungsprozesse

31 Überblick über das Kapitel

In diesem Kapitel werden die Elemente ökonomischer Entscheidungsprozesse allgemein beschrieben, die wir zur Formulierung des Investitions- und Finanzplanungsmodells verwendet haben. Es handelt sich dabei um stochastische mehrperiodige Modelle, die sequentielle Entscheidungen, d.h. Entscheidungen in Abhängigkeit des tatsächlich eingetretenen Zustandes und der erwarteten Zustände des Prozesses, ermöglichen. Im folgenden werden zeitdiskrete mehrperiodige Entscheidungsprozesse mit festen Entscheidungszeitpunkten betrachtet, da diese realen Entscheidungssituationen wohl eher entsprechen als zeitkontinuierliche Modelle. Als Beschreibungsform wählen wir ein mathematisches Konzept, das auf dem der sogenannten Zustandsraumbeschreibung basiert. Da dieses Konzept in der Betriebswirtschaftslehre bisher wenig bekannt ist, werden wir auf diese Beschreibungsform näher eingehen und mögliche Änderungen, die insbesondere für ökonomische Modelle mit zeitlich großen Periodenabständen angebracht sind, diskutieren.

32 Elemente ökonomischer Entscheidungsprozesse

In wirtschaftlichen Entscheidungsprozessen sind auf jeder Stufe des Prozesses, die wir im folgenden als Perioden interpretieren wollen, Entscheidungen zu treffen, die von der bisherigen Entwicklung des Prozesses abhängen und die weitere Entwicklung beeinflussen. Die Struktur des Entscheidungsprozesses läßt sich durch die folgenden Elemente und Relationen festlegen:[1)]

1. Der Planungszeitraum ist endlich und umfaßt T Perioden. Er ist in die diskreten Perioden t = 0,1,...,T unterteilt, wobei T den Planungshorizont darstellt.

2. Durch die Angabe des n-dimensionalen Zustandsvektors x(t) wird der Prozeß in jeder Periode t eindeutig beschrieben. Die Komponenten des Zustandsvektors $x_i(t)$, i = 1,...,n, heißen Zustandsvariablen und gehören zu einem Zustandsraum X. Unter sicheren Erwartungen ist x(t) ein Element des Zustandsraumes, während unter unsicheren Erwartungen die möglichen Ausprägungen des Zustandsvektors x(t) durch eine mehrdimensionale Zufallsvariable beschrieben wird. Der Anfangszustand x(0) ist zu Beginn des Prozesses bekannt.

3. In jeder Periode t hat der Entscheidungsträger eine Entscheidung u(t) zu treffen, die sich als m-Vektor aus m einzelnen Aktionen zusammensetzt. Alle Entscheidungsvariablen sind Elemente eines Entscheidungsraumes U.

4. Es existieren außerdem noch exogene Variablen y(t), t = 1,...,T, der Dimension q, die als bekannt angenommen werden und die Prozeßentwicklung beeinflussen.

5. Die Zustandsentwicklung kann stochastisch sein. Ein n-dimensionaler Störvektor v(t) mit bekannter Wahrscheinlichkeitsverteilung bzw. -funktion p(v(t))

---

1) Vgl. dazu z.B. Menges, Günter, Grundmodelle wirtschaftlicher Entscheidungen. Einführung in moderne Entscheidungstheorien unter besonderer Berücksichtigung volks- und betriebswirtschaftlicher Anwendungen, Köln und Opladen 1969, S. 147-173, insbesondere S. 150-152; Laux, Helmut, Flexible Investitionsplanung. Einführung in die Theorie der sequentiellen Entscheidungen bei Unsicherheit, Opladen 1971, S. 17-19.

wirkt dann auf den Zustand x(t).[1]

6. Der stochastische Zustand x(t) ergibt sich in der Regel[2] aus dem Zustand x(t-1) der Vorperiode, der Entscheidung u(t), den exogenen Variablen y(t) und dem Störvektor v(t) nach der zeitvariablen Zustandsgleichung

$$(3.1) \quad x(t) = f(x(t-1), u(t), y(t), v(t), t), \; t=1,...,T \text{ und } x(0) \text{ gegeben.}$$[3]

Ist der Zustand x(t) noch von weiter zurückliegenden Werten des Zustandes oder Entscheidungen abhängig, so kann die Definition von Hilfsvariablen, die als weitere Zustandskomponenten diese Information in eine jeweils spätere Periode übertragen, in der Transformationsbeziehung (3.1) ebenfalls berücksichtigt werden.[4] Da x(t) eine Funktion des stochastischen Störterms v(t) ist, ist auch der Zustand x(t) eine stochastische Variable. Die Wahrscheinlichkeitsverteilung bzw. -funktion p(x(t)) wird durch die des stochastischen Vektors p(v(t)) und die n-dimensionale Vektorfunktion f determiniert. Der Vektor v(t) kann sich z.B. auf irgendwelche additiv und nichtadditiv wirkende Störeinflüsse beziehen. Als nichtadditive Störeinflüsse sind z.B. stochastische Parameter bestimmter Zustandsvariablen denkbar.

---

1) Wir machen in dieser Arbeit keinen Unterschied in der Notation zwischen deterministischen und stochastischen Zustandsvariablen, da dies jeweils eindeutig aus dem Zusammenhang hervorgeht.

2) Zu anderen Abhängigkeiten des Zustandes x(t) vgl. Abschnitt 3311.

3) Hängt der Zustand x(t) ausschließlich von Zuständen der Perioden t-1, t-2,...,0 ab, dann bezeichnet man das entsprechende System von Differenzengleichungen als System der reduzierten Form.

4) Vgl. dazu Abschnitt 3313.

7. Deterministische oder stochastische Nebenbedingungen für Zustands- und Entscheidungsvariablen können in der Form

(3.2) $h(x(t),u(t),t) \geq 0, \qquad t = 1,...,T$

bzw.

(3.3) $p(h(x(t),u(t),t) \geq 0) \geq a(t), \quad t = 1,...,T,$

vorliegen. Gleichung (3.3) gibt die Wahrscheinlichkeit p für die Einhaltung der Nebenbedingung $h(x(t), u(t),t) \geq 0$ an, die eine exogen vorgegebene Wahrscheinlichkeit a(t) nicht überschreiten darf.

8. Der Entscheidungsprozeß bedarf außerdem eines Zielfunktionals, welches die Bewertung der gemeinsamen Wahrscheinlichkeitsverteilung bzw. -funktion der Zustandsvektoren in den einzelnen Zeitpunkten t ermöglicht.

Handelt es sich um eine Individualentscheidung, dann kann der Entscheidungsträger ein Zielfunktional wie folgt zu bestimmen versuchen: Der Entscheidungsträger ordnet zuerst aufgrund seiner Präferenzen allen möglichen Zustandsvariablen im Zustandsraum X und Entscheidungsvariablen im Entscheidungsraum U einen Zielwert W(X,U), meistens in Form von Geld, zu. Dadurch wird die mehrdimensionale Wahrscheinlichkeitsverteilung bzw. -funktion in eine eindimensionale transformiert, die mit

(3.4) $\Psi = p(W(X,U))$

bezeichnet wird. (3.4) gibt also die Verteilung der Zielvariablen bei gegebenen Entscheidungen U an. Zur Auswahl der besten Entscheidung aus der Menge der möglichen Ergebnisse Ψ benötigt man ein Nutzenmaß, das verschiedene Wahrscheinlichkeitsverteilungen bzw. -funktionen miteinander vergleicht. Dies erfolgt mit Hilfe eines Nutzenfunktionals[1)]

(3.5) $\Phi(\Psi)$.

Φ mißt also jedem zufälligen Zielwert W(X,U) einen Nutzenindex bei. Akzeptiert man als Entscheidungskriterium bei unsicheren Erwartungen das Bernoulli-Prinzip[2)], dann besagt das Bernoulli-Kriterium:

Sind das Ordnungs-, Dominanz-, Stetigkeits- und Unabhängigkeitsaxiom[3)] bei der Formulierung des Nutzenfunktionals erfüllt, dann ist jene Entscheidung optimal, die den Erwartungswert des Nutzens Φ (= Risikonutzen) maximiert

(3.7) $\max E[\Phi(\Psi)]$.

(3.7) wird auch als Präferenzfunktional bezeichnet.

Der Zielwert (3.5) und die Nutzenfunktion (3.6) des Entscheidungsprozesses wurden hier jeweils über den gesamten Zustands- und Entscheidungsraum definiert. Betrachtet man nun ein konkretes Entscheidungsmodell, dann ist zur Ermittlung des Nutzenfunktionals sowohl die zeitliche Struktur als auch die jeweilige Wahrscheinlichkeitsfunktion der Zustandsvariablen relevant. Ob der Entscheidungsträger diese Vektoren hinsichtlich Zeit und Unsicherheit gemäß seiner Präferenzen bewerten kann, muß bei mehreren Zustands-

---

1) Zum Begriff des Nutzenfunktionals vgl. Menges, Günter, Grundmodelle, S. 179.

2) Zum Bernoulli-Kriterium vgl. u.a. Luce, Duncan R., Raiffa, Howard, Games and Decisions, New York-London-Sydney 1957, S. 23-32; Schneeweiß, Hans, Entscheidungskriterien, S. 61-77; Borch, Karl H., Wirtschaftliches Verhalten bei Unsicherheit, Wien-München 1969, S. 42-124.

3) Zu den Axiomen des Bernoulli-Kriteriums vgl. die in Fußnote 2, S. 75 angegebene Literatur einschl. Seitenangaben.

variablen, wie das in realen Entscheidungssituation meist der Fall ist, bezweifelt werden, da er wohl kaum in der Lage ist, die Vielzahl der Variablenkombinationen aus X und U zu überschauen und ihnen Nutzenindices beizumessen.

Eine Reduktion der Komplexität des Entscheidungsfeldes läßt sich unter Umständen dadurch erzielen, daß man die Bewertungen nach dem Bernoulli-Kriterium in den einzelnen Perioden als intertemporal unabhängig[1] voneinander annimmt. Ein entsprechendes intertemporal unabhängiges Präferenzfunktional lautet dann wie folgt

$$(3.8) \quad \Phi = E\left[\sum_{t=0}^{T} \Psi \; (w(x(t),u(t)))(1+q(t))^{-t} \right]$$

$\Psi(W(x(t),u(t)))$ gibt den Nutzen der Periode t und $q(t)$ die Zeitpräferenzrate des Entscheidungsträgers an. Ein solches Nutzenfunktional bezeichnet man auch als Ramsey-Nutzenfunktion(al).[2] Trotz dieser Vereinfachung wird ein Individuum bei einem mehrdimensionalen Entscheidungsprozeß die Axiome des Bernoulli-Kriteriums nur sehr schwer erfüllen können.

Man ist also bei mehrdimensionalen stochastischen Entscheidungsprozessen aufgrund der vielfältigen Zusammenhänge in der Regel gezwungen, die Entscheidung nach bestimmten Parametern der stochastischen Zielvariablen, wie etwa nach dem Erwartungswert oder

---

1) Zu den Voraussetzungen der Intertemporalen Unabhängigkeit von Nutzenfunktionen vgl. Koopmans, Tjalling C., Stationary Ordinal Utility and Impatience, in: Econometrica, Vol. 8 (1960), S. 287-309, hier S. 308.

2) Vgl. Ramsay, Frank Plumpton, A Mathematical Theory of Saving, in: The Economic Journal, 1928, Vol. (38), S. 543-549.

Erwartungswert und Varianz zu orientieren. Angenommen die Bewertung der Zielvariablen erfolge in Geld und sei intertemporal unabhängig, dann lautet die Entscheidung nach dem Erwartungswert, wie etwa in unserem Entscheidungsmodell zur langfristigen Investitions- und Finanzplanung,

$$(3.9)\quad J^{*} = \max E\left[\sum_{t=0}^{T} w(x(t),u(t))(1+q(t))^{-t}\right]$$

wobei w(x(t),u(t)) den in Geld bewerteten Zielwert und q(t) den entsprechenden Diskontierungssatz darstellen.

9. Da zu Beginn des Prozesses die zukünftigen Zustände infolge ihres stochastischen Charakters nicht angegeben werden können, ist es nicht sinnvoll, die Entscheidungen vorab endgültig festzulegen, sondern mit der Festlegung von u(t) bis zur Realisierung des Zustandes x(t-1) zu warten. Die optimale Entscheidung u(t) wird dann in der Regel eine Funktion des zuletzt eingetretenen Zustandes x(t-1) sein, der meist alle relevanten Informationen des Prozesses enthält.

   Gesucht ist also eine Entscheidungsregel oder Strategie

$$(3.10)\quad u(t) = g(x(t-1)), \qquad t = 1,\dots,T,$$

   die für jeden Zustand die im Sinne der jeweiligen Zielvorschrift optimale Entscheidung als eine entsprechende Funktion zu berechnen erlaubt.

Diese Zusammenhänge lassen sich durch folgende Abbildung veranschaulichen, wobei als Zielwerte in Geld bewertete Größen unterstellt werden.[1)]

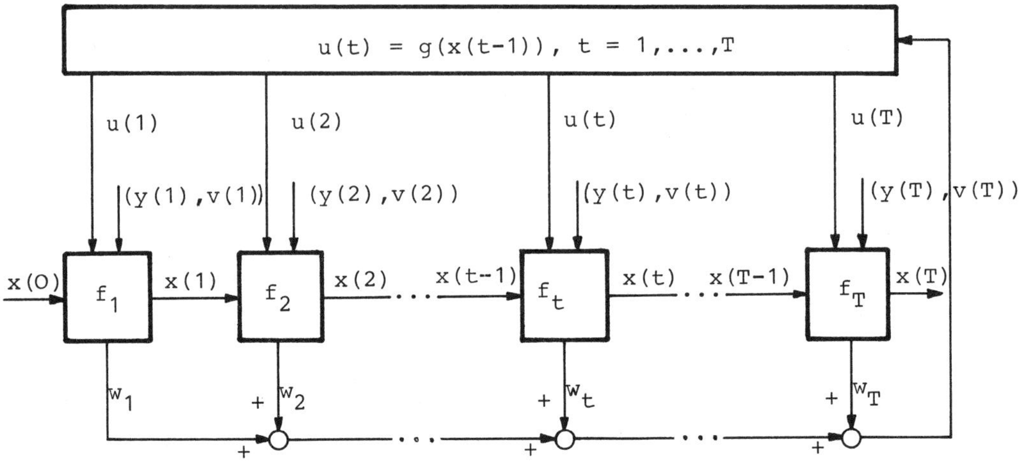

Abb. 2: Graphische Darstellung eines stochastischen mehrdimensionalen Entscheidungsprozesses

In Abhängigkeit des Anfangszustandes x(O), der exogenen Variablen y(t), der Störvariablen v(t), der Funktion $f(x(t-1),u(t),y(t),v(t),t) = f_t$ und der Zielfunktion $w(x(t),u(t)) = w_t$, t = 1,...,T, wird die für den gesamten Planungszeitraum optimale Entscheidungsregel g(x(t-1)) bestimmt, die in jeder Periode t zur Berechnung des optimalen Entscheidungsvektors u(t) herangezogen wird. Damit ist allgemein ein mehrdimensionaler stochastischer Entscheidungsprozeß vollständig beschrieben. Dieser formale Rahmen kann nun zur Beschreibung konkreter ökonomischer Entscheidungsprozesse herangezogen werden. Bevor wir dies für ein Finanzplanungsmodell tun werden, wollen wir die einzelnen Elemente des Entscheidungsprozesses näher spe-

---

1) Zu einer ähnlichen Darstellungsform von mehrperiodigen Entscheidungsprozessen vgl. Buffa, Elwood S., Taubert, William H., Production-Inventory Systems: Planning and Control, 2. Aufl., Homewood 1972, S. 254.

zifizieren und auf bestimmte formale Eigenschaften dieser Elemente eingehen.

33 Spezifizierung der einzelnen Elemente des Entscheidungsprozesses

331 Die Zustandsraumbeschreibung zur Beschreibung eines ökonomischen Prozesses

3311 Allgemeine Charakterisierung der Zustandsraumbeschreibung

Die Aufgabe der Zustandsraumbeschreibung besteht darin, die zeitliche Entwicklung der im jeweiligen Modell berücksichtigten Variablen in einem mathematischen Modell abzubilden. Bezogen auf die obengenannten Elemente des allgemeinen Entscheidungsprozesses bedeutet dies, das System von stochastischen Differenzengleichungen (3.1) näher zu spezifizieren. Unter dem Konzept der Zustandsraumbeschreibung[1)] versteht man also die Darstellung des jeweils interessierenden Entscheidungsprozesses mit Hilfe von Differenzengleichungen

---

1) Zur deterministischen und stochastischen Zustandsraumbeschreibung vgl. z.B.: Zadeh, Lofti A., Desoer, Charles A., Linear Systems Theory. The State Space Approach, New York-San Francisco-Toronto-London 1963, hier S. 20-31, S. 39-40, S. 67-107 und S. 479-494; Fränkel, Hainer, Diskrete optimale Steuerungsprobleme und konvexe Optimierung, Berlin-New York 1971, S. 14-17; Stöppler, Siegmar, Dynamische Produktionstheorie, S. 10-26; Pindyck, Robert S., Optimal Planning, S. 6-8 und S. 155-159, Bensoussan, A. Hurst, Gerald E., Jr., Näslund, B., Management Applications, S. 14-17; Fischer, Thomas, Einige Grundlagen zur Experimentellen Identifikation ökonomischer Systeme, in: Wirtschaftskybernetik und Systemanalyse, Band 3. Systemtheorie und sozio-ökonomische Anwendung. Beiträge zur Tagung der Gesellschaft für Wirtschafts- und Sozialkybernetik 1975, hrsg. von Jörg Baetge, Berlin 1976, S. 285-320, hier S. 300-307; Baetge, Jörg, Systemtheorie, in: HdWW, hrsg. von W. Albers u.a., 9./10. Lieferung, Stuttgart u.a. 1977, S. 510-534, hier S. 515-520.

oder auch Differentialgleichungen, je nach dem, ob es sich um einen zeitdiskreten oder zeitkontinuierlichen Entscheidungsprozeß handelt. Durch die Verwendung von Differenzengleichungen bzw. Systemen von Differenzengleichungen, von denen wir im folgenden ausschließlich ausgehen, werden die künftigen unsicheren Zustände des Prozesses in Abhängigkeit von den jeweils erreichten Zuständen, den Entscheidungsvariablen u(t), den exogenen Variablen y(t), die vom Verlauf des Prozesses unabhängig sind, und den stochastischen Variablen v(t) beschrieben. Die zeitliche Entwicklung der im Modell abgebildeten Zustände ist also durch die einzelnen Gleichungen und die zugehörigen Wahrscheinlichkeitsverteilungen bzw. -funktionen determiniert.

Eine andere in der Betriebswirtschaftslehre sehr verbreitete formale Darstellung von stochastischen Entscheidungsprozessen bietet der Zustands- und/oder Entscheidungsbaum.[1] Zustands- und Entscheidungsbaum eignen sich zur Charakterisierung von Entscheidungsprozessen, deren künftige ungewisse Zustände durch (diskrete) Wahrscheinlichkeitsverteilungen beschrieben werden können. Jedem für möglich erachteten Umweltzustand des Prozesses werden, sofern nicht mehrere Umweltzustände zu einem repräsentativen Umweltzustand zusammengefaßt werden, bestimmte Entscheidungs- oder Erfolgssituationen in einem Entscheidungsbaum zugeordnet, der als Grundlage zur Ermittlung einer optimalen

---

1) Zur Formulierung eines Zustands- und Entscheidungsbaumes vgl. Hax, Herbert, Investitionstheorie, S. 131-152; Laux, Helmut, Flexible Investitionsplanung, S. 19-22 und S. 39-44; Hax, Herbert, Entscheidungsmodelle in der Unternehmung / Einführung in Operations Research, Hamburg 1974, S. 79-91.

Strategie in dem oben beschriebenen Sinne dient.[1)]

Zustands- und Entscheidungsbäume können dann nicht mehr oder nur näherungsweise formuliert werden, wenn der Eintritt künftiger Zustandsvariablen durch bestimmte Wahrscheinlichkeitsfunktionen, d.h. stetige Verteilungen, beschrieben wird. Die Zustandsraumbeschreibung ist dagegen nicht auf diskrete Verteilungen beschränkt, sondern sie eignet sich insbesondere zur Darstellung von Modellen, deren künftigen unsicheren Variablen als stetig verteilte Zufallsvariablen angegeben werden. Die Darstellung eines stochastischen Entscheidungsprozesses mit stetig verteilten Zustandsvariablen ist besonders dann angebracht, wenn in diesem Prozeß Stromgrößen auftreten. Insbesondere in Investitions- und Finanzplanungsmodellen, so wie sie in Kapitel 2 für einwertige Größen abgebildet werden, bietet sich die Formulierung von stetig verteilten Zufallsvariablen an. Die in den einzelnen Zeitpunkten t unsicheren Zahlungen können dann innerhalb eines gegebenen Zahlenintervalls jeden beliebigen Wert mit einer bestimmten Wahrscheinlichkeitsfunktion annehmen.

Das Konzept der Zustandsraumbeschreibung eignet sich auch, wie etwa im Elton-Gruber-Modell zur Abbildung

---

1) Ermittlung der optimalen Strategie in einem Entscheidungsbaum erfolgt in der Regel mit Hilfe des "rolling-back-Verfahrens". Zur Anwendung dieses Verfahrens in einem Entscheidungsbaum vgl. z.B. Schlaifer, Robert, Probability and Statistics for Business Decisions, New York-Toronto-London 1959, S. 590-603; Raiffa, Howard, Decisions Analysis. Introductory Lectures on Choices under Uncertainty, Menlo Park-London-Don Mills 1968, S. 129-156; Hax, Herbert, Investitionstheorie, S. 141-143; Laux, Helmut, Flexible Investitionsplanung, S. 40-42; Hax, Herbert, Entscheidungsmodelle, S. 85-91; Bamberg, Günter, Coenenberg, Adolf Gerhard, Betriebswirtschaftliche Entscheidungslehre, München 1974, S. 204-205.

deterministischer Entscheidungsprozesse. Die zeitliche Entwicklung der Zustandsvariablen wird in diesem Fall nicht von stochastischen Störvariablen beeinflußt, das bedeutet, der Zustandsvektor $x(t)$, $t = 1,...,T$, in Gleichung (3.1) nimmt, je nach dem, welcher Anfangszustand $x(0)$, welche Entscheidungsvariablen $u(t)$ und exogene Variablen $y(t)$ gegeben sind, einen ganz bestimmten vektoriellen Wert an. Deterministische Differenzengleichungen bzw. Systeme von Differenzengleichungen der reduzierten Form haben die Eigenschaft, daß es in bezug auf ihre Lösung für einen bestimmten Zeitpunkt $t+h \leq T$, $t \leq h$, unerheblich ist, ob man entweder den Prozeß bei gegebenen $u(\tau)$ und $y(\tau)$, $\tau = 1,...,t+h$, zuerst bis t "laufen" läßt, den Zustand $x(t-1)$ beobachtet, $x(t-1)$ als neuen Anfangszustand nimmt und dann den Zustand $x(t+h)$ bestimmt oder $x(t+h)$ sofort ermittelt.[1] Dieses Prinzip bezeichnet man in der klassischen Physik auch als Kausalitätsprinzip. Es erlaubt bei deterministischen und unter bestimmten Voraussetzungen auch bei stochastischen Prozessen, die dem Zustand $x(t)$ vorausgegangene Entwicklung außer acht zu lassen, wenn man $x(t)$ kennt. Bei Gültigkeit dieses Prinzips, dessen sich auch die dynamische Programmierung bedient, wird die Optimierung von mehrperiodigen deterministischen und stochastischen Entscheidungsprozessen erheblich vereinfacht.

Versucht man z.B. einen konkreten Entscheidungsprozeß für relativ weit auseinanderliegende Entscheidungszeitpunkte zu formulieren, dann kann es aufgrund der jeweils zu erfassenden definitorischen, institutio-

---

1) Vgl. Bellman, Richard, Dynamische Programmierung und Selbstanpassende Regelprozesse, Übersetzung des Buches, Adaptive Control Processes: A Guided Tour, Princeton 1961, von Fred Behringer, München-Wien 1967, S. 69.

nellen bzw. Verhaltens-Relationen[1] erforderlich sein, Differenzengleichungen der sogenannten strukturellen Form zu verwenden. Das sind solche Systeme von Differenzengleichungen, in denen bestimmte Modellvariablen $x_j(t)$ des Zeitpunktes t von anderen Variablen $x_i(t)$, $j \neq i$, des gleichen Zeitpunktes abhängen. In Vektorschreibweise läßt sich dies für ein deterministisches Modell durch ein System von Differenzengleichungen der strukturellen Form darstellen

$$(3.10) \quad x(t) = f(x(t), x(t-1), u(t), y(t), t), \quad t = 1,...,T \text{ und } x(0) \text{ gegeben.}$$

Unter Verwendung des Gleichungssystems (3.10) ist es z.B. in einem Modell mit jährlichen Entscheidungszeitpunkten t (= Jahresmodell) möglich, Interdependenzen, die sich in einer sehr viel kürzeren Zeitspanne als ein Jahr niederschlagen, realistischer zu berücksichtigen als in einem Jahresmodell der reduzierten Form. Die Variablen x(t) in (3.10) können im Gegensatz zu einem Modell der reduzierten Form nicht mehr nach dem Kausalitätsprinzip, d.h. durch Einsetzen des jeweils zeitlich unmittelbar vorangegangenen Zustandes x(t-1) und den Entscheidungsvariablen u(t) sowie exogenen Variablen y(t), bestimmt werden, da die rechte Seite gleichzeitig von anderen Zustandsvariablen des Zeitpunktes t abhängt. Ein solches deterministisches oder stochastisches Modell kann strenggenommen nicht mehr als Zustandsmodell bezeichnet werden.

Liegen nun Entscheidungsmodelle in der strukturellen Form vor, dann benötigt man in der Regel Kenntnis über die Zustandsvektoren x(t), t = 1,...,T. Bei linearen Beziehungen ist die Ermittlung der reduzierten

---

1) Zur Formulierung dieser Relationen vgl. Baetge, Jörg, Betriebswirtschaftliche Systemtheorie, S. 47-62.

Form durch eine einfache Umformung möglich.[1] Bei nichtlinearen Beziehungen ist die Berechnung der reduzierten Form recht kompliziert und sehr oft nicht mehr analytisch möglich. Die Ermittlung der reduzierten Form nichtlinearer Systeme von Differenzengleichungen muß dann mit iterativen Verfahren erfolgen, etwa mit dem Gradientenverfahren von Gauß-Seidel oder Newton-Raphson.[2] Der Zustandsvektor x(t) der linken Seite von (3.10) wird mit diesen Verfahren wie folgt ermittelt:
Man setzt auf der rechten Seite von (3.10) für ein bestimmtes t einen ersten Versuchswert $x^o(t)$ ein und ermittelt mit Hilfe des entsprechenden Lösungsverfahrens für gegebene Werte x(t-1) und den Entscheidungsvektor u(t) einen neuen Wert $x^i(t)$. Dieser Wert $x^i(t)$ wird solange als Versuchswert für die nächste Iteration i+1 verwendet, bis das Gleichungssystem (3.10) erfüllt ist. Diese Berechnungen müssen für jede Periode t = 1,...,T durchgeführt werden. Bei deterministischen Entscheidungsprozessen ist die jeweilige Transformationsbeziehung f(.) von Periode t-1 nach Periode t mit Sicherheit bekannt und läßt sich in der Regel relativ einfach berechnen.

Im folgenden wenden wir uns wieder stochastischen Transformationsbeziehungen zu, wobei außer (3.1) auch stochastische Systeme von Differenzengleichungen der strukturellen Form zugelassen sind

(3.11) $x(t) = f(x(t),x(t-1),u(t),y(t),v(t),t)$, $t=1,...,T$ und $x(0)$ gegeben.

---

1) Vgl. Pindyck, Robert S., Optimal Planing, S. 89-94.

2) Vgl. Chow, Gregory C., Analysis and Control of Dynamic Economic Systems, New York u.a. 1975, S. 136-138. Zu den numerischen Lösungsverfahren vgl. Wilde, Douglass J., Beightler, Charles S., Foundations of Optimization, Englewood Cliffs 1967, S. 10-44.

(3.11) impliziert, wie (3.1), additive und nicht additive stochastische Variablen, welche die Zustandsvariablen x(t) beeinflussen.

Zur Charakterisierung des stochastischen Prozesses benötigt man für jede Periode t eine Aussage, mit welcher Wahrscheinlichkeitsverteilung bzw. Wahrscheinlichkeitsfunktion die Zustandsvektoren x(t), t = 1,...,T, eintreten werden. Der stochastische Prozeß ist nur dann vollständig beschrieben, wenn man die gemeinsame Wahrscheinlichkeitsfunktion der Zustandsvektoren

(3.12) $f(x(T), x(T-1), \ldots, x(1))$

kennt. Grundsätzlich läßt sich die Wahrscheinlichkeitsfunktion eines einzelnen stetig verteilten Zustandsvektors x(t), t = 1,...,T, durch "Ausintegrieren"[1] der gemeinsamen Wahrscheinlichkeitsfunktion (3.12) nach den übrigen Vektoren x(1),...,x(t-1), x(t+1),...,x(T) bestimmen. Zur Beschreibung realer Prozesse wird man aber kaum eine solche gemeinsame Wahrscheinlichkeitsfunktion angeben können, da der Anwender solcher Modelle nicht in der Lage ist, die vielfältigen stochastischen Interdependenzen zu überschauen und hierfür geeignete subjektive gemeinsame Wahrscheinlichkeitsfunktionen anzugeben. Man ist deshalb gezwungen, hinsichtlich des stochastischen Prozesses vereinfachende Annahmen zu setzen.

Eine sehr verbreitete Annahme zur Beschreibung von realen Entscheidungsprozessen ist die Annahme eines Markoff-Prozesses. Ein stochastischer Prozeß x(t), t = 1,...,T, ist ein Markoff-Prozeß, wenn die Dichtefunktion für x(t) nur vom Zustand x(t-1) ab-

---

1) Vgl. dazu z.B. Schneeweiß, Hans, Ökonometrie, 2. Aufl., Würzburg-Wien 1974, S. 343.

hängt, wobei x(t-1) eine determinstische oder stochastische Größe sein kann[1])

$$(3.13)\quad f(x(t)\,|\,x(t-1),x(t-2),\ldots,x(0)) = f(x(t)\,|\,x(t-1)),\quad t = 1,\ldots,T.$$

Der Markoff-Prozeß hat die Eigenschaft, daß zu seiner vollständigen Beschreibung, d.h. zur Angabe der gemeinsamen Wahrscheinlichkeitsfunktion, nur der deterministische oder stochastische Anfangszustand x(0) und die Wahrscheinlichkeitsfunktionen der einzelnen Übergänge $f(x(t)\,|\,x(t-1)), t = 1,\ldots,T$, bekannt sein müssen.

Die gemeinsame Dichtefunktion $f(x(T),\ldots,x(0))$ läßt sich demnach wie folgt bestimmen

$$(3.14)\quad f(x(T),\ldots,x(0)) = f(x(T)\,|\,x(T-1))f(x(T-1)\,|\,x(T-2))\ldots f(x(1)\,|\,x(0))f(x(0).$$

Die Gültigkeit der Markoff-Eigenschaft erleichtert die Ermittlung der optimalen Entscheidungsregel, wie noch zu zeigen sein wird, erheblich.

Weitere Vereinfachungen bezüglich der Beschreibung des realen Prozesses kann man dadurch erreichen, daß man nur bestimmte Wahrscheinlichkeitsverteilungen bzw. -funktionen zuläßt, die dann eine Beschreibung des stochastischen Prozesses aufgrund weniger Parameter der Verteilung des Zustandsvektors, z.B. Erwartungswert und Kovarianz-Matrix, erlauben. Im Abschnitt 3312 werden wir auf eine solche Vereinfachung näher eingehen.

---

1) Zur Beschreibung eines Markoff-Prozesses vgl. Bryson, Arthur E., Jr., Ho, Yu-Chi, Applied Optimal Control, S. 315-316.

Wir haben in diesem Abschnitt Restriktionen hinsichtlich Zustands- und Entscheidungsvariablen gemäß den Gleichungen (3.2) und (3.3) außer acht gelassen. Dies hat zwei Gründe: Erstens wird unter Berücksichtigung von solchen Restriktionen die mathematische Beschreibung des stochastischen Prozesses sehr kompliziert, da dann gestutzte Wahrscheinlichkeitsfunktionen berücksichtigt werden müssen.[1)] Zweitens existieren, soweit uns bekannt, keine geeigneten Optimierungsverfahren zur Ermittlung einer optimalen Strategie in mehrperiodigen, mehrdimensionalen Entscheidungsprozessen. Das stochastische Entscheidungsmodell in Kapitel 4 werden wir ohne Restriktionen hinsichtlich Zustands- und Entscheidungsvariablen formulieren.

3312 Lineare Zustandsgleichungen mit normalverteilten additiven Störvariablen

Zur Beschreibung realer stochastischer Prozesse kann die Hypothese, die Zustandsvariablen seien normalverteilt, als erste brauchbare Annäherung an die Realität angesehen werden. So können aus der Sicht des Entscheidenden die Zahlungen eines bestimmten Zahlungsstromes in den einzelnen Perioden t z.B. durch normalverteilte Zustandsvariablen mit unterschiedlichem Erwartungswert und verschiedener Varianz gekennzeichnet werden.

Das Modell zur Abbildung des stochastischen Prozesses geht von folgenden Annahmen aus:

1. Alle Zustands-, Entscheidungsvariablen und exogene Variablen sind linear miteinander verknüpft, wobei die linearen Zustandsgleichungen von einem stochastischen Vektor additiv beeinflußt werden. Dieses Modell wird durch ein System von Differenzengleichungen dargestellt.

---

1) Vgl. dazu Richter, Hans, Wahrscheinlichkeitstheorie, 2. Aufl., Berlin-Heidelberg-New York 1966, S. 246-247.

$$(3.15)\quad x(t) = A(t)x(t-1) + B(t)u(t) + C(t)y(t) + v(t),\quad t = 1,\ldots,T \text{ und } x(0) \text{ gegeben.}$$

x(t) ist demnach eine lineare Beziehung zwischen dem Zustandsvektor x(t-1) der Vorperiode, des Entscheidungsvektors u(t), der Vektoren der exogenen Variablen y(t) und der stochastischen Variablen v(t). A(t), B(t) und C(t) sind zeitvariable Matrizen der Dimensionen (n,n), (n,m) bzw. (n,q), deren Komponenten mit Sicherheit bekannt sind.

2. Der Störvektor v(t), t = 1,...,T, ist stets normalverteilt und deshalb durch das erste und zweite zentrale Moment der Wahrscheinlichkeitsfunktion vollständig beschrieben. Weiterhin gelte für den Erwartungswert[1] des Störvektors

$$(3.16)\quad E[v(t)] = \bar{v}(t) = 0$$

und für die Kovarianz-Matrix

$$(3.17)\quad E[v^*(t)v^*(s)'] = \begin{cases} V(t) & \text{für } t = s \\ 0 & \text{für } t \neq s, \end{cases}$$

wobei $v^*(t) = v(t) - \bar{v}(t)$ gilt. Die Annahme der Erwartungswerte von v(t) sei 0,[2] kann für jede Normalverteilung durch eine lineare Transformation erreicht werden. Denkbar wäre auch, daß der Anfangszustand x(0) nicht mit Sicherheit bekannt ist. Wird dies unterstellt, dann müssen aber Erwartungswert und Kovarianz-Matrix des Anfangszustandes bekannt sein.

---

1) Zu dem Gauß-Markoff-Prozeß vgl. Bryson, Arthur E., Jr., Ho, Yu-Chi, Applied Optimal Control, S. 320-326.

2) Wir werden im folgenden den Null-Vektor bzw. die Null-Matrix stets mit 0 bezeichnen, soweit keine Verwechslungsmöglichkeiten bestehen.

3. Außerdem gilt, daß der im Zeitpunkt t-1 stochastische Zustandsvektor x(t) nur von dem bekannten Zustand x(t-1), der Entscheidung u(t), den bekannten exogenen Variablen y(t) und den stochastischen Störvariablen v(t) abhängt, d.h. der stochastische Prozeß erfüllt die Markoff-Eigenschaft. Die Wahrscheinlichkeitsfunktion für x(t) ist demnach eine bedingte Wahrscheinlichkeitsfunktion $f(x(t)|x(t-1),u(t),y(t))$.

Aufgrund dieser Annahmen besitzt der stochastische Prozeß folgende Eigenschaft: Bei gegebenem Anfangszustand x(O), Entscheidungsvariablen u(1), exogenen Variablen y(1), die gemäß (3.15) linear verknüpft sind, und additiven normalverteilten Störvariablen v(1) ist der Zustand x(1) ebenfalls normalverteilt. Für die übrigen Perioden t = 2,...,T gilt, daß x(t) als lineare Funktion normalverteilter Variablen x(t-1) und v(t) wiederum normalverteilt ist.[1] Dies hat den Vorteil, daß die normalverteilten Zustände x(t) durch ihren Erwartungswert $E[x(t)] = \bar{x}(t)$ und die zugehörige Kovarianz-Matrix $cov[x(t)x(t)']$ vollständig beschrieben werden können. Zur Berechnung dieser Werte existieren jeweils entsprechende Differenzengleichungen bzw. Systeme von Differenzengleichungen. Der Erwartungswert $\bar{x}(t)$ ergibt sich bei $\bar{v}(t) = 0$ aufgrund eines deterministischen Systems von Differenzengleichungen, während die Kovarianz-Matrix ebenfalls durch eine lineare Differenzengleichung bestimmt werden kann.[2]

---

1) Vgl. Bryson, Arthur E., Jr., Ho, Yu-Chi, Applied Optimal Control, S. 321.

2) In Anhang 3, S. 203-204, werden wir die Bestimmungsgleichung für die Kovarianz-Matrix der Zustände in einem linear-quadratischen Entscheidungsprozeß angeben. Zur Beschreibung eines linear-quadratischen Entscheidungsprozesses vgl. S. 87-88. Der Gauß-Markoff-Prozeß kann selbstverständlich einer weiteren statistischen Analyse unterzogen werden, indem z.B. Korrelationen zwischen Zustandsvariablen in verschiedenen Zeitpunkten bestimmt werden. Vgl. dazu Bryson, Arthur E., Jr., Ho, Yu-Chi, Applied Optimal Control, S. 322-326; Chow, Gregory C., Analysis and Control, S. 38-94.

Ein Prozeß mit nur einer Zustandsvariablen x(t), t = 1,...,T, kann mit Hilfe eines dreidimensionalen Koordinatensystems graphisch veranschaulicht werden. Auf den einzelnen Koordinaten sind die Zeit in diskreten äquidisdanten Punkten, die kontinuierliche Zufallsvariable x(t) und ihre Wahrscheinlichkeitsfunktionen f(x(t)) abgetragen.[1)]

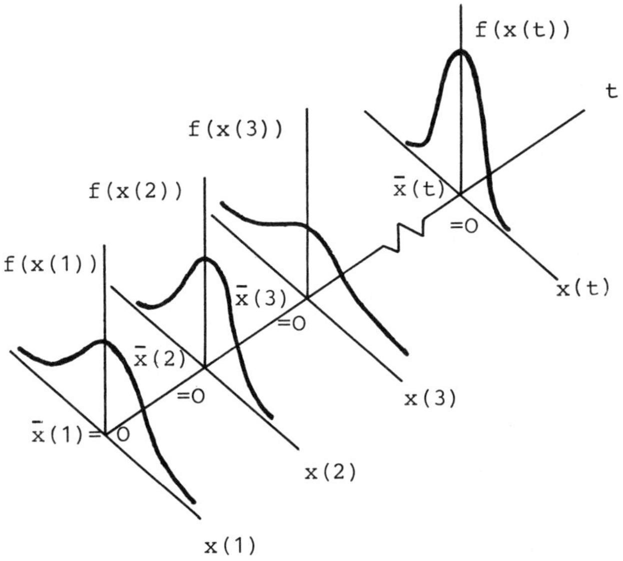

Abb. 3: Darstellung einer Folge stochastischer Zustandsvariablen

Die Verteilungen der eindimensionalen Zustandsvariablen in den einzelnen Perioden können sowohl unterschiedliche Erwartungswerte $\bar{x}$ (t) als auch unterschiedliche Varianzen $E[(x(t)-\bar{x}(t))^2]$ besitzen.

1) Vgl. dazu Bryson, Arthur E., Jr., Ho, Yu-Chi, Applied Optimal Control, S. 322.

Der in diesem Abschnitt beschriebene lineare stochastische Prozeß stellt einen einfachen Störprozeß dar, d.h. die stochastischen Störungen wirken additiv auf lineare Zustandsgleichungen, deren Struktur und Parameter bekannt sind. Das Modell (3.15) eignet sich wohl kaum zur Darstellung sämtlicher realer Entscheidungsprozesse. Der Konstrukteur von sequentiellen Entscheidungsmodellen besitzt aber mit dem hier dargestellten linearen stochastischen Prozeß ein Instrument, unsichere Zustandsvariablen, deren Wahrscheinlichkeitsfunktion er nicht kennt, in einer ersten Annäherung auf eine einfache Weise abzubilden. Diese Vorgehensweise wird der Realität eher gerecht als das Arbeiten mit deterministischen Modellen. Wir haben uns in diesem Abschnitt deshalb so ausführlich mit dem linearen stochastischen Prozeß auseinandergesetzt, da er die Ermittlung einer optimalen Strategie in mehrdimensionalen sequentiellen Entscheidungsmodellen erheblich vereinfacht.[1)]

3313 Lineare Zustandsgleichungen höherer Ordnung mit normalverteilten additiven Störvariablen

In diesem Abschnitt wird gezeigt, daß lineare stochastische Prozesse nicht nur auf Systeme von Differenzengleichungen erster Ordnung beschränkt sind, sondern durchaus Systeme höherer Ordnung abbilden können. Diese Transformation gilt nicht nur, wie in Abschnitt 32 angedeutet wurde, für lineare, sondern auch für nichtlineare Systeme. Für ökonomische Modelle ist dies dann von besonderer Bedeutung, wenn sich bestimmte Maßnahmen erst in späteren Perioden auswirken bzw. ihre Wirkung über mehrere Perioden andauert. So wird z.B. das Investitionsvolumen eines Unternehmens oder eines Unternehmensteilbereiches nicht in der unmittelbar

---

1) Vgl. dazu Abschnitt 532.

folgenden Periode auf den Gewinn durchschlagen, sondern je nach Investitionsbereich eine verschiedene zeitliche Gewinnwirkung aufweisen.

Gegeben sei ein allgemeiner linearer Entscheidungsprozeß mit additiven stochastischen Störvariablen, der durch folgendes System von Differenzengleichungen der reduzierten Form beschrieben wird [1]

$$(3.18) \quad x(t) = A_1(t)x(t-1) + \ldots + A_m(t)x(t-m) + B_1(t)u(t) + \ldots + B_k(t)u(t-k) + C(t)y(t) + v(t).$$

In (3.18) bedeuten x(t) die Zustands-, u(t) die Entscheidungsvariablen, y(t) die exogenen Variablen und v(t) die nicht autokorrelierten[2] Störvariablen mit einem Erwartungswert $\bar{v}(t) = 0$, und einer Kovarianzmatrix von V(t). Die Matrizen $A_i(t)$ und $B_j(t)$ der Koeffizienten der jeweiligen Variablen sind gegeben. Das in (3.18) beschriebene Gleichungssystem läßt sich in einer Block-Matrix wie folgt darstellen:

---

1) Vgl. dazu Chow, Gregory C., Analysis and Control, S. 152-154.

2) Der Störvektor v(t) kann durchaus autokorreliert sein, d.h. seine Wahrscheinlichkeitsfunktion ist von denjenigen der Vorperioden abhängig. Autokorrelierte Prozesse lassen sich durch eine ähnliche Umformung wie in Gleichung (3.19) auf ein System mit nicht-autokorrelierten Störvariablen zurückführen. Vgl. dazu Chow, Gregory C., Analysis and Control, S. 61-63.

(3.19)

$$
\begin{bmatrix} u(t) \\ \hline x(t-1) \\ \cdot \\ \cdot \\ \cdot \\ x(t-m+1) \\ \hline u(t) \\ \hline u(t-1) \\ \cdot \\ \cdot \\ \cdot \\ u(t-k+1) \end{bmatrix}
=
\left[\begin{array}{cccc|c|ccc|c}
A_1(t) & A_2(t) & \cdots & & A_m(t) & B_2(t) & \cdots & & B_k(t) \\ \hline
I & 0 & \cdots & & 0 & 0 & & & 0 \\
 & \ddots & & & \vdots & \vdots & & & \vdots \\
0 & 0 & & I & 0 & 0 & \cdots & & 0 \\ \hline
0 & 0 & \cdots & & 0 & 0 & \cdots & & 0 \\ \hline
\vdots & \vdots & & & \vdots & I & & & \vdots \\
 & & & & & & \ddots & & \\
0 & 0 & \cdots & & 0 & 0 & \cdots & I & 0
\end{array}\right]
\begin{bmatrix} x(t-1) \\ \hline x(t-2) \\ \cdot \\ \cdot \\ \cdot \\ x(t-m) \\ \hline u(t-1) \\ \hline u(t-2) \\ \cdot \\ \cdot \\ \cdot \\ u(t-k) \end{bmatrix}
$$

$$
\quad x(t) \qquad = \qquad A(t) \qquad\qquad x(t-1)
$$

$$
+ \begin{bmatrix} B_1(t) \\ 0 \\ \cdot \\ \cdot \\ \cdot \\ 0 \\ \hline I \\ \hline 0 \\ \cdot \\ \cdot \\ \cdot \\ 0 \end{bmatrix} u(t)
+ \begin{bmatrix} C(t) \\ 0 \\ \cdot \\ \cdot \\ \cdot \\ 0 \\ \hline 0 \\ \hline 0 \\ \cdot \\ \cdot \\ \cdot \\ 0 \end{bmatrix} y(t)
+ \begin{bmatrix} v(t) \\ 0 \\ \cdot \\ \cdot \\ \cdot \\ 0 \\ \hline 0 \\ \hline 0 \\ \cdot \\ \cdot \\ \cdot \\ 0 \end{bmatrix}
$$

$$
+ \; B(t) \qquad\qquad + \; C(t) \; y(t) \qquad + \; v(t)
$$

Wählt man für die Block-Matrix und die erweiterten Vektoren die jeweils unter ihnen stehenden neuen Bezeichnungen, dann erhält man wieder ein System von Differenzengleichungen erster Ordnung

(3.20) $x(t) = A(t)x(t-1) + B(t)u(t) + C(t)y(t) + v(t),$

wobei die Vektoren gemäß (3.19) erweitert wurden. Zu beachten ist außerdem, daß der ursprüngliche Entscheidungsvektor u(t) aus (3.18) in (3.19) im neu definierten Zustandsvektor x(t) enthalten ist und deshalb noch einmal als Iu(t)[1] auf der rechten Seite von (3.19) erscheinen muß. (Siehe die gestrichelt eingerahmte Zeile in (3.19).) Diese Umformung von Differenzengleichungssystemen höherer Ordnung in solche erster Ordnung hat u.a. den Vorteil, daß das Zielfunktional (bzw. Präferenzfunktional) nur noch von x(t) abhängt. Wir werden im folgenden stets davon ausgehen, daß u(t) bereits in x(t) integriert ist.

In den Abschnitten zu 331 wurden lediglich Probleme diskutiert, die mit der zeitlichen Entwicklung der jeweiligen Variablen des allgemeinen Entscheidungsprozesses zusammenhängen. Wir wenden uns im folgenden Abschnitt dem in Abschnitt 32 vorgeschlagenen Zielfunktional in mehrdimensionalen stochastischen Entscheidungsprozessen zu.

332 Die Anwendung des Bernoulli-Kriteriums in mehrdimensionalen stochastischen Entscheidungsprozessen

Als mögliche Zielfunktion für Individualentscheidungen wurde das Ziel Maximierung des erwarteten Risikonutzens vorgeschlagen. Es gilt nun zu prüfen, inwieweit sich dieses Entscheidungskriterium zur Ermittlung von optimalen Entscheidungen in mehrperiodigen mehrdimensionalen stochastischen Entscheidungsprozessen eignet. Gegen das Bernoulli-Prinzip, dem das Zielfunktional in Abschnitt 32 zugrunde liegt, wird vorgebracht, die Axiome seien nicht bzw. wenig geeignet, (rationales) wirtschaftliches Verhalten zu erklären. Diese Kritik soll hier nicht aufgegriffen werden, wir verweisen

---

1) I stellt eine Einheitsmatrix dar, deren Dimension gleich der von u(t) ist.

dazu auf die entsprechende Literatur.[1] Verwendet man dennoch das Bernoulli-Prinzip zur Auswahl von optimalen Handlungsanweisungen (Entscheidungen) bei unsicheren Erwartungen, dann läßt sich dies damit begründen, daß bisher keine befriedigenderen Prinzipien zur Entscheidung bei unsicheren Erwartungen existieren.

Will man das Bernoulli-Prinzip in einem mehrdimensionalen mehrperiodigen Entscheidungsprozeß anwenden, dann bieten sich u.E. folgende Annahmen an:

1. Die im Entscheidungsprozeß abgebildeten Variablen bzw. einzelne dieser Variablen, sowohl Zustands-, Entscheidungs- als auch exogene Variablen, können in einer meist in Geldeinheiten bewerteten, Zielfunktion abgebildet werden.

2. Der Entscheidende bewertet in jeder Periode die sich ergebenden unsichere Zielgröße entweder mit einer vorgegebenen Nutzenfunktion, die seinem Risikoverhalten entspricht.

3. Die Nutzenbewertung ist intertemporal unabhängig und die sich in jeder Periode aufgrund der Nutzenfunktion ergebenden Nutzenbeiträge lassen sich addieren, wobei spätere Nutzenbeiträge unter Umständen mit einer exogen vorgegebenen Zeitpräferenzrate gewichtet werden können. (Diese Annahme ist nicht unbedingt erforderlich, da es grundsätzlich möglich ist, wie in Abschnitt 32 angenommen, Nutzenfunktionen über den gesamten Zustands- bzw. Entscheidungsraum zu definieren, doch wird dies kaum von einem Individuum geleistet werden können.)

---

1) Vgl. z.B. Allais, M., Le Comportement de l'Homme Rationnel devant le Risque. Critique des Postulats et Axiomes de l'Ecole Américaine, in: Econometrica, Vol. 21 (1953), S. 503-546; Schneeweiß, Hans, Entscheidungskriterien, S. 79-97; Menges, Günter, Grundmodelle, S. 56-63; Drukarczyk, Jochen, Probleme individueller Entscheidungsrechnung, Wiesbaden 1975, S. 68-126.

Unter diesen Annahmen kann ein Individuum versuchen, mit Hilfe des Bernoulli-Prinzips optimale Handlungsanweisungen bei unsicheren Erwartungen zu ermitteln.

Besitzt der Entscheidende bspw. Anhaltspunkte bezüglich seiner Risikoeinstellung, d.h. kann er seine Einschätzungen bezüglich sicheren und unsicheren Zahlungen quantifizieren, dann wird er unter Umständen eine Nutzenfunktion angeben können. Eine solche Aufgabe setzt nicht unbedingt voraus, daß das betreffende Individuum jeder unsicheren Zielgröße genau eine Nutzengröße zuordnet, sondern man kann aufgrund von Angaben des Individuums hinsichtlich der Nutzenschätzung unterschiedlicher Zielbeiträge versuchen, die Form und die Parameter der Nutzenfunktion zu eruieren.

Gelingt es dem Entscheidungsträger nicht, eine Nutzenfunktion anzugeben, dann hat er noch die Möglichkeit, seine Entscheidung nach dem ersten und/oder zweiten zentralen Moment der Wahrscheinlichkeitsverteilungen der Zielbeiträge zu treffen. Aber auch bei dieser Vorgehensweise kommt der Entscheidungsträger nicht umhin, Angaben über seine Risikoeinstellung zu machen. Er muß nämlich angeben können, welche Aufteilung er zwischen dem ersten und zweiten zentralen Moment wünscht. Dies hängt wiederum von der jeweiligen Risikoeinstellung ab. Diese Entscheidungen stehen unter bestimmten Voraussetzungen wieder in Einklang mit dem Bernoulli-Prinzip.

Entscheidungen nach dem Erwartungswert (man bezeichnet diese Entscheidungsregel auch als "μ-Prinzip") sind dann mit dem Bernoulli-Prinzip vereinbar, wenn der Entscheidende eine lineare Nutzenfunktion besitzt. Eine solche Nutzenfunktion besitzt er nur dann, sofern es ihm gleichgültig ist, ob er einen sicheren Betrag s oder einen unsicheren Betrag mit dem Erwartungswert $\bar{s} = s$ erhält.

Entscheidet ein Individuum nach dem Erwartungswert und der Varianz, dem sogenannten μ-σ-Prinzip, dann handelt es gemäß dem Bernoulli-Prinzip, wenn es entweder eine quadratische Nutzenfunktion oder beliebige Nutzenfunktionen mit normalverteilten bzw. logarithmisch normalverteilten Zielgrößen besitzt.[1] Ist die Nutzenfunktion quadratisch, dann können die Zielgrößen beliebig verteilt sein. Bei einer quadratischen Nutzenfunktion mit abnehmendem Grenznutzen ergeben sich nur dann Entscheidungen nach dem Bernoulli-Prinzip, wenn die Nutzenfunktion auf den aufsteigenden Ast der Parabel beschränkt wird.[2]

Bei Anwendung des μ-σ-Prinzips geht der Entscheidungsträger meist in zwei Schritten vor.[3] Im ersten Schritt wird eine effiziente Lösung dergestalt gesucht, daß entweder für jede mögliche Varianz der Zielgröße der größtmögliche erreichbare Erwartungswert oder für jeden möglichen Erwartungswert der Zielgröße die geringstmögliche Varianz bestimmt wird. Im zweiten Schritt wird er dann, je nach Risikoeinstellung des Entscheidungsträgers, die für ihn optimale Kombination zwischen den erreichbaren Erwartungswerten und den zugehörigen Varianzen auswählen.

---

1) Vgl. dazu Schneeweiß, Hans, Entscheidungskriterien, S. 121.

2) Vgl. ebenda, S. 96-99.

3) Beide Zielfunktionen finden Verwendung im Rahmen der Portefeuille-Theorie. Vgl. dazu z.B. Markowitz, Harry, Portfolio Selection, New York 1959, S. 72-101.

Kennt der Entscheidungsträger vorab die Gewichtung zwischen Erwartungswert und Varianz gemäß seiner Risikoeinstellung, dann kann er sofort als Zielfunktion eine gewichtete Summe aus Erwartungswert und Varianz maximieren.

Ziel dieses Abschnittes war es, solche Entscheidungskriterien bei unsicheren Erwartungen anzugeben, die in Einklang mit dem Bernoulli-Prinzip stehen. Es handelt sich dabei um individuelle Entscheidungskriterien, die Angaben über das Risikoverhalten des Entscheidenden erfordern. Werden Entscheidungen z.B. im Interesse von Anteilseignern getroffen, die nicht unmittelbar am Entscheidungsprozeß beteiligt sind, dann kann etwa die Risikoeinstellung der einzelnen Anteilseigner nicht unmittelbar zur Ermittlung optimaler Entscheidungen der Unternehmensleitung herangezogen werden. In solchen Fällen kann die Zielfunktion nicht mit Hilfe des Bernoulli-Kriteriums ermittelt werden. Man wird sich dann auf bestimmte Parameter der Verteilung der Zielgrößen beschränken müssen. Das Bernoulli-Kriterium kann dann lediglich zu einer nachgelagerten Konsistenzprüfung des jeweils verwendeten Entscheidungskriteriums, z.B. des μ- oder μ-σ-Prinzips verwendet werden.

Die in Kapitel 3 dargelegte allgemeine Darstellung von ökonomischen Entscheidungsprozessen soll nun zur Formulierung eines sequentiellen Entscheidungsmodells der langfristigen Investitions- und Finanzierungsplanung in einer Aktiengesellschaft verwendet werden.

4 Ein Modell zur sequentiellen Planung langfristiger Investitions- und Finanzierungsentscheidungen bei Unsicherheit

41 Das Problem

Die Aufgabe einer langfristigen Planung von Investitions- und Finanzierungsentscheidungen in einer Aktiengesellschaft sehen wir darin, die der Gesellschaft sich bietenden Investitionsmöglichkeiten mit den jeweiligen Finanzierungsentscheidungen so aufeinander abzustimmen, daß die Ziele der Anteilseigner nach Möglichkeit optimal erfüllt werden. Bei einer langfristigen Betrachtung erscheint es uns nicht sinnvoll, Zahlungsströme einzelner Investitions- und Finanzierungsprojekte zu betrachten, da diese zu Beginn des Planungszeitraumes von der Unternehmensleitung nicht detailliert angegeben werden können. Aus diesem Grunde gehen wir von bestimmten aggregierten Zahlungsströmen aus, die sich jeweils aus verschiedenen Investitionstypen und Finanzierungsformen zusammensetzen. Es handelt sich also lediglich um eine Grobplanung, die durch eine kurzfristig orientierte Planung, in der einzelne Investitions- und Finanzierungsmaßnahmen detailliert erfaßt werden, zu ergänzen ist. Den Aufgabenbereich dieser Detailplanung klammern wir in dieser Arbeit aus.

Die Unternehmensleitung der betreffenden Aktiengesellschaft versucht, durch Maximierung des Marktwertes des Eigenkapitals die besten Voraussetzungen zur Maximierung des Reichtums der einzelnen Anteilseigner zu schaffen. Um mit dieser Maßgröße in unternehmerischen Entscheidungsmodellen arbeiten zu können, benötigt man Angaben darüber, wie der Marktwert des Eigenkapitals auf einem unvollkommenen Kapitalmarkt bei unsicheren Erwartungen zustande kommt und wie er sich im Zeitverlauf entwickelt. Erst wenn man Anhaltspunkte darüber hat, ist es möglich, die Vorteilhaftigkeit von Investitions- und Finanzierungsentscheidungen der Gesellschaft im Hinblick auf den Marktwert des Eigenkapitals bzw. auf den Reichtum der Aktionäre zu untersuchen.

Es wird dabei unterstellt, daß sowohl die Gesellschaft als auch die Anteilseigner sich nicht zu einem einheitlichen Zinssatz verschulden bzw. Gläubigerrechte erwerben können. Für die Investitions- und Finanzierungsentscheidungen der Gesellschaft interessieren in erster Linie die Kreditkonditionen, denen die Gesellschaft gegenübersteht. Diese sind einerseits von den allgemeinen Bedingungen des Kapitalmarktes und andererseits von der speziellen Situation der Gesellschaft bezüglich Verschuldungsumfang und vorhandener Sicherungsmöglichkeiten abhängig. Die der Planung zugrundeliegenden Einzahlungsüberschüsse aufgrund der vorhandenen und geplanten Investitionen der Gesellschaft sind stochastisch.

Im folgenden wird ein sequentielles Entscheidungsmodell entwickelt, dessen optimale Strategie es erlaubt, die Investitionsvolumina für verschiedene Investitionsbereiche mit unsicheren Einzahlungsüberschüssen (Periodengewinne) und die hierfür benötigten finanziellen Mittel zu bestimmen. Zur Formulierung des Modells wird das in Kapitel 3 allgemein beschriebene Konzept der Zustandsraumbeschreibung herangezogen. Auf die Ermittlung der optimalen Strategie für diesen stochastischen Entscheidungsprozeß gehen wir in Kapitel 5 ausführlich ein.

42 Entwicklung des Entscheidungsprozesses

421 Formulierung der Zielfunktion

4211 Allgemeine Formulierung der Zielfunktion Maximierung des Marktwertes des Eigenkapitals

Bei der Ermittlung der Investitions- und Finanzierungsentscheidungen in einer bestimmten Publikumsaktiengesellschaft gehen wir daon aus, die Unternehmensleitung maximiere den Marktwert des Eigenkapitals. Es handelt sich dabei um den Wert des Eigenkapitals für die unmittelbar zu Beginn des Planungszeitraumes am Unternehmen beteiligten Anteilseigner. Zur Ermittlung des Marktwertes des Eigenkapitals unter unsicheren Erwartungen gehen wir von folgenden Annahmen aus:

1. Der Planungszeitraum ist endlich und umfasse T Perioden.

2. Die Unternehmensleitung geht bei der Bewertung des Eigenkapitals von ihren Erwartungen bezüglich der Netto-Ausschüttungen der Gesellschaft NA(t) an die Anteilseigner aus. Das Verhalten der Anteilseigner hinsichtlich der erwarteten Netto-Ausschüttungen wird durch den auf dem Markt für die jeweilige Gesellschaft geltenden Eigenkapitalkostensatz berücksichtigt.

3. Der Marktwert des Eigenkapitals erfolgt durch Diskontierung der erwarteten Netto-Ausschüttungen NA(t) mit einem risikoäquivalenten Kalkulationszinsfuß, d.h. mit einem Zinsfuß, der sowohl das Geschäfts- als auch das Finanzierungsrisiko berücksichtigt. Als Kalkulationszinsfuß gilt der relevante Eigenkapitalkostensatz.

4. Wir nehmen außerdem an, daß die Netto-Ausschüttungen NA(t) an die Anteilseigner auch negativ werden können. Negative Netto-Ausschüttungen stellen eine Ka-

pitalerhöung dar. Ist NA(t) < O, dann wird dieser Betrag von den im Zeitpunkt Null an der Gesellschaft beteiligten Aktionären im Verhältnis ihrer bisherigen Beteiligung eingebracht. Hierfür werden keine neuen Aktien ausgegeben. Bei beliebiger Teilbarkeit der Aktien ist es unerheblich, ob für die Kapitalerhöhung neue Aktien emittiert werden oder nicht.[1)] Durch die Zusammenfassung von Dividenden D(t) und Kapitalerhöhungen EA(t) zu einem Betrag NA(t) läßt es das Modell nicht zu, daß in einem bestimmten Zeitpunkt t gleichzeitig Dividenden gezahlt und eine Kapitalerhöhung durchgeführt wird. Das Modell enthält lediglich die Netto-Zahlungen zwischen Gesellschaft und den Anteilseignern.

5. Die Gesellschaft kann nicht zu dem Zinssatz für risikolose Anlagen beliebig Mittel aufnehmen oder anlegen. Die Zinssätze für Fremdkapital steigen mit zunehmender Verschuldung an.

6. Am Ende des Planungszeitraumes T wird das Unternehmen liquidiert. Der Liquidationswert ist gleich dem Wert des Eigenkapitals am Ende des Planungszeitraumes E(T).

7. Es werden nur Körperschaftsteuern auf den Unternehmensgewinn und keine Einkommensteuern auf Dividendenzahlung berücksichtigt.

Bei unsicheren Erwartungen ergibt sich der Marktwert des Eigenkapitals als Erwartungswert der Barwerte der künftigen Netto-Ausschüttungen NA(t) und dem Liquidationswert E(T), der in NA(T) enthalten ist, wobei als Kalkulationszinsfuß der am Markt geltende Eigenkapitalkostensatz verwendet wird

---

1) Die gleiche Annahme verwendet Laux, Helmut, Marktwertmaximierung, S. 115.

$$(4.1)\quad E(0) = E[\sum_{t=0}^{T} NA(t)(1+k(t))^{-t}].^{1)}$$

Die Zielvorschrift, die die Unternehmensleitung ihren Investitions- und Finanzierungsentscheidungen zugrunde legt lautet demnach, maximiere den erwarteten Marktwert des Eigenkapitals E(0) mit Hilfe einer optimalen Strategie g^*, die, wie noch gezeigt wird, in jedem Entscheidungszeitpunkt t = 1,...,T die optimalen Werte des Entscheidungsvektors u(t) festlegt [2)]

$$(4.2)\quad \max_{g^*} \; E(0) = E[\sum_{t=1}^{T} NA(t)(1+k(t))^{-t}].$$

Für die weiteren Überlegungen, die das Zielfunktional (4.2) betreffen, ist eine Spezifizierung der einzelnen Variablen noch nicht erforderlich. Ein offenes Problem des Zielfunktionals (4.2) ist auf einem unvollkommenen Kapitalmarkt die Bestimmung des Eigenkapitalkostensatzes k(t). Da aber ein Entscheidungsmodell mit dem Zielfunktional Marktwertmaximierung die Angabe eines geeigneten risikoäquivalenten Kalkulationszinsfußes voraussetzt, müssen wir uns im folgenden mit dessen Ermittlung beschäftigen.

4212 Ermittlung des Eigenkapitalkostensatzes einer unverschuldeten Gesellschaft

Die Frage des "richtigen" Eigenkapitalkostensatzes für konkrete Investitions- und Finanzierungsentscheidungen einer Aktiengesellschaft ist derzeit unter den hier gel-

1) E vor einer eckigen Klammer bezeichnet den Erwartungswertoperator, während E(t) den Wert des Eigenkapitals bezeichnet.

2) Zur Spezifizierung der Strategie und Entscheidungsvariablen vgl. S. 192-196.

tenden Annahmen wohl kaum endgültig geklärt.[1] Ziel dieser Arbeit ist es nicht, einen weiteren Lösungsvorschlag zu versuchen, sondern hier interessiert lediglich die Frage, welche Möglichkeiten bestehen, einen befriedigerenden Eigenkapitalkostensatz zu verwenden als einen mehr oder weniger willkürlich gegriffenen.

Die neueren Ansätze der Investitions- und Finanzierungstheorie,[2] die das Verhalten der Teilnehmer auf dem Kapitalmarkt explizit berücksichtigen, bieten der Unternehmensleitung durchaus Anhaltspunkte zur Bestimmung eines risikoäquivalenten Kalkulationszinsfußes. Anhaltspunkte hierfür liefert die Kapitalmarkttheorie, die unter bestimmten, zum Teil sehr restriktiven Prämissen, wie etwa die Annahme eines vollkommenen Kapitalmarktes, Aussagen über den risikoäquivalenten Eigenkapitalkostensatz einer Aktiengesellschaft zuläßt.

Bevor wir auf diesen Vorschlag näher eingehen, wollen wir einem möglichen Einwand vorbeugen, der wie folgt lauten könnte: Bedient man sich der Ergebnisse der Kapitalmarkttheorie, dann muß man auch die dort geltenden Annahmen akzeptieren.[3] Das bedeutet, es gilt ohne Berücksichtigung von Gewinnsteuern die Irrelevanzthese hinsichtlich sämtlicher Finanzierungsentscheidungen von Aktiengesellschaften[4] bzw. unter Berücksichti-

---

1) Zu den offenen Problemen der Bestimmung des Kapitalkostensatzes vgl. z.B. Hax, Herbert, Investitionstheorie, S. 114-131 insbesondere S. 120-122 und S. 130 und 131; Drukarczyk, Jochen, Probleme individueller Entscheidungsrechnung, S. 51-117.

2) Vgl. dazu die in Abschnitt 2424 zu den neueren Ansätzen angegebene Literatur S. 54, Fußnote 2; vgl. aber auch z.B. Sharpe, William F., Portefolio Theory and Capital Markets, New York u.a. 1970; Fama, Eugene F.; Miller, Merton H., The Theory, S. 276-320; Saelzle, Rainer, Investitionsentscheidungen, S. 135-220.

3) Zu den Annahmen der Kapitalmarkttheorie vgl. S. 54-55.

4) Vgl. dazu S. 53.

gung von Gewinnsteuern und bei deren Abzugsfähigkeit erweist sich die maximale Verschuldung als optimal. Die Gültigkeit dieser Ergebnisse wird aber gerade durch die oben gesetzten Annahmen ausgeschlossen. Folglich muß der Rückgriff auf den mit Hilfe der Kapitalmarkttheorie ermittelten Eigenkapitalkostensatz ein Verstoß gegen eine in diesem Modell gesetzte Annahme sein.

Dieser Schluß liegt nahe, wenn man die Kapitalmarkttheorie als rein normative Theorie versteht. Im Rahmen des hier entwickelten Entscheidungsmodells verwenden wir die Kapitalmarkttheorie lediglich als eine erklärende Theorie, welche die explizite Berücksichtigung von Verhaltensweisen der Anteilseigner auf dem Kapitalmarkt ermöglicht.[1] Diese Vorgehensweise zur Ermittlung des risikoäquivalenten Eigenkapitalkostensatzes ist u.E. besser als ihn exogen vorzugeben.

Ein zentrales Ergebnis der Kapitalmarkttheorie besagt,[2] daß die erwartete Rendite einer Aktie der Gesellschaft auf dem Kapitalmarkt gleich dem Zinssatz für dort realisierbare sichere Anlagen plus einem speziellen Risikozuschlag für die jeweilige Aktie ist.

Es soll nun gezeigt werden, wie die erwartete Rendite der Aktie der unverschuldeten Gesellschaft j (= Eigenkapitalkostensatz) mit Hilfe des einperiodigen Kapitalmarktmodells bestimmt werden kann. Zur Ermittlung dieses Eigenkapitalkostensatzes werden folgende Größen benötigt: [3]

---

1) Zu diesem Vorschlag vgl. Saelzle, Rainer, Kapitalmarkttheorie, S. 135-138.

2) Vgl. dazu z.B. Sharpe, William F., Capital Asset Prices: A Theory of Market Equilibrium under Conditions of Risk, in: JoF, Vol. 19 (1964), S. 425-442; Saelzle, Rainer, Kapitalmarkttheorie, S. 117-127.

3) Die in diesem Abschnitt verwendeten Symbole wurden nicht in das Symbolverzeichnis aufgenommen.

z_j: die erwartete Rendite der Aktie der unverschuldeten Gesellschaft j,

i': der auf dem Kapitalmarkt geltende Zins für sichere Anlagen,

z_M: die erwartete Rendite des sich auf dem Kapitalmarkt ergebenden effizienten Marktportefeuilles,

$V(z_M)$: die Varianz des effizienten Marktportefeuilles, die das Risikomaß des Marktportefeuille darstellt,

$Cov(z_j,z_M)$: die Kovarianz zwischen der erwarteten Rendite der Aktie j und der des effizienten Marktportefeuilles (= Risiko der Aktie j),

z_j-i': die Risikoprämie der Aktie j,

z_M-i': die Risikoprämie des effizienten Marktportefeuilles,

$\frac{Cov(z_j,z_M)}{V(z_M)} = \beta_j$: ein normiertes Risikomaß für Gesellschaft j, den man auch Sharpescher Beta-Koeffizient bezeichnet.[1]

Ein Ergebnis der Kapitalmarkttheorie besagt, daß die jeweilige Risikoprämie einer Aktie j eine lineare Funktion des Verhältnisses zwischen dem Risiko der Aktie j und dem Risiko des Marktportefeuilles ist[2]

$$(4.3) \quad z_j = i' + (z_M-i') \frac{Cov(z_j,z_M)}{V(z_M)} .$$

1) Zu diesem Koeffizienten vgl. Sharpe, William F., Capital Asset Prices, S. 439.

2) Vgl. dazu Sharpe, William F., Capital Asset Prices, S. 436-442 und Saelzle, Rainer, Kapitalmarkttheorie, S. 121-127.

Funktion (4.3) bezeichnet man auch als Kapitalmarktlinie.

Formt man (4.3) geringfügig um

$$(4.4) \quad z_j - i' = (z_M - i')\beta_j,$$

dann erhält man die Risikoprämie $z_j - i'$ der Aktie der Gesellschaft j als lineare Funktion des <u>Sharpe</u>schen Beta-Koeffizienten β_j der Gesellschaft j. Aufgrund der Beziehung (4.3) bzw. (4.4) benötigt man zur Bestimmung der Eigenkapitalkosten von Gesellschaft j, lediglich Kenntnisse über den Zinssatz für sichere Anlagen, die Marktrendite und den entsprechenden Koeffizienten β_j.

Man ist versucht, den so ermittelten Eigenkapitalkostensatz für praktische Anwendungen abzulehnen, da er auf den irrealen Annahmen der Kapitalmarkttheorie aufbaut.[1]

In empirischen Untersuchungen auf dem amerikanischen Aktienmarkt konnte dieses Ergebnis der Kapitalmarkttheorie aufgrund von Zeitreihen vergangener Aktienrenditen nicht widerlegt werden.[2] Es liegt also nahe, dieses Ergebnis in die Zukunft zu projezieren und somit für künftige unternehmerische Investitions- und Finanzierungsentscheidungen zu verwenden.[3] Für konkrete Investitions- und Finanzierungsentscheidungen

---

1) Zu den Annahmen der Kapitalmarkttheorie vgl. S. 54-55.

2) Vgl. hierzu <u>Fama</u>, Eugene F., <u>Mac Beth</u>, James D., Risk Return and Equilibrium: Empirical Tests, in: JoPE, Vol. 81 (1973), S. 607-636; <u>Saelzle</u>, Rainer, Kapitalmarkttheorie, S. 128-134.

3) Zu den Problemen der empirischen Kapitalmarkttheorie vgl. <u>Schmidt</u>, Reinhard H., Empirische Kapitalmarktforschung und Anlageentscheidung, in: ZgesStw, 132. Bd. (1976), S. 649-678.

benötigt man den entsprechenden β-Koeffizienten der jeweiligen Gesellschaft j. Diese können für bestimmte Aktienmärkte aufgrund von Zeitreihen vergangener Aktienrenditen bestimmt werden.[1] Bei der statistischen Ermittlung der β_j-Werte ergeben sich gleichzeitig die Werte z_M und i'. Damit sind die relevanten Koeffizienten zur Bestimmung des Eigenkapitalkostensatzes z der Gesellschaft j gegeben.

Besäße die Unternehmensleitung Kenntnis über diese Werte, die z.B. durch statistische Erhebungen einer entsprechenden Kapitalmarktinstitution zu ermitteln wären, dann könnte sie diese als Schätzwerte für ihre künftigen finanzwirtschaftlichen Entscheidungen verwenden. Der Unternehmensleitung stünde somit ein Instrument zur Verfügung, das eine Ermittlung ihres Eigenkapitalkostensatzes aufgrund vergangener Entwicklungen des tatsächlichen Marktpreises des Eigenkapitals erlaubt. Der Eigenkapitalkostensatz einer unverschuldeten Gesellschaft j zu Beginn des Planungszeitraumes t=0 ließe sich dann wie folgt bestimmen

$$(4.4) \quad z_j(0) = i(0)' + z_M(0) - i(0)' \beta_j.$$

Nimmt man an, daß sich $z_j(0)$ im Zeitverlauf nicht oder kaum ändert ($z_j(0) = z$[2]), dann hat die Unternehmensleitung damit einen Anhaltspunkt für ihren risikoäquivalenten Eigenkapitalkostensatz.

1) Für den amerikanischen Aktienmarkt wurden β-Koeffizienten bestimmt. Vgl. dazu z.B. Levy, Robert A., On the Short Stationary of Beta Coefficients, in: FAJ, Vol. 27, November-December 1971, S. 55-62. Uns sind für den deutschen Aktienmarkt entsprechende Werte bisher nicht bekannt.

2) Im folgenden betrachten wir immer nur den Eigenkapitalkostensatz einer Unternehmung und vernachlässigen deshalb den Index j.

Gegen diesen Vorschlag mag man einwenden, das Kapitalmarktmodell sei ein Einperiodenmodell und biete deshalb keine Basis zur Prognose von Kalkulationszinsfüßen für mehrperiodige Modelle. Wir sind uns dieser Problematik bewußt. Der hier vorgeschlagene Lösungsweg ist bestimmt nicht ideal, sondern lediglich ein Versuch, einen besseren als den willkürlich gegriffenen Kalkulationszinsfuß zu finden. Weiter kann eingewendet werden, die Unternehmensleitung verfüge nicht über die notwendigen Marktdaten und könne deshalb ihren Eigenkapitalkostensatz nicht bestimmen. Dies mag derzeit für deutsche Aktienmärkte zutreffen, ändert aber nichts an der prinzipiellen Möglichkeit, normative Entscheidungsmodelle zur unternehmerischen Investitions- und Finanzierungsplanung, die sich an den Interessen der Anteilseigner orientieren, durch empirisch bestätigte Ergebnisse über das Marktverhalten der Anteilseigner zu verbessern.[1)]

4213 Der Einfluß der Verschuldung auf den Eigenkapitalkostensatz

Bisher wurde bei der Ermittlung des Eigenkapitalkostensatzes davon ausgegangen, daß die betreffende Aktiengesellschaft unverschuldet ist. Es stellt sich die Frage, wie sich eine Verschuldung der Gesellschaft bzw. eine Veränderung der Verschuldung in den einzelnen Entscheidungsperioden auf den Eigenkapitalkostensatz auswirkt. Da unter den obigen Annahmen die Irrelevanzthese bezüglich der Finanzierungsentscheidungen nicht gilt, kann auch nicht davon ausgegangen werden, daß sich die Eigenkapitalkosten gemäß dem Modigliani-

1) Einen guten Überblick über die Verbindungsmöglichkeiten von Kapitalmarkt- und Investitionstheorie gibt Saelzle, Rainer, Kapitalmarktreaktionen bei Investitionsentscheidungen, in: Die Unternehmung. Schweizerische Zeitschrift für Betriebswirtschaftslehre, 30. Jg. (1976), S. 319-331.

Miller-Theorem verhalten, die bei gegebenen durchschnittlichen Kapital- und Fremdkapitalkosten stets eindeutig determiniert sind. Hier muß also die Frage erörtert werden, wie sich die Eigenkapitalkosten der Gesellschaft in Abhängigkeit der Verschuldung ändern. Um den Einfluß der von dem noch nicht determinierten Investitionsprogramm abhängigen Verschuldung in unserem Modell berücksichtigen zu können, benötigt die Unternehmensleitung zu Beginn des Planungszeitraumes Hypothesen über den Verlauf ihrer Eigenkapitalkosten bei verschiedenen Verschuldungsgraden.

Allgemein wird sich der Verlauf der Eigenkapitalkosten nicht angeben lassen. Es ist aber möglich, bestimmte generelle Anhaltspunkte über den Verlauf der Eigenkapitalkosten bei Fremdkapitalaufnahmen anzugeben. Da Anteilseigner bei einer Verschuldung der Gesellschaft wegen des steigenden Finanzierungsrisikos normalerweise eine höhere Rendite als z erwarten, wird der Eigenkapitalkostensatz einer verschuldeten Gesellschaft im Vergleich zu einer unverschuldeten ansteigen. Hinsichtlich der Eigenkapitalkosten k in Abhängigkeit des Verschuldungsgrades Q = F/E können grundsätzlich folgende noch nicht konkretisierte Kostenverläufe angenommen werden:

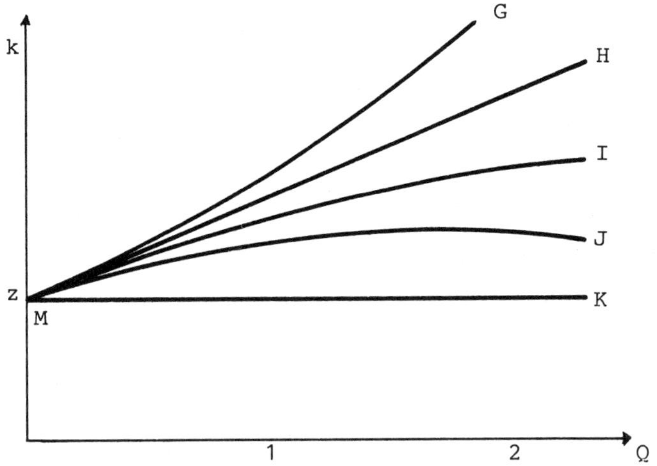

Abb. 4: Verschiedene Eigenkapitalkostenfunktionen

Anzunehmen ist, daß ein Einfluß der Verschuldung auf den Eigenkapitalkostensatz z besteht, was in empirischen Untersuchungen auch nachgewiesen werden konnte.[1)] Der Kurvenverlauf MK kann deshalb ausgeschlossen werden. Weiterhin ist es nicht plausibel, daß der von den Anteilseignern gegenüber z geforderte höhere Eigenkapitalkostensatz k ab einer gewissen Verschuldungshöhe sinken wird (Kurve MJ), da dies impliziert, daß Aktionäre einen mit höherem Finanzierungsrisiko belasteten Netto-Ausschüttungsstrom mit einem niedrigeren Kalkulationszinsfuß ^{k} bewerten als einen Strom, der ein geringeres Finanzierungsrisiko trägt.[2)] Es ist weiterhin wohl kaum zu erwarten, daß k mit wachsender Verschuldung überproportional steigt (Kurve MG), da bei relativ hoher Verschuldung die Fremdkapitalgeber am Geschäftsrisiko beteiligt sein werden. Aus diesem Grunde werden Anteilseigner in der Regel bei steigendem Verschuldungsgrad keine progressiv steigende Rendite fordern.

Die Kurvenverläufe MH und MI lassen sich dagegen nicht aufgrund solcher sachlogischen Überlegungen von vornherein ausschließen. Der Kurvenverlauf MI, der bei steigender Verschuldung mit einer abnehmenden Rate wächst, entspricht wohl am ehesten den realen Gegeben-

---

1) Vgl. dazu Barges, Alexander, The Effect of Capital Structure on the Cost of Capital. A Test and Evaluation of the Modigliani and Miller Propositions, Englewood Cliffs 1963, S. 40-76; Weston, Fred, A Test of Cost of Capital Propositions, in: SEJ, Vol. 30 (1963), S. 105-112; Wippern, Ronald F., Financial Structure and the Value of The Firm, in: JoF, Vol. 21 (1966), S. 615-633, wiederabgedruckt und ins Deutsche übersetzt, Finanzstruktur und Wert der Unternehmung, in: Die Finanzierung der Unternehmung, hrsg. von Herbert Hax und Helmut Laux, Köln 1975, S. 173-199.

2) Vgl. dazu Solomon, Ezra, Leverage and the Cost of Capital, in: JoF, Vol. 18 (1963), S. 273-279, hier S. 278.

heiten, da dadurch am ehesten berücksichtigt werden kann, daß die Anteilseigner nicht mehr alleine das Geschäftsrisiko tragen, sondern die Fremdkapitalgeber Teile davon mitübernehmen. Dieser Einfluß kann durch die Kurve MH nicht erfaßt werden. Die Kurvenverläufe MH und MI können durch folgende Polynome erster Ordnung bzw. zweiter Ordnung

(4.5) $k = z + c_1 Q, \qquad c_1 > 0,$

bzw.

(4.6) $k = z + c_2 Q + c_3 Q^2, \; c_2 > 0, \; c_3 < 0,$[1)]

beschrieben werden. Um in (4.6) keinen abnehmenden Verlauf der Eigenkapitalkostenkurve zuzulassen, muß gewährleistet sein, daß $Q \leq - \frac{c_2}{2c_3}$ gilt.

Die bisherigen Überlegungen beschreiben den Einfluß nur qualitativ und nicht quantitativ. Die Unternehmensleitung benötigt für ihre Entscheidungen aber konkrete Werte für die Koeffizienten c_1 bzw. c_2 und c_3 in (4.5) und (4.6). Für konkrete Investitions- und Finanzierungsentscheidungen schlagen wir deshalb vor, entsprechende Koeffizienten aufgrund von Marktdaten zu bestimmen. In den USA wurde in mehreren empirischen Untersuchungen aufgrund von Marktdaten der Verschuldungseinfluß auf die Kapitalkosten untersucht.[2)] Wippern hat in einer Querschnittsanalyse in sehr unterschiedlichen Industriezweigen[3)] und verschiedenen Jahren

---

1) Bezüglich der Koeffizienten c_2 und c_3 wird weiterhin unterstellt, daß $|c_3|$ nicht unerheblich größer als $|c_2|$ ist.

2) Vgl. dazu Fußnote 1), S. 111. Im folgenden werden wir nur von der Wippernschen Untersuchung ausgehen, da sie das neueste Datum aufweist. Die anderen Untersuchungen sind im Ergebnis ähnlich.

3) Vgl. Wippern, Ronald F., Finanzstruktur, S. 185. Folgende Industriezweige wurden der Analyse zugrunde gelegt: Nahrungsmittel-, Papier-, Arzneimittel-, Erdöl-, Gummi-, Behälterbau-, Maschinenbau-Industrie.

1956, 1958, 1961 und 1963, die jeweils durch unterschiedliche Konjunktur- und Kapitalmarktbedingungen gekennzeichnet waren, mit Hilfe von Regressionsanalysen nachgewiesen, daß ein signifikanter Einfluß des Verschuldungsgrades auf die Aktienrendite (= Eigenkapitalkosten) besteht.[1] Aufgrund dieser empirischen Ergebnisse wurde die Irrelevanzthese von Modigliani-Miller hinsichtlich unternehmerischer Finanzierungsentscheidungen nicht bestätigt. Als Beziehung zwischen Verschuldungsgrad und Eigenkapitalkosten ergab sich eine lineare Regressionsfunktion, die in fast allen Industriezweigen und Jahren eine geringere Steigung als die des Modigliani-Miller-Theorems aufwies.[2]

Auf die mit der statistischen Erhebung verbundenen Probleme hinsichtlich der geeigneten Maßgrößen für die Verschuldung soll hier nicht eingegangen werden. Die Ergebnisse von Wippern sind deshalb interessant, da sie Anhaltspunkte über den Einfluß des Verschuldungsumfanges auf die Eigenkapitalkosten geben können. So beträgt das Steigungsmaß für die Jahre 1956, 1958, 1961 und 1963 0.0126, 0.0148, 0.0066 bzw. 0.0204.[3] Betrachtet man die 4 Jahre gemeinsam, dann beträgt das Steigungsmaß 0.0179.

Diese Ergebnisse lassen sich zum einen nicht ohne weiteres auf deutsche Verhältnisse übertragen und müssen zum anderen anhand neuerer Daten überprüft werden. Solange diese Ergebnisse nicht aktualisiert und für deutsche Märkte bestätigt wurden, kann man sie wohl kaum für eine praktische Anwendung empfehlen. Als Ausweg bietet sich für konkrete Planungsmodelle eventuell an, mit verschiedenen Steigungsmaßnahmen in der Größenordnung zwischen 0.01 und 0.02 den Einfluß der Verschul-

1) Vgl. Wippern, Ronald F., Finanzstruktur, S. 188-189.

2) Nur 1963 ergab sich für die Papier-Industrie eine geringfügig höhere Steigung als bei Modigliani-Miller.

3) Wippern, Ronald, F., Finanzstruktur, S. 192-194.

dung auf den Eigenkapitalkostensatz mit Hilfe von Sensitivitätsanalysen zu untersuchen. Um der Tatsache Rechnung zu tragen, daß mit steigendem Verschuldungsgrad ein Teil des Geschäftsrisikos auf die Kreditgeber übergeht, kann man mit Hilfe der Funktion (4.6) eine im Vergleich zur linearen Funktion (4.5) geringfügige Degression im Risikozuschlag berücksichtigen.

Die partielle Abhängigkeit des Eigenkapitalkostensatzes einer verschuldeten Gesellschaft vom Verschuldungsgrad hat folgende zusätzliche Wirkungsweise:
Da Verschuldungsgrad von dem Marktwert des Eigenkapitals abhängt, wird dieser auch von der Risikoeinstellung der Anteilseigner bestimmt. Sind z.B. die Anteilseigner risikoscheu, dann ist der Marktwert des Eigenkapitals c.p. im Vergleich zu risikofreudigen Anteilseignern niedriger. Folglich ist der Quotient Q(t) tendenziell größer als bei risikofreudigen Anteilseignern. Dies bewirkt einen höheren Risikozuschlag im Falle der Verschuldung bei risikoscheuen Aktionären gegenüber risikofreudigen Aktionären, was auch in der Realität zu beobachten ist. Diese Überlegung gilt für risikofreudige Anteilseigner im umgekehrten Sinne.

Für unser mehrperiodiges Investitions- und Finanzplanungsmodell gehen wir davon aus, daß je nach dem, welcher Verlauf den realen Marktverhältnissen am ehesten entspricht, für jede Periode t die Eigenkapitalkostenfunktion gemäß (4.5) oder (4.6) gegeben ist und die jeweiligen Parameter zeitkonstant sind

(4.7) $k(t) = z + c_1 Q(t), \quad c_1 > 0,$

bzw.

(4.8) $k(t) = z + c_2 Q(t) + c_3 Q(t)^2, \; c_2 > 0, \; c_3 < 0.$

Da der Verschuldungsgrad $Q(t) = F(t)/E(t)$ in dem sequentiellen Entscheidungsmodell im Zeitverlauf nicht konstant ist, ändert sich auch der Kalkulationszinsfuß des Zielfunktionals (4.2). Dies führt, wie im nächsten Abschnitt gezeigt wird, zu erheblichen rechentechnischen Schwierigkeiten.

4214 Rechentechnische Schwierigkeiten bei der Berücksichtigung eines endogenen bestimmten Eigenkapitalkostensatzes

Da der Eigenkapitalkostensatz $k(t)$ gemäß (4.6) bzw. (4.7) von dem sich im Entscheidungsmodell erst ergebenden Verschuldungsgrad[1] abhängt, ist das Zielfunktional (4.2) nichtlinear. Die Diskontierung der erwarteten Netto-Ausschüttungen $NA(t)$, $t=0,\dots,T$, mit der endogenen Größe $k(t)$ bewirkt, daß die Netto-Ausschüttungen der Periode t durch einen Ausdruck dividiert werden, dessen Exponenten mit jeder Periode um einen ganzzahligen Wert wächst

$$(4.9) \quad \max_{g^*} K(0) = E\left[\sum_{t=0}^{T} \left(\frac{NA(t)}{\prod_{\tau=0}^{t} (1+k(\tau))} \right) \right].$$ [2]

Die Optimierung eines solchen Ausdruckes dürfte bereits in deterministischen Modellen kaum möglich sein, so daß dies für stochastische Modelle nahezu ausgeschlossen werden kann. Es muß deshalb nach Auswegen gesucht werden, die diese rechentechnischen Schwierigkeiten vermeiden.

Man könnte z.B. versuchen, anstelle eines Zuschlages zum Eigenkapitalkostensatz z einen äquivalenten Ab-

---

1) Die Zustandsgleichungen für Eigen- und Fremdkapital werden wir in Abschnitt 422 definieren.

2) Wir haben oben angenommen, daß die Unternehmung in T liquidiert wird und der Liquidationserlös gleich E(T) ist.

schlag von den erwarteten Netto-Ausschüttungen zu bilden. Diesen Abschlag könnte man dadurch bestimmen, daß man die Netto-Ausschüttungen NA(t) mit einem entsprechenden Faktor $\alpha(t)$ multipliziert. Die um das Finanzierungsrisiko bereinigten Netto-Ausschüttungen NA(t), t = 0,...,T, wären dann mit dem risikoäquivalenten Eigenkapitalkostensatz z bei Nichtverschuldung abzuzinsen. Dieser Ansatz wäre (4.9) dann äquivalent, wenn folgende Beziehung gelten würde

$$(4.10) \quad E\left[\sum_{t=0}^{T}\left(\frac{NA(t)}{\prod_{\tau=0}^{t}(1+k(\tau))}\right)\right] = E\left[\sum_{t=0}^{T}\left(\frac{\alpha(t)NA(t)}{(1+z)^{t}}\right)\right]$$

Selbst wenn man k(t), t = 1,...,T, kennen würde, wäre $\alpha(t)$, t = 0,...,T, aus Gleichung (4.11) nicht eindeutig zu bestimmen, da diese Gleichung unendlich viele Lösungen besitzt. Für unser Problem kommt noch hinzu, daß k(t), t = 0,...,T, eine endogene Variable des Modells ist und nicht von vornherein bekannt ist.

Dieser Ansatz kann also nicht zur Lösung der Diskontierung der Netto-Ausschüttungen mit einem variablen Zinsfuß herangezogen werden, da ein der Diskontierung äquivalenter Abschlag nicht bestimmt werden kann. Eine analytische Lösung dieses Problems ist also nicht möglich, so daß man gezwungen ist, Näherungsverfahren einzusetzen.

Um den Einfluß der Verschuldung auf den Marktwert des Eigenkapitals zu erfassen, schlagen wir ein Iterationsverfahren vor, das in mehreren Iterationsschritten diesen Einfluß berücksichtigt. Das Iterationsverfahren soll hier nur grob beschrieben werden, da Rechenverfahren zur Ermittlung der optimalen Strategie noch nicht bekannt sind. Eine detaillierte Beschreibung des Iterationsverfahrens wird in Kapitel 6 folgen. Um den Einfluß der Verschuldung auf den Kalkulationszinsfuß bei der Ermittlung der optimalen Strategie zu berücksichtigen, gehen wir wie folgt vor:

> Im ersten Iterationsschritt wird eine optimale Strategie[1] $\hat{g}$ durch Maximierung des Zielfunktionals (4.9) für den Eigenkapitalkostensatz z bei einem Verschuldungsgrad von Null ermittelt. Aufgrund der sich bei dieser Strategie ergebenden Erwartungswerte der Zustandsvariablen $E[Q(t)]$, $t = 0,...,T$,[2] kann durch Einsetzen dieser Erwartungswerte in (4.7) bzw. (4.8) ein Eigenkapitalkostensatz k(t) bestimmt werden. Die daraus resultierenden k(t)-Werte werden dann dem zweiten Iterationsschritt zugrunde gelegt. Der Iterationszyklus wird abgebrochen, wenn die optimale Strategie $\hat{g}$ in zwei aufeinanderfolgenden Schritten identisch ist bzw. in einem vorgegebenen Toleranzbereich liegt.[3]

Die Vorschläge zur Bestimmung des Eigenkapitalkostensatzes k(t) und zur Lösung der rechentechnischen Schwierigkeiten könnten den Schluß nahelegen, das Ziel Maximierung des Marktwertes des Eigenkapitals durch andere im Rahmen der Investitions- und Finanzierungstheorie diskutierten Zielfunktionen bzw. -funktionale zu ersetzen. So sind z.B. noch folgende Zielfunktionen denkbar: Maximierung des am Ende des Planungszeitraumes T ausschüttbaren Endvermögens an die Anteilseigner bei einem gegebenen Strom von Periodenausschüttungen oder Maximierung eines uniformen Ausschüttungsstromes für $t = 1,...,T$ bei einem gegebenem Mindest-Endvermögen.[4]

---

1) Dieser Lösungsvorschlag ist unabhängig davon, welche und wieviel Elemente die Menge der Entscheidungsvariable der Entscheidungsprozeß umfaßt.

2) Zur Ermittlung der Erwartungswerte $E[Q(t)]$ vgl. S. 186.

3) Zu dem zweiten Konvergenzkriterium, vgl. S. 186-187.

4) Vgl. u.a. Hax, Herbert, Investitionstheorie, S. 69-70.

Die Brauchbarkeit dieser Ziele für unser Entscheidungsmodell werden hier nicht untersucht.

422 Festlegung der Struktur des Entscheidungsprozesses

4221 Allgemeine Bemerkungen

Das sequentielle Entscheidungsmodell wird mit Hilfe der in Kapitel 3 allgemein entwickelten Darstellungsform dynamischer Modelle beschrieben. Die Zustandsvariablen des Entscheidungsprozesses werden durch ein stochastisches System von Differenzengleichungen beschrieben. Die im Modell berücksichtigten Investitionsbereiche bieten aus der Sicht der Unternehmensleitung unterschiedliche zufällige Periodengewinne, die von den in diesen Bereichen getätigten Netto-Investitionsbeträgen abhängen. Die Gesellschaft kann sich zum einen Geld von den alten Aktionären und zum anderen durch Kredite beschaffen, wobei im Modell lediglich zwischen kurz- und langfristigen Krediten unterschieden wird. Die zeitliche Entwicklung des Marktwertes des Eigenkapitals wird durch eine Zustandsgleichung beschrieben, die der Bewertungsgleichung des Zielfunktionals entspricht. Wir werden nun die Elemente des Modells beschreiben und die dabei auftretenden Probleme erörtern.

4222 Die Abbildung der Investitionsmöglichkeiten und die daraus resultierenden Gewinnerwartungen

Wie bereits in Abschnitt 244 angedeutet wurde, wollen wir weder von den Einzahlungsüberschüssen einzelner Investitionsprojekte noch von einer einzigen Gewinn-Investitions-Funktion, wie etwa im Elton-Gruber-Modell, ausgehen. Die Investitionsmöglichkeiten der Gesellschaft werden in dem Entscheidungsprozeß durch verschiedene Investitionsbereiche beschrieben, die sich in ihrer Gewinnwirkung unterscheiden. Das bedeutet, die in diesen Bereichen investierten Beträge bieten aus der Sicht der Unternehmensleitung unterschiedlich hohe und sichere Einzahlungsüberschüsse, die durch den in diesen Bereichen erwarteten Brutto-Gewinn gemessen werden. Die Sicherheit der jeweiligen Periodengewinne wird durch ihre Varianz und Kovarianzen berücksichtigt. Die Unterschiede hinsichtlich der erwarteten Gewinne in den einzelnen Investitionsbereichen können etwa dadurch bedingt sein, daß die in diesen Bereichen getätigten Investitionen verschieden lange Anlaufphasen haben, bis sie Gewinne erbringen werden. Aufgrund dieser Gewinnunterschiede werden im Modell einzelne Investitionsbereiche abgebildet, die jeweils durch eigene Gewinn-Investitions-Funktionen bzw. Gewinn-Möglichkeits-Funktionen gekennzeichnet sind.

Der erwartete Periodengewinn $\Delta G_j(t)$ in den Bereichen $j = 1,\dots,m$, wird jeweils durch folgende drei Determinanten charakterisiert:[1)]

(1) das Investitionsvolumen $I_j(t)$,

(2) die Rendite $r_j(t)$ und

(3) die Varianz $\sigma(G_j(t))^2$ sowie die Kovarianzen

$Cov(\Delta G_j(t), \Delta G_k(t))$, $k = 1,\dots,m;\ k=j$.

Die Kovarianzen erfassen die stochastischen Abhängigkeiten zwischen einem bestimmten Bereich j und den übrigen Bereichen $k = 1,\dots,m$. Lintner geht von solchen Gewinn-Möglichkeits-Funktionen aus, die jeweils eine effiziente Menge von Investitionen in dem Sinne darstellen, daß "...for each possible size of budget it gives the maximum expected return obtainable at each level of variance of return, and the minimum return on new invested funds."[2)] In dem hier entwickelten Entscheidungsmodell gehen wir davon aus,

---

1) Vgl. dazu Lintner, John, Optimal Dividends, S. 65-66.

2) Lintner, John, Optimal Dividends, S. 65-66.

daß für jeden Investitionsbereich eine effiziente Gewinn-Möglichkeits-Funktion gegeben ist. Die Bestimmung einer solchen Funktion ist Gegenstand einer vorgelagerten Planungsstufe, in der die sich bietenden Investitionsprojekte in effizienten Gewinn-Möglichkeits-Funktionen abgebildet werden.

Diese Annahme ist nicht unproblematisch, da vorab zur Formulierung der Investitionsfunktion geklärt werden muß, welche alternative Mittelbestände in den einzelnen Investitionsbereichen anzulegen sind. Da zwischen den Überschüssen der einzelnen Investitionsbereiche stochastische Abhängigkeiten bestehen, können die effizienten Investitionsfunktionen nicht isoliert bestimmt werden. Das bedeutet, in einer vorgelagerten Planungsstufe muß etwa mit Hilfe des Markowitz-Modells[1] versucht werden, für die jeweils möglichen Renditeerwartungen, die zugehörigen minimalen Kovarianz-Matrizen zu bestimmen. Auf die Ermittlung dieser effizienten Gewinn-Möglichkeits-Funktionen kann im Rahmen dieser Arbeit nicht eingegangen werden.

Außerdem unterstellen wir, daß sich der bis zum Zeitpunkt t angefallene Periodengewinn G(t) aus einem um die Gewinnsteuern gekürzten Betrag $G_j(0)$, der den Gewinn der bereits vor dem Planungszeitraum investierten Gegenstände erfaßt, und aus den stochastischen Periodengewinnen (Einzahlungsüberschüssen), die durch die Renditen der Netto-Investitionsbeträge in den einzelnen Perioden bestimmt werden, zusammensetzt. Zur Beschreibung einer solchen Beziehung kann man bspw. folgende Differenzengleichungen verwenden

$$(4.11)\quad G_j(t) = G_j(0) + (1-s(t))\left[\tilde{r}_j(1)I_j(1)+\dots+\tilde{r}_j(t)I_j(t)\right]$$

$$= G_j(t-1) + (1-s(t))(\tilde{r}_j(t)I_j(t)),\quad j=1,\dots,k \quad t=1,\dots,T$$

1) <u>Markowitz</u>, Harry, Portfolio Selection, New York 1959.

In den Gleichungen (4.11) bedeuten:
$G_j(t)$ der zufällige Gewinn der Periode t, $\tilde{r}_j(t)$ eine Zufallsvariable für die durchschnittliche Rendite im Investitionsbereich j und $I_j(t)$ der Netto-Investitionsbetrag des Bereiches j im Zeitpunkt t.

Die in (4.11) vorgeschlagene Abbildung der Gewinnerwartung beschreibt die Gewinnänderung als Produkt der Zufallsvariable $\tilde{r}_j(t)$ und des Netto-Investitionsvolumens $I_j(t)$. Die stetigen Zufallsvariablen $\tilde{r}_j(t)$, $j = 1,\ldots,k$, besitzen eine bestimmte Wahrscheinlichkeitsfunktion, die durch das erste und zweite Moment der Verteilung vollständig bzw. annähernd vollständig beschrieben ist. Sind die Renditen $\tilde{r}_j(t)$, $j = 1,\ldots,k$, z.B. gemeinsam normalverteilt, dann ist jede einzelne Rendite $\tilde{r}_j(t)$ normalverteilt, da auch jede Randverteilung einer gemeinsamen Normalverteilung wieder normalverteilt ist. Außerdem ist bei der linearen Beziehung (4.11) der erwartete Periodengewinn $G_j(t)$ wieder normalverteilt, da jede lineare Transformation einer Normalverteilung wieder normalverteilt ist.[1] Aufgrund dieser Annahme benötigt man in dem Entscheidungsmodell zur Berücksichtigung der ungewissen Rendite nur den Erwartungswert

$$(4.12) \quad E[\tilde{r}(t)], \qquad t = 1,\ldots,T,$$

und die Kovarianz-Matrix

$$(4.13) \quad V[\tilde{r}(t)] = E[\tilde{r}^*(t)\tilde{r}^*(t)'], \qquad t = 1,\ldots,T,$$

wobei $\tilde{r}(t) = (\tilde{r}_1(t),\ldots,\tilde{r}_m(t))$ und $\tilde{r}^*(t) = \tilde{r}(t) - E[\tilde{r}(t)]$ bedeuten. Die Renditen können im Zeitverlauf durchaus miteinander korreliert (= autokorreliert) sein, das bedeutet, $E[\tilde{r}^*(t)\tilde{r}^*(s)'] = \Gamma(t,s)$ für $t = s$. Wir werden

1) Vgl. dazu z.B. Schneeweiß, Hans, Ökonometrie, S. 346-347.

im folgenden aber aus Vereinfachungsgründen nur nicht autokorrelierte Prozesse betrachten.

Eine andere Abbildung der Gewinn-Möglichkeiten der Gesellschaft, die durchaus parallel zu (4.12) genutzt werden kann, wird durch die Gleichung

$$(4.14) \quad G_j(t) = G_j(0) + (1-s(t))\left[r_j(I_j(1),A_j(0))+\ldots+ r_j(I_j(t),A_j(t-1))I_j(t)+v_j(t)\ldots+v_j(1)\right]$$

$$= G_j(t-1) + (1-s(t))(r_j(I_j(t),A_j(t-1)) + v_j(t), \qquad j = k+1,\ldots,m \quad t = 1,\ldots,T.$$

Die Renditefunktion $r(I_j(t),A_j(t-1))$ ist deterministisch. Sie hängt sowohl von $I_j(t)$ als auch von den bis zum Zeitpunkt in t insgesamt getätigten Netto-Investitionsbeträgen $A_j(t-1)$ ab. Die Variable $v_j(t)$ ist eine Zufallsvariable, die den deterministischen Teil von (4.14) stört. Bringt man $G_j(t-1)$ in den Gleichungen (4.11) und (4.14) jeweils auf die linke Seite, dann sieht man sofort, daß der Periodengewinn $\Delta G_j(t) = G_j(t) - G_j(t-1)$ von der jeweiligen durchschnittlichen Rendite $\tilde{r}_j(t)$ bzw. $r_j(I_j(t),A_j(t-1))$ und dem zugehörigen Investitionsvolumen $I_j(t)$ abhängt. Beide Typen von Gewinn-Möglichkeits-Funktionen erlauben die Abbildung zufälliger Periodengewinne in verschiedenen Investitionsbereichen, wobei die Investitionsbeträge $I_j(t)$, $j = 1,\ldots,m$, in jeder Periode t von der Unternehmensleitung optimal festzulegen sind. Sie stellen einen Teil der Komponenten des Entscheidungsvektors dar.

Mit Hilfe dieses Konzeptes lassen sich recht einfach bestimmte Erwartungen bezüglich der Verzinsung von Investitionen in den einzelnen Investitionsbereichen berücksichtigen. Zur praktischen Anwendung benötigt man nicht unbedingt Kenntnis über die gemeinsame Normalverteilung der Renditegrößen $\tilde{r}(t)$, sondern lediglich Angaben über Erwartungswerte und Varianzen der einzelnen Renditegrößen sowie über die Korrelationskoeffizienten zwischen den Renditen der verschiedenen Investitionsbereiche. Mit Hilfe der Korrelationskoeffizienten und den entsprechenden Varianzen können dann die Elemente der Kovarianz-Matrix bestimmt werden.

Verwendet man (4.14) zur Abbildung der erwarteten Periodengewinne $\Delta G_j(t)$, dann hat dies den Vorteil, daß die durchschnittliche Rendite $r_j'(I_j(t), A_j(t-1))$ noch von weiteren Modellgrößen, wie etwa dem kumulierten Netto-Investitionsvolumen $A_j(t-1)$ abhängen kann. Durch die stetige stochastische Variable $v_j(t)$ wird $G_j(t)$ ebenfalls zu einer stetigen stochastischen Variable, die im Vergleich zu (4.12) lediglich durch einen anderen stochastischen Prozeß erzeugt wird. Diese in der Ökonometrie übliche Darstellungsform von stochastischen Prozessen findet man auch verschiedentlich in betriebswirtschaftlichen Modellen.[1)]

Zunächst wollen wir die Eigenschaften der Renditefunktion $r_j(I_j(t), A_j(t-1)) = r_j$ näher untersuchen. Die Renditefunktion besitzt grundsätzlich abnehmende Ertragszuwächse, d.h. es gilt

---

1) Diese Modelle werden im Rahmen der Portefeuille-Theorie als sogenannte Index-Modelle bezeichnet. Vgl. Sharpe, William F., Portfolio Theory, S. 117-140, oder z.B. im Rahmen der Produktions- und Investitionsplanung, vgl. Peters, Lutz, Simultane Produktions-Investitionsplanung mit Hilfe der Portfolio Selection. Diversifikation des Produktionsprogramms industrieller Unternehmungen als Mittel zur Streuung des Risikos im Investitionsprogramm, Berlin 1971, S. 77-85. Lintner, (John, Optimal Dividends, S. 66-67 und S. 77) wählt bei seinem einfachen und komplizierten Modell ebenfalls einen additiven, normalverteilten Störprozeß. Den gleichen Weg beschreitet Baetge, (Jörg, Betriebswirtschaftliche Systemtheorie, S. 114-117) bei seinen Produktions-Lagerhaltungs- und Preispolitik-Modellen.

$$\frac{\partial r_j}{\partial I_j} > 0, \quad \frac{\partial r_j}{\partial A_j} > 0$$

und die Matrix

$$\begin{pmatrix} \frac{\partial^2 r_j}{\partial I_j^2} & \frac{\partial^2 r_j}{\partial I_j \partial A_j} \\ \frac{\partial^2 r_j}{\partial A_j \partial I_j} & \frac{\partial^2 r_j}{\partial A_j^2} \end{pmatrix} \quad \text{ist negativ-definit.}$$

Diese Renditefunktion besitzt außerdem noch folgende Eigenschaft: Die Abnahme der durchschnittlichen Rendite bei Erhöhung von $I_j(t)$ und $A_j(t-1)$ hängt nicht nur vom Investitionsvolumen, sondern auch von der Höhe des bereits getätigten Investitionsvolumens $A_j(t-1)$ im Bereich j ab. Dadurch wird berücksichtigt, daß sich mit einem wachsenden $A_j(t-1)$ unter Umständen zusätzliche Investitionsmöglichkeiten eröffnen können. Lintner bezeichnet diesen Einfluß, den er mit Hilfe der kumulierten Vermögensgegenstände $A_j(t-1)$ mißt, als "induced profitability".[1] Der Einfluß der "induced profitability" kann z.B. dadurch berücksichtigt werden, daß man die durchschnittliche Rendite eines Investitionsbereiches als lineare Funktion der Wachstumsrate des dort investierten Vermögensbestandes $I_j(t)/A_j(t-1)$ definiert.[2]

---

1) Lintner, John, Optimal Dividends, S. 57. Ähnlich argumentieren Lerner, Eugene M., Carleton, Willard T., A Theory, S. 84-85 und Lesourne, Jacques, The Optimal Growth of the Firm in a Growing Environment, in: JoET, Vol. (13) 1976, S. 118-137, hier S. 118-119.

2) Eine solche Renditefunktion wird bspw. von Carleton (Willard T., Longe Range Financial Planning, S. 301-302) für ein lineares Planungsmodell vorgeschlagen. Er kann aber wegen der Beschränkung auf lineare Beziehungen r_j nur als eine Konstante annehmen.

$$(4.15)\quad r_j(I_j(t),A_j(t-1))=b_{1j}(t) + b_{2j}(t)\frac{I_j(t)}{A_j(t-1)}$$

$j = k+1,\ldots,m$

$t = 1,\ldots,T.$

Für die bekannten Koeffizienten gilt $b_{1j}(t) > 0$ und $b_{2j}(t) < 0$. Graphisch läßt sich dieser Zusammenhang für einen bestimmten Zeitpunkt und ein konstantes $A_j(t-1)$ wie folgt darstellen

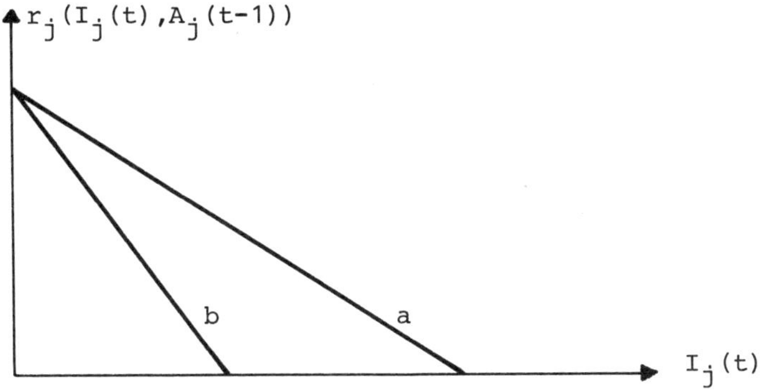

Abb. 5: Die durchschnittliche (a) und marginale (b) interne Rendite

Da sich in (4.15) $A_j(t-1)$ und $I_j(t)$ im Zeitverlauf ändern, beschreibt die jeweilige Renditefunktion eine zeitvariable Wachstumsrate der Vermögensgegenstände des jeweiligen Investitionsbereiches.

Verwendet man z.B. die Renditefunktion (4.15), so erhält man den Periodengewinn $\Delta G_j(t)$ durch Einsetzen von (4.15) in (4.14)

$$(4.16)\quad G_j(t) = G_j(t-1) + (1-s(t))\left[(b_{1j}(t) + b_{2j}(t)\ \frac{I_j(t)}{A_j(t-1)}\right]I_j(t) + v_j(t),$$

$j = k+1,\ldots,m,$

$t = 1,\ldots,T.$

Für die stochastische Störvariable $v_j(t)$ wird in der Regel eine Normalverteilung unterstellt. Dadurch wird $G_j(t)$ ebenfalls zu einer stochastischen Variablen. Da der deterministische Teil von (4.16) nichtlinear ist, kann $G_j(t)$ nicht mehr durch eine Normalverteilung beschrieben werden, da eine Normalverteilung nur linear transformierbar ist. Die Variablen $v_j(t)$, $j = k+1,...,m$, der verschiedenen Investitionsbereiche können sowohl mit den Variablen $v_j(t)$, $i = j$, als auch mit den Variablen $v_j(s)$, $s < t$, korreliert sein. Mit Hilfe der autokorrelierten Störvariablen lassen sich demnach stochastische Abhängigkeiten der kumulierten Gewinne $G_j(t)$ und $G_j(s)$, $s < t$, erfassen.[1] Im folgenden werden wir auch bei dieser Form der Gewinn-Möglichkeits-Funktion stets von stochastischen Prozessen mit nicht-autokorrelierten Störvariablen $v_j(t)$ ausgehen.

Faßt man die Störvariablen $v_j(t)$, $j = k+1,...,m$, in einem m-Vektor $v(t)$ zusammen, dann wird die Wahrscheinlichkeitsfunktion von $v(t)$ vollständig bzw. approximativ durch ihren Erwartungswert und ihre Kovarianzmatrix beschrieben

(4.17) $E[v(t)] = \bar{v}(t) = 0,$[2] $\quad t = 1,...,T,$

bzw.

(4.18) $E[v^*(t)v^*(s)'] = \begin{cases} V[v(t)], & \text{für } t = s, \\ 0\ , & \text{für } t \neq s, \end{cases}$

wobei $v^*(t) = v(t) - \bar{v}(t)$.

Bisher sind wir in (4.11) und (4.14) davon ausgegangen, daß das Netto-Investitionsvolumen $I_j(t)$ der Periode t, das jeweils zu Beginn der Periode festgelegt wird, auf den Gewinn $\Delta G_j(t)$ voll durchschlägt. Dies entspricht wohl in den seltensten Fällen realen Situationen. Es

---

1) Zur Berücksichtigung von autokorrelierten Variablen in stochastisch gestörten Modellen vgl. Chow, Gregory C., Analysis and Control, S. 61-63.

2) Der Erwartungswert $\bar{v}(t) = 0$ erhält man für jede beliebige Verteilung durch eine lineare Transformation.

ist realistischer, anzunehmen, daß das in Periode t getätigte Investitionsvolumen erst nach einer gewissen Anlaufphase gewinnwirksam wird. Der durch $I_j(t)$ induzierte unsichere Gewinn wird häufig in den unmittelbar nach t liegenden Perioden sehr gering oder auch negativ sein und erst in späteren Perioden sein höchstes Niveau erreichen. Diese zeitliche Entwicklung des Gewinnverlaufs kann recht gut mit Hilfe von Differenzengleichungen höherer Ordnung abgebildet werden. Dazu werden stochastische Differenzengleichungen mit additiven Störvariablen (4.14) verwendet. Benutzt man zur Beschreibung von Gewinnerwartungen Gleichung (4.11), dann ist es von Vorteil, wenn man auch Differenzengleichungen höherer Ordnung mit stochastischen Parametern heranziehen kann. Allerdings bedient man sich bei deren Verwendung eines mathematisch höchst komplizierten Instrumentariums, das insbesondere bei der Optimierung große Probleme bereitet.[1)]

Eine zeitliche Verzögerung in der Gewinnentwicklung kann z.B. durch folgende Differenzengleichung höherer Ordnung beschrieben werden

$$(4.19)\quad r_j(I_j(t),A_j(t-1)) = b_{1j}(t)+b_{2j}(t)\,\frac{I_j(t)}{A_j(t-1)} + b_3(t)\,\frac{I_j(t-1)}{A_j(t-2)} + \ldots + \ldots + b_{nj}(t)\,\frac{I_j(t-n-2)}{A_j(t-n-1)},$$

$$j = k+1,\ldots,m,$$

$$t = 1,\ldots,T.$$

---

1) Vgl. dazu Chow, Gregory C., Analysis and Control, S. 232-243.

Der Index n gibt die maximale Ordnung der Differenzengleichung (4.19) an, wobei durchaus Koeffizienten $b_{ij}(t)$, $i < n$, Null sein können. Welche Ordnung in praktischen Anwendungsfällen zu wählen ist, kann nicht allgemein angegeben werden. Verwendet man zur Schätzung der Koeffizienten $b_{ij}(t)$, $i = 1,\ldots,n$, $j = k+1,\ldots,m$, etwa vergangene Gewinne, dann wird dies durch die Güte dieser Schätzung bestimmt.[1]

Der erwartete Gewinn $G_j(t)$ ergibt sich bei einer Renditefunktion gemäß (4.19) wie folgt

$$(4.20)\quad G_j(t) = G_j(t-1) + \{b_{1j}(t) + b_{2j}(t)\,\frac{I_j(t)}{A_j(t-1)} + \ldots + b_{nj}(t)\,\frac{I_j(t-n-2)}{A_j(t-n-1)}\}\,I_j(t) + v_j(t),$$

$$j = k+1,\ldots,m,$$

$$t = 1,\ldots,T.$$

Damit hängt Gewinn $G_j(t)$ auch von den vergangenen Netto-Investitionsvolumina und den jeweiligen kumulierten Vermögensgegenständen ab.

Für die weiteren Überlegungen gehen wir davon aus, daß die Unternehmensleitung bei ihrer Planung von insgesamt $j = 1,\ldots,m$ Investitionsbereichen ausgeht, in denen die erwarteten Gewinne entweder durch Differenzengleichungen des Typs (4.11) oder (4.14) abgebildet werden. Aufgabe des sequentiellen Entscheidungsmodells ist es dann, die Entscheidungsvariablen $I_j(t)$, $j = 1,\ldots,m$, neben anderen noch zu definierenden Entscheidungsvariablen, in jeder Periode t unter Berücksichtigung der jeweils tatsächlich eingetretenen Zustandsvariablen so festzule-

---

1) Zur Schätzung solcher Differenzengleichungen höherer Ordnung vgl. z.B. Box, George E.P., Jenkins, Gwilym, M., Time Series Analysis Forecasting and Control, San Francisco 1970, S. 204-284.

gen, daß das Zielfunktional (4.9) maximiert wird.

4223 Die Abbildung von Fremdfinanzierungsmöglichkeiten

42231 Allgemeine Probleme hinsichtlich Fremdfinanzierungsmaßnahmen

Auf einem vollkommenen Kapitalmarkt stellt sich weder ein Problem hinsichtlich Eigen- oder Fremdfinanzierungsentscheidungen noch das Problem der Strukturierung verschiedener Fremdkapitalformen. Elton-Gruber[1] gehen zwar wegen der begrenzten Fremdkapitalaufnahme von einem unvollkommenen Kapitalmarkt aus, doch haben sie kein Strukturierungsproblem, da bis zur Erreichung der Verschuldungsgrenze stets Kredite zum einheitlichen Marktzinssatz beschafft werden können. Der Grad der Marktunvollkommenheit hinsichtlich der Fremdfinanzierungsmöglichkeiten ist im Elton-Gruber-Modell sehr gering.

In unserem Modell wird die Unvollkommenheit des Kapitalmarktes hinsichtlich der Fremdfinanzierungsmöglichkeiten dadurch berücksichtigt, daß zum einen am Markt für kurz- und langfristige Kredite unterschiedliche Zinssätze gezahlt werden und zum anderen die Kreditgeber die Kreditvergabe an Unternehmen von dem bereits erreichten Verschuldungsgrad abhängig machen werden. Die Kreditgeber werden der Gesellschaft bei steigender Verschuldung nur dann weitere Kredite gewähren, wenn sie eine zusätzliche Risikoprämie im Vergleich zu den Marktzinssätzen für entsprechende Gläubigeranteile erhalten werden. Die Kreditgeber werden deshalb eine Risikoprämie fordern, da sie ab einem bestimmten Verschuldungsumfang am Geschäftsrisiko der Gesellschaft partizipieren. Es wird unterstellt, daß die Prämie für das von den Gläubigern zu tragende Geschäftsrisiko vom Ver-

1) Vgl. dazu S. 11.

schuldungsumfang der jeweiligen Gesellschaft abhängt und mit steigendem Verschuldungsgrad ebenfalls ansteigt. Die Abhängigkeit des Kreditzinssatzes vom Verschuldungsgrad berücksichtigt lediglich den Teil des Geschäftsrisikos, den die Gläubiger bei einer Kreditvergabe an die betreffende Gesellschaft zusätzlich zum Marktzinssatz zu tragen haben, nicht aber die übrigen marktabhängigen Determinanten des Kreditzinssatzes.

Der Kreditzinssatz wird auf dem Kapitalmarkt durch Angebot und Nachfrage bestimmt. Er läßt sich als ein interner Zinsfuß auffassen, bei dem der Barwert der künftigen erwarteten Netto-Ausschüttungen gleich dem jeweiligen Marktwert des Wertpapieres ist.[1] Der Zinssatz für Kredite hängt aber nicht nur vom Marktpreis des festverzinslichen Wertpapieres und dessen Laufzeit ab, sondern auch vom Zinsänderungsrisiko, Kündigungsrisiko und den Transaktionskosten der verschiedenen Kreditformen.[2] Diese Determinanten sind für unsere Arbeit insofern von Bedeutung, als sie Aufschlüsse über unterschiedliche Kreditformen und deren Zinssätze am Markt geben, die insbesondere für die Planung von Finanzierungsmaßnahmen einer Gesellschaft zu beachten sind. So lassen sich etwa aufgrund des Zinsänderungsrisikos, das eine Hauptdeterminante des Kreditzinssatzes darstellt,[3] am Kapitalmarkt unterschiedliche Zinssätze für kurz- und langfristige[4] Kredite beobachten.

Die Laufzeit eines festverzinslichen Wertpapieres ist ein wichtiger Bestimmungsfaktor für die Anlageentscheidung eines Investors, da durch sie das Zinsänderungs-

---

1) Vgl. dazu Van Horne, James C., Function and Analysis of Capital Market Rates, Englewood Cliffs 1970, S. 35.

2) Vgl. dazu Swoboda, Peter, Finanzierungstheorie, S. 88-92.

3) Vgl. dazu Van Horne, James C., Function and Analysis, S. 73-74.

4) Wir bezeichnen mit langfristig solche Anlagemöglichkeiten, die mehr als ein Jahr Laufzeit haben.

risiko bestimmt wird. Grundsätzlich lassen sich am Kapitalmarkt hinsichtlich kurz- und langfristigen festverzinslichen Anlagemöglichkeiten folgende Präferenzen der Gläubiger und Schuldner beobachten.[1] Die Gläubiger werden wegen des Zinsänderungsrisikos in der Regel kurzfristige Anlagen präferieren, während sich eine kreditsuchende Gesellschaft eher langfristig verschulden will, um das Risiko zu verringern, den relativ hohen Zins- und Tilgungszahlungen nicht nachkommen zu können. Demzufolge müssen die Schuldner von langfristigen (festverzinslichen) Wertpapieren eine zusätzliche Prämie zu dem Zinssatz für kurzfristige Papiere bieten, damit die Anleger bereit sind, langfristige Papiere zu kaufen. Aus diesem Grunde wird der Kreditzinssatz für langfristige Titel meist über dem Zinssatz für kurzfristige liegen. Man bezeichnet diesen Zusammenhang auch als Theorie der Risikoaversion.[2] Diese Theorie konnte in

---

1) "The longer the maturity of the security, the greater the risk of fluctuation in value of principal to the investor. Because of this greater risk, investors are said to prefer to lend short. Borrowers, however, are said to prefer to borrow long in order to reduce the risk of inability to meet principal payments. Because of this "constitutional weakness" on the long side, a risk, or liquidity, premium must be offered to induce investors to purchase long-term securities. This premium is over and above the average ot the current short rate and expected future short rates." Van Horne, James, C., Function and Analysis, S. 73.

2) Vgl. Swoboda, Peter, Finanzierungstheorie, S. 90. Neben der Theorie der Risikoaversion gibt es noch die sogenannte "expectation theory", die besagt, daß der Zinssatz für langfristige Papiere am Kapitalmarkt gleich dem des erwarteten internen Zinsfußes für kurzfristige Papiere während der Laufzeit der langfristigen Papiere ist. Ebenda, S. 90. Aufgrund dieser Theorie läßt sich kein eindeutiges Verhältnis zwischen dem Zinssatz für kurz- und langfristige Papiere angeben. Der Zinssatz für langfristige Papiere hängt dann von der Erwartung der künftigen Zinsentwicklung für kurzfristige Papiere am Kapitalmarkt ab. Der empirische Gehalt dieser Theorie ist wesentlich geringer als der der Risikoaversionstheorie.

mehreren amerikanischen Untersuchungen bestätigt werden.[1] Allerdings ist der Kreditzinssatz nicht nur vom Zinsänderungsrisiko, sondern auch vom Kündigungsrisiko, das je nach Kündigungsmöglichkeit des Kredites entweder vom Gläubiger oder Schuldner zu tragen ist, und von den Transaktionskosten abhängig. Doch existieren zu den beiden letztgenannten Einflußfaktoren keine vergleichbaren Theorien wie etwa beim Zinsänderungsrisiko.[2]

Bevor auf mögliche Kostenverläufe von Fremdfinanzierungsmaßnahmen eingegangen wird, ist zu kären, wie die einzelnen Maßnahmen in einem langfristigen Planungsmodell zweckmäßigerweise abgebildet werden können. Die Abbildung jedes einzelnen Fremdfinanzierungsprojektes erscheint wenig sinnvoll, da der Entscheidungsträger zu Beginn des Planungszeitraumes die sich in den späteren Perioden möglicherweise bietenden Projekte nur sehr unvollkommen abschätzen kann. Modelle, die z.B. die einzelnen Projekte oder auch Bündel von Einzelprojekten in einem linearen (bzw. nichtlinearen) Programmierungsmodell erfassen und zu Beginn des Planungszeitraumes endgültig festlegen, erfordern für jedes Finanzierungsprojekte die Angabe der Ein- und Auszahlungsbeträge sowie eine strikte Begrenzung des jeweiligen Volumens des betreffenden Projektes. Der Kreditspielraum ist damit zu Beginn des Planungszeitraumes eindeutig festgelegt. Ein Ausnutzen des bei unsicheren Erwartungen heute noch gar nicht abzuschätzenden Kreditpotentials ist im Rahmen solcher nicht-sequentieller Modelle nicht möglich.

Ein anderes Extrem der Abbildung von "Finanzierungsmaßnahmen" besteht darin, nicht nach einzelnen Finanzie-

1) Vgl. dazu Van Horne, James C., Function and Analysis, S. 87-98.

2) Vgl. dazu Swoboda, Peter, Finanzierungstheorie, S. 91-92.

rungsprojekten zu unterscheiden, sondern sämtliche Fremdfinanzierungsprojekte in einer einzigen Größe, wie z.B. im Elton-Gruber-Modell, zu aggregieren. Ein solches Modell erfaßt dann keine Unterschiede hinsichtlich der Laufzeit und der Rückzahlungsbedingungen von Krediten. Sie legen lediglich den aufzunehmenden Fremdkapitalbetrag fest, wobei die Zusammensetzung dieses Betrages noch völlig offen ist. Die Aggregation der möglichen Finanzierungsmaßnahmen in einer einzigen Größe bietet zwar ein Höchstmaß an Elastizität in der Auswahl einzelner Finanzierungsmaßnahmen und im Ausnutzen der sich bietenden Kreditspielräume, doch trägt dieses Konzept nicht den Unterschieden hinsichtlich der Zinssätze für kurz- und langfristige Papiere am Kapitalmarkt Rechnung. Diese Zinsunterschiede stellt aber die Unternehmensleitung gerade vor das Problem, wie sie das Fremdkapital zwischen kurz- und langfristigen Krediten strukturieren soll.

Eine Planung einzelner Finanzierungsmaßnahmen erscheint dagegen auch nicht sinnvoll, da die Unternehmensleitung bei unsicheren Erwartungen und einem mehrperiodigen Planungszeitraum diese nicht voraussehen kann. Wir werden deshalb in unserem langfristigen Planungsmodell lediglich eine Unterteilung in kurz- und langfristige Kredite vornehmen. Die Zusammensetzung der in jeder Periode benötigten Kreditbeträge wird in diesem Modell nicht bestimmt. Die Lösung dieses Problems ist Aufgabe einer nachfolgenden Detailplanung, die hier ausgeklammert wird.

42232 Die Abbildung kurz- und langfristiger Kredite mit den zugehörigen Kosten im Entscheidungsmodell

Bei der Berücksichtigung der Fremdfinanzierungsmaßnahmen in unserem sequentiellen Entscheidungsmodell werden folgende Annahmen gesetzt:

1. Die Aktiengesellschaft unterscheidet bei ihrer langfristigen Planung nur zwischen kurz- und langfristigen Fremdfinanzierungsmöglichkeiten. Die beiden Finanzierungsformen sind nicht in einzelne Kredite untergliedert. Das Modell erfaßt in jeder Periode t lediglich den Bestand an kurzfristigen Krediten $F_1(t)$ und den an langfristigen Krediten $F_2(t)$. Der in jeder Periode t aufzunehmende Betrag an kurz- und langfristigen Mitteln wird mit $FA_1(t)$ und $FA_2(t)$ bezeichnet.

2. Die zeitliche Verfügbarkeit der kurz- und langfristigen Kredite wird durch eine durchschnittliche "Laufzeit" $\hat{r}_1$ bzw. $\hat{r}_2$ angegeben. Das bedeutet, die von der Gesellschaft in Anspruch genommenen kurzfristigen und langfristigen Kredite stehen im Durchschnitt nicht länger als $\hat{r}_1$ bzw. $\hat{r}_2$ Zeiteinheiten zur Verfügung. Bei kurzfristigen Krediten wird $\hat{r}_1$ in der Regel ein Jahr betragen, während der Zeitraum für langfristige Kredite ungefähr fünf bis zehn Jahre betragen kann. Die durchschnittliche Laufzeit dient im Modell lediglich dazu, den Rückzahlungsbetrag zu bestimmen. Es wird angenommen, daß die Gesellschaft in jeder Periode t mindestens den Anteil $1/\hat{r}_1$ bzw. $1/\hat{r}_2$ des Bestandes an kurz- und langfristigen Krediten $F_1(t-1)$ bzw. $F_2(t-1)$ zurückzahlt. Beträgt die durchschnittliche "Laufzeit" der kurzfristigen Kredite eine Periode, dann ist der Kreditbetrag $F_1(t-1)$ nach einer Periode vollständig zu tilgen.

3. Bei der Beschaffung von langfristigen Krediten (Emission von Anleihen) fallen Transaktionskosten (Emissionskosten) an, wobei die Transaktionskosten einen bestimmten Prozentsatz des Kreditbetrages ausmachen, der mit zunehmendem Kreditbetrag sinkt.[1)]

---

1) Vgl. dazu Malkiel, Bruton, The Term Structur of Interest Rates. Expectations an Behavior Patterns, Princeton 1966, S. 129-135; Van Horne, James C., Function and Analysis, S. 82.

Beschaffungskosten für kurzfristige Kredite fallen nicht an oder sind vernachlässigbar gering.

4. Die von der Gesellschaft insgesamt zu zahlenden Zinsen für kurz- und langfristige Kredite steigen mit zunehmendem Verschuldungsgrad an. Die Kreditgeber werden nämlich mit steigendem Verschuldungsgrad jeweils höhere Zinssätze im Vergleich zum Marktzinssatz für kurz- und langfristige Kredite verlangen, da der von ihnen zu tragende Teil des Geschäftsrisikos ansteigt. Dieser von den Kreditgebern zu tragende Teil des Geschäftsrisikos wird auch als Vergleichs- bzw. Konkursrisiko[1] bezeichnet.

5. Entscheidungsvariablen sind in jeder Periode t die jeweiligen Kreditaufnahmebeträge an kurz- und langfristigen Krediten $FA_1(t)$ bzw. $FA_2(t)$.

Der Bestand an kurz- und langfristigen Krediten wird in dem Entscheidungsmodell durch folgende Zustandsgleichungen beschrieben. Der in jeder Periode t, $t = 1,...,T$, von der Gesellschaft beanspruchte Bestand an kurz- und langfristigen Krediten $F_1(t)$ bzw. $F_2(t)$ ergibt sich als Anfangsbestand plus Erhöhung des jeweiligen Fremdkapitalbestandes $FA_1(t)$ bzw. $FA_2(t)$ minus Rückzahlungsbetrag der Periode t

$$(4.21) \quad F_1(t) = F_1(t-1) + FA_1(t) - \frac{1}{\hat{r}_1} F_1(t-1),$$

$$t = 1,...,T \text{ und } F_1(0) \text{ gegeben,}$$

bzw.

$$(4.22) \quad F_2(t) = F_2(t-1) + FA_2(t) - \frac{1}{\hat{r}_2} F_2(t-1),$$

$$t = 1,...,T \text{ und } F_2(0) \text{ gegeben.}$$

---

1) Vgl. Swoboda, Peter, Finanzierungstheorie, S. 44-46.

Die Entscheidungsvariablen $FA_1(t)$ und $FA_2(t)$ unterliegen in dem Modell keiner Bereichsbeschränkung und können unter Umständen auch negativ werden. Werden diese Entscheidungsvariablen negativ, dann bedeutet dies, daß neben dem jeweiligen Rückzahlungsbetrag $F_1(t-1)/\hat{r}_1$ bzw. $F_2(t-1)/\hat{r}_2$ weitere Kredite zu tilgen sind.

Zu der hier unterstellten Rückzahlungsregel ist anzumerken, daß sie bei Anwendung auf einen einzelnen Kredit mit einer Laufzeit von mehr als einer Periode wenig plausibel erscheint, da sich in einem solchen Fall, wie man durch Einsetzen für $FA_1(t) = FA_2(t) = 0$ in (4.21) bzw. (4.22) sieht, fallende Tilgungsraten ergeben. Die jeweilige Differenzengleichung erzeugt dann eine fallende geometrische Reihe, die bei einem begrenzten Planungszeitraum T am Ende einen noch nicht getilgten Restbetrag aufweist. Dieser Fehler läßt sich in diesem Modell nicht vermeiden, doch wirkt er sich dann nicht so stark aus, da $F_1(t)$ bzw. $F_2(t)$ nicht jeweils einen einzelnen Kredit darstellen. Außerdem besteht die Möglichkeit, durch entsprechende Variation der durchschnittlichen Laufzeit diese Degression der Tilgungsbeträge zu verhindern und durch annähernd konstante oder in späteren Perioden steigende Tilgungsbeträge zu ersetzen.

Die Zinsen für kurz- und langfristige Kredite, die die Gesellschaft zahlen muß, werden als kontinuierliche Funktion des Verschuldungsgrades $Q(t) = F(t)/E(t)$ der Gesellschaft angegeben, wobei F(t) die Summe des kurz- und langfristigen Fremdkapitals und E(t) der Marktwert des Eigenkapitals darstellen. Dies Abhängigkeit berücksichtigt die von den Gläubigern geforderte Prämie für den von ihnen zu tragenden Teil des Geschäftsrisikos. Der Verlauf der Funktion der Zinsen für kurz- und langfristige Kredite läßt sich nicht allgemein angeben.

Denkbar sind aber aufgrund der obigen Überlegungen folgende Verläufe: Der Zinssatz für kurzfristige Kredite wird, wie oben festgestellt wurde, wegen des Zinsänderungsrisikos bei einem Verschuldungsgrad von Null niedriger als derjenige für langfristige Kredite sein. Bei einem niedrigen Verschuldungsgrad werden deshalb die durchschnittlichen Zinskosten für beide Kreditformen konstant bleiben oder geringfügig ansteigen, da die Gläubiger erwarten, daß die Zins- und Tilgungsbeträge mit Sicherheit zurückgezahlt werden. Wird der Verschuldungsgrad der Gesellschaft weiter ansteigen, dann fordern die Gläubiger sowohl für kurz- als auch langfristige Kredite einen höheren Zinssatz, da sie dann am Geschäftsrisiko partizipieren. Die durchschnittlichen Zinskosten für kurz- und langfristige Kredite werden dann mit zunehmendem Verschuldungsgrad ansteigen. Außerdem kann angenommen werden, daß die Gläubiger kurzfristiger Kredite bei relativ hoher Verschuldung einen höheren Zins verlangen als diejenigen langfristiger Kredite, da die nach sehr kurzer Zeit fällig werdenden Zins- und Tilgungszahlungen kurzfristiger Kredite wegen des größeren Konkursrisikos dann stärker gefährdet sind als die langfristiger Kredite.

Sind z.B. die durchschnittlichen Zinskosten $d_1(t)$ und $d_2(t)$ für kurz- und langfristige Kredite eine lineare Funktion des Verschuldungsgrades $Q(t)$

(4.23) $d_1(t) = m_1(t) + c_4(t)Q(t), \; c_4(t) > 0, \; t = 1,\ldots,T$

bzw.

(4.24) $d_2(t) = m_2(t) + c_5(t)Q(t), \; c_5(t) > 0, \; t = 1,\ldots,T,$

dann ergeben sich folgende Zinskostenfunktionen für kurz- und langfristige Kredite

(4.25) $i_1(t) = (m_1(t) + c_4(t)Q(t))F_1(t), \qquad t = 1,\ldots,T$

bzw.

(4.26) $i_2(t) = (m_2(t) + c_5(t)Q(t))F_2(t), \qquad t = 1,\ldots,T.$

In den Gleichungen (4.23) - (4.26) bedeuten $m_1(t)$ und $m_2(t)$ die am Markt beobachtbaren Zinssätze für kurz- bzw. langfristige Kredite und $c_4(t)$ sowie $c_5(t)$ das Steigungsmaß der durchschnittlichen Zinskostenfunktion für kurz- und langfristige Kredite.

Die durchschnittlichen Transaktionskosten e(t) für langfristige Kredite werden in Prozent des jeweils aufzunehmenden Kreditbetrages $FA_2(t)$ bestimmt, wobei der entsprechende Anteil mit steigendem Kreditbetrag sinkt. Die entsprechende Funktion der gesamten Transaktionskosten kann dann etwa durch folgendes Polynom beschrieben werden

(4.27) $$e(t) = c_6(t)FA_2(t) + c_7(t)FA_2(t)^2, \quad c_6(t) > 0, \quad c_7(t) < 0, \quad t = 1,\dots,T.$$

Die Größen $c_6(t)$ und $c_7(t)$ bezeichnen die Parameter der Transaktionskosten-Funktion.

Die durch Fremdfinanzierung insgesamt entstehenden Kosten h(t) setzen sich demnach aus den Zinskosten für kurz- und langfristige Kredite $i_1(t)$ bzw. $i_2(t)$ und den Transaktionskosten e(t) zusammen

(4.28) $$h(t) = i_1(t) + i_2(t) + e(t), \qquad t = 1,\dots,T.$$

Damit sind die in unserem Modell berücksichtigten Determinanten der Fremdfinanzierung vollständig beschrieben. Aufgabe des Entscheidungsmodells ist es u.a., mit Hilfe der optimalen Strategie in jeder Periode t die jeweils aufzunehmenden kurz- und langfristigen Fremdkapitalbeträge $FA_1(t)$ und $FA_2(t)$ zu bestimmen. Die Entscheidung, wie die jeweiligen Kreditbeträge durch einzelne Kredite zu finanzieren sind, ist Gegenstand einer Detailplanung.

4224 Die zeitliche Entwicklung des Marktwertes des Eigenkapitals

Hinsichtlich der zeitlichen Entwicklung des Marktwertes des Eigenkapitals gilt die gleiche Bewertungsgleichung wie in der Zielfunktion. Der Marktwert des Eigenkapitals im Zeitpunkt t = O ergibt sich bei einem begrenzten Planungszeitraum als Barwert der erwarteten künftigen Netto-Ausschüttungen NA(t), t = O,...,T, die im Fall NA(t) > O Dividenden und im Fall NA(t) < O Kapitalerhöhungen darstellen, und als Barwert des erwarteten Marktwertes des Eigenkapitals am Ende des Planungszeitraumes T. Als Kalkulationszinsfuß wird der Eigenkapitalkostensatz, der auch vom Verschuldungsumfang der Gesellschaft abhängt, herangezogen. Für den Marktwert des Eigenkapitals zwischen zwei beliebigen Zeitpunkten t und t+1 gilt dann

$$(4.29) \quad E(t) = NA(t)(1+k(t))^{-1} + E(t+1)(1+k(t))^{-1}$$

Durch Umformung von (4.29) erhält man

$$(4.30) \quad E(t+1) = (1+k(t))E(t) - NA(t).$$

Die Differenzengleichung (4.30) beschreibt damit den Marktwert des Eigenkapitals für t = 1,...,T.

Als Kalkulationszinsfuß k(t) wird derjenige des Zielfunktionals unterstellt. k(t) berücksichtigt damit den Einfluß des Finanzierungsrisikos auf die Eigenkapitalkosten gemäß des in Abschnitt 4214 beschriebenen Iterationsverfahrens. Die Werte des Eigenkapitalkostensatzes k(t), t = 1,...,T, die mit Hilfe von (4.7) oder oder (4.8) bestimmt werden, werden für jeden Iterationsschritt gemäß dem Verschuldungsgrad des unmittelbar vorangegangenen Iterationsschrittes berechnet.

In der Differenzengleichung (4.30) wäre es ohne weiteres möglich, die jeweilige Eigenkapitalkostenfunktion (4.7) oder (4.8), analog dem Elton-Gruber-Modell, für k(t) einzusetzen. Dies würde jedoch bedeuten, daß man mit verschiedenen Kalkulationszinsfüßen in der Zielfunktion und in der entsprechenden Zustandsgleichung arbeiten würde.

4225 Die Berücksichtigung des finanziellen Gleichgewichts im Entscheidungsmodell

Das finanzielle Gleichgewicht wird in jeder Periode t dadurch gewahrt, daß die im Modell für finanzielle Dispositionen benötigten Mittel immer gleich den zur Verfügung stehenden Mitteln sein müssen. Das bedeutet, in jeder Periode t sind die erwarteten Einzahlungen gleich den erwarteten Auszahlungen. Die erwarteten Einzahlungen ergeben sich aus den Periodengewinnen der einzelnen Investitionsbereiche nach Steuern aber vor Zinsen $\Delta G_j(t)$, $j = 1,\ldots,m$, der Eigenkapitalerhöhung $NA(t) < 0$ und der kurz- und langfristigen Kreditaufnahme $FA_1(t)$ bzw. $FA_2(t)$. Die erwarteten Auszahlungen setzen sich wie folgt zusammen: aus den Netto-Investitionsbeträgen der einzelnen Investitionsbereiche $I_j(t)$, den Dividendenzahlungen $NA(t) > 0$, den Rückzahlunsbeträgen $F_1(t-1)/\hat{r}_1(t)$und $F_2(t-1)/\hat{r}_2(t)$ sowie den mit der Kreditaufnahme verbundenen Kosten h(t).

In jeder Periode t muß also die Bilanzgleichung

$$(4.31) \quad \sum_{j=1}^{m} \Delta G_j(t) + FA_1(t) + FA_2(t) = \sum_{j=1}^{m} I_j(t) + NA(t) +$$

$$\frac{1}{\hat{r}_1} F_1(t-1) + \frac{1}{\hat{r}_2} F_2(t-1) + (1-s(t))(i_1(t) + i_2(t)) + e(t)),$$

$$t = 1,\dots,T,$$

erfüllt sein. Der sich aufgrund der steuerlichen Abzugsfähigkeit ergebende Zinsbonus mindert nicht etwa die Zinszahlungen, wie dies in (4.31) den Anschein hat, sondern berücksichtigt nur die durch die Fremdfinanzierung verursachte Auszahlungsminderung.

Durch diese Bilanzgleichung wird der Fall der Illiquidität der Gesellschaft ausgeschlossen, da sich die Ein- und Auszahlungen trotz des unsicheren Periodengewinns in jedem Zeitpunkt t stets decken werden. Dem Konkurs- bzw. Vergleichsrisiko wird dadurch Rechnung getragen, daß die Kreditgeber mit steigender Verschuldung einen Zuschlag zum Kreditzinssatz fordern werden. Insofern ist die Einführung der Bilanzgleichung (4.31) nicht so restriktiv, wie das auf den ersten Blick erscheinen mag. Das Modell bietet außerdem die Möglichkeit, die Konkursgefahr aufgrund bestimmter Ergebnisse abzuschätzen.[1)]

43 Eine zusammenfassende Darstellung des stochastischen Entscheidungsprozesses

Das Modell wird durch folgende Differenzengleichungen für einen Planungszeitraum t = 0,1,...,T determiniert: Als Zielfunktional gilt, maximiere den Erwartungswert der Netto-Ausschüttungen an die Anteilseigner inklusive dem Marktwert des Eigenkapitals am Ende des Planungszeitraumes T. Als Kalkulationszinsfuß dient der Eigenkapitalkostensatz k(t), der sich aus der erwarteten Rendite der Aktie einer unverschuldeten Gesell-

1) Vgl. dazu die Ausführungen, S. 187-189.

schaft und einer zusätzlichen Prämie für das Finanzierungsrisiko zusammensetzt.[1] Der Einfluß der Verschuldung auf den Kalkulationszinsfuß muß allerdings aus rechentechnischen Gründen in jedem Iterationsschritt, in dem der sequentielle Entscheidungsprozeß vollständig gelöst wird, konstant gehalten werden. Durch wiederholte Lösung des Entscheidungsprozesses wird versucht, den Verschuldungseinfluß zu berücksichtigen.

Der Erwartungswert des Marktwertes des Eigenkapitals wird dadurch maximiert, daß mit Hilfe einer optimalen Strategie g^* in jeder Periode $t = 1,\dots,T$ die Netto-Investitionsvolumina und die kurz- und langfristige Kreditaufnahme, die in dem Entscheidungsvektor $u(t) = (I_1(t),\dots,I_m(t),FA_1(t),FA_2(t))$ zusammengefaßt werden, unter Berücksichtigung des jeweils eingetretenen Zustandsvektors $x(t-1) = (E(t-1),G_1(t-1),\dots,G_m(t-1), F_1(t-1),F_2(t-1),A(t-1))$ optimal festgelegt werden.

Das Zielfunktional lautet demnach wie folgt

$$(4.32)\quad \max_{g^*} = E_0\Big[\sum_{t=0}^{T} NA(t)(1+k(t))^{-t}\Big],$$

wobei E_0 einen bedingten Erwartungswert des Anfangszustandes $x(0)$ bezeichnet. Um nun eine Abhängigkeit des Zielfunktionals von dem Entscheidungsvektor $u(t)$ herzustellen, wird die Bilanzgleichung (4.31) nach $NA(t)$ aufgelöst und in (4.32) eingesetzt

$$(4.33)\quad \max_{g^*} = E_0\Big[\sum_{t=0}^{T}\Big\{\sum_{j=1}^{m}\big[G_j(t) - I_j(t)\big] + FA_1(t) + FA_2(t) - \frac{1}{\hat{r}_1}F_1(t-1) - \frac{1}{\hat{r}_2}F_2(t-1) - (1-s(t))(i_1(t) + i_2(t)) - e(t)\Big\}(1+k(t))^{-t} + E(T)(1+k(T))^{-T}\Big].$$

1) Vgl. dazu S. 106-109.

Die Zustandsgleichungen des Entscheidungsprozesses sind wie folgt definiert:

Der Marktwert des Eigenkapitals wird gemäß (4.30), wobei NA(t) durch die entsprechenden Werte der Bilanzgleichung (4.31) substituiert wird, durch folgende stochastische Differenzengleichung beschrieben

$$(4.34) \quad E(t) = (1+k(t))E(t-1) - \{ \sum_{j=1}^{m} [G_j(t) - I_j(t)] + FA_1(t) + FA_2(t) - \frac{1}{r_1} F_1(t-1) - \frac{1}{r_2} F_2(t-1) - (1-s(t))(i_1(t) + i_2(t)) - e(t)\}, \qquad t = 1,\ldots,T.$$

Die Gewinne im Zeitpunkt t werden entweder durch die Differenzengleichung (4.11) oder (4.16) beschrieben

$$(4.11) \quad G_j(t) = G_j(t-1) + (1-s(t))(\tilde{r}_j(t) I_j(t)), \qquad j = 1,\ldots,k; \quad t = 1,\ldots,T.$$

$$(4.16) \quad G_j(t) = G_j(t-1) + (1-s(t))\left[b_{1j}(t) + b_{2j}(t) \frac{I_j(t)}{A_j(t-1)}\right] I_j(t) + v_j(t), \qquad j = k+1,\ldots,m, \quad t = 1,\ldots,T.$$

Die Wahrscheinlichkeitsfunktionen der zufälligen Renditen $\tilde{r}_j(t)$ und der Störvariablen $v_j(t)$ werden jeweils durch die Erwartungswerte $E[\tilde{r}(t)]$ bzw. $E[v(t)]$ und die Kovarianz-Matrizen $V[\tilde{r}(t)]$ bzw. $V[v(t)]$ beschrieben.

Der Bestand an kurz- und langfristigen Krediten wird durch (4.21) bzw. (4.22) determiniert

$$(4.21)\quad F_1(t) = F_1(t-1) + FA_1(t) - \frac{1}{\hat{r}_1} F_1(t-1),$$
$$t = 1,...,T,$$

$$(4.22)\quad F_2(t) = F_2(t-1) + FA_2(t) - \frac{1}{\hat{r}_2} F_2(t-1),$$
$$t = 1,...,T.$$

Der Bestand der in den einzelnen Investitionsbereichen investierten Vermögensgegenstände $A_j(t)$ ergibt sich durch folgende Differenzengleichung

$$(4.35)\quad A_j(t) = A_j(t-1) + I_j(t),\qquad j = k+1,...,m$$
$$t = 1,...,T$$

Für diese Zustandsgleichungen sind jeweils bestimmte Anfangswerte $E(0), G_1(0), ..., G_m(0), F_1(0), F_2(0), A_{k+1}(0), ..., A_m(0)$ gegeben, die zu Beginn des Planungszeitraumes einzuhalten sind.

Folgende Größen des Zielfunktionals und der Zustandsgleichungen werden durch entsprechende Definitionsgleichungen substituiert, wobei die einzelnen Funktionstypen als Vorschläge zu verstehen sind, die jederzeit durch andere Funktionen ersetzt werden können. Für den Verschuldungsgrad gilt

$$(4.36)\quad Q(t) = \frac{F(t)}{E(t)}$$

und

$$(4.37)\quad F(t) = F_1(t) + F_2(t),\qquad t = 1,...,T.$$

Die Zinskosten für kurz- und langfristige Kredite betragen

$$(4.25)\quad i_1(t) = (m_1(t) + c_4(t)Q(t))F_1(t),\quad c_4(t) > 0$$
$$t = 1,...,T,$$

bzw.

$$(4.26)\quad i_2(t) = (m_2(t) + c_5(t)Q(t))F_2(t),\ c_5(t) > 0 \quad t = 1,\ldots,T.$$

Die Transaktionskosten für langfristige Kredite werden durch folgende Funktion approximiert

$$(4.27)\quad e(t) = c_6(t)FA_2(t) + c_7(t)FA_2(t)^2, c_6(t) > 0,\ c_7(t) < 0,\ t = 1,\ldots,T.$$

Neben diesen Definitionen ist die Eigenkapitalkostenfunktion k(t), zu berücksichtigen, die entweder durch

$$(4.7)\quad k(t) = z + c_1(t)Q(t),\ c_1(t) > 0,\ t = 1,\ldots,T$$

oder

$$(4.8)\quad k(t) = z + c_2(t)Q(t) + c_3(t)Q(t)^2,\ c_2(t) > 0,\ c_3(t) < 0,\ t = 1,\ldots,T,$$

beschrieben werden kann. Eine dieser Funktionen wird jeweils zur Bestimmung des Kalkulationszinsfußes k(t), t = 0,...,T, in den einzelnen Iterationsschritten verwendet.[1] z ist eine mit Hilfe der Kapitalmarkttheorie geschätzte Größe, die exogen für unser Modell vorgegeben wird.

Das hier entwickelte stochastische Modell mit stetig verteilten Zufallsvariablen zur langfristigen Planung von Investitions- und Finanzierungsentscheidungen umfaßt also mehrere Zustands- und Entscheidungsvariablen, die <u>nichtlinear</u> miteinander verknüpft sind. Dieser mehrdimensionale Entscheidungsprozeß ist nun so zu optimieren, daß der Entscheidungsvektor u(t), t = 1,...,T, erst nach Eintritt des unmittelbar vorausgegangenen

1) Vgl. dazu S. 186-187.

Zustandes x(t-1) bestimmt wird. Das folgende Kapitel beschäftigt sich mit Lösungsverfahren zur Ermittlung einer optimalen Strategie in nichtlinearen stochastischen Entscheidungsprozessen, die u(t) erst nach Eintritt von x(t-1) festlegt.

5 Verfahren zur Ermittlung der optimalen Strategie für nichtlineare stochastische Entscheidungsprozesse

51 Das Entscheidungsproblem

Der in Kapitel 4 entwickelte nichtlineare stochastische Entscheidungsprozeß zur Investitions- und Finanzplanung läßt sich im allgemeinen wie folgt charakterisieren:

Gesucht ist jene Strategie (Entscheidungsregel) g^*, die den Erwartungswert eines gegebenen intertemporal unabhängigen Zielfunktionals maximiert

$$(5.1) \quad \max_{g^*} E_o\left[\sum_{t=0}^{T} w(x(t))(1+q(t))^{-t}\right],$$

wobei folgendes System von nichtlinearen stochastischen Differenzengleichungen einzuhalten ist

$$(5.2) \quad x(t) = f(x(t),x(t-1),u(t),y(t),v(t)).$$

Der n-dimensionale Zustandsvektor $x(t)$ wurde gemäß der in Abschnitt 3313 beschriebenen Verfahren so erweitert, daß er sowohl den m-dimensionalen Entscheidungsvektor $u(t)$ als auch die verzögerten Zustands- und Entscheidungsvektoren enthält. Die deterministischen exogenen Variablen sind in einem q-Vektor $y(t)$ zusammengefaßt, während die stetig verteilten Zufallsvariablen, die entweder multiplikativ oder additiv mit den Zustands- und Entscheidungsvariablen verknüpft sein können, in den n-Vektor $v(t)$ enthalten sind. $f(.)$ ist eine n-dimensionale Vektorfunktion.

Im Zielfunktional (5.1) wird der Erwartungswert einer Summe von Funktionen bestimmter Variablen in verschiedenen Zeitpunkten gebildet. Dieses Zielfunktional macht damit keinen Unterschied in der Varianz der Summe aller Periodenbeiträge, d.h. zwei identische Summen gemäß (5.1), aber mit unterschiedlichen Varianzen für diese Summe, werden nach dem Zielfunktional als gleichwertig ausgewiesen. Wir wollen diese Tatsache an einem einfachen Beispiel, das wir von Chow[1] übernommen haben, verdeutlichen.

Der Planungszeitraum umfaßt 2 Perioden und die Zielfunktion hat in jeder Periode nur das Argument einer quadrierten Variablen x

(5.3) $$EW = E[x(1)^2 + x(2)^2].$$

Die Zustandsvariablen x(1) und x(2) sind Zufallsvariablen, die in jeder Periode nur die Werte 0 und 1 mit gleicher Wahrscheinlichkeit annehmen kann. Die Wahrscheinlichkeitsverteilung für x(2) ist unabhängig von der Verteilung für x(1). Der Erwartungswert EW beträgt 1 und setzt sich wie folgt zusammen: Mit einer Wahrscheinlichkeit von p = 0,25 beträgt die Summe x(1) + x(2) = 0, mit p = 0,5 und p = 0,25 ist sie 1 bzw. 2. Ein anderes Extrem der stochastischen Abhängigkeit zwischen den beiden Verteilungen besteht darin, daß die Verteilung von x(2) vollständig von derjenigen für x(1) abhängt. Die Zufallsvariablen x(1) und x(2) nehmen wiederum mit gleicher Wahrscheinlichkeit nur die Werte 0 und 1 an, wobei aber x(2) immer den gleichen Wert wie x(1) annimmt. Der Erwartungswert der Summe x(1) + x(2) ergibt sich dann aus dem Wert 0 mit p = 0,5 und dem Wert 2 mit p = 0,5 und beträgt ebenfalls 1. Die erste Verteilung wird aber im Vergleich zur zweiten, trotz der gleichen Erwartungswerte, in der Regel vom Entscheidungsträger als weniger riskant bezeichnet werden.

---

1) Vgl. Chow, Gregory C., Analysis and Control, S. 155-156. Zur Kritik am Erwartungswert als Entscheidungskriterium, vgl. Schneeweiß, Hans, Entscheidungskriterien, S. 48-52.

Eine Möglichkeit, den zeitlichen Abhängigkeiten zwischen den Wahrscheinlichkeitsverteilungen bzw. -funktionen Rechnung zu tragen, besteht darin, ein Zielfunktional mit entsprechender Bewertung der intertemporalen Abhängigkeit zu formulieren

$$(5.4)\quad E_o\Big[\sum_{t=0}^{T}\sum_{s<t} w(x(t),x(s))\Big].$$

Die Hauptschwierigkeit dürfte bei diesem Zielfunktional wohl in der Formulierung der funktionalen Abhängigkeiten zwischen den Variablen $x(t)$ und $x(s)$, $s<t$, liegen.

Hinsichtlich der Parameter des ökonomischen Modells wird unterstellt, daß sie im Planungszeitraum mit Sicherheit oder mit einer bestimmten Wahrscheinlichkeitsfunktion bekannt sind. Die Struktur des Modells ist dagegen immer mit Sicherheit bekannt, d.h. das Modell berücksichtigt keine adaptiven Beziehungen. Als adaptive Modelle bezeichnen wir jene, die davon ausgehen, daß bei unbekannten Parametern und/oder unbekannter Struktur in jedem Entscheidungszeitpunkt nicht nur der tatsächlich eingetretene Zustand des Modells berücksichtigt wird, sondern auch der sich im Zeitverlauf ändernde Kenntnisstand bezüglich der künftigen Parameter und der Struktur der Modellbeziehungen.[1] Die Ermittlung von optimalen Entscheidungsregeln in adaptiven Modellen erfordert ein wesentlich umfangreicheres Instrumentarium als in nicht adaptiven Modellen. Ausserdem ist schwer nachzuweisen, daß adaptive Modelle den Entscheidungsmodellen mit bekannten Parametern

---

1) Zur Formulierung lernender Modelle vgl. Baetge, Jörg, Systemtheorie, S. 520.

immer überlegen sind.[1)]

Im folgenden werden wir zeigen, welche Möglichkeiten und Grenzen der optimalen Lösung eines mehrdimensionalen nichtlinearen stochastischen Entscheidungsprozesses bestehen.

52 Exakte Lösungsmöglichkeiten mit Hilfe der dynamischen Programmierung

Das oben beschriebene Optimierungsproblem erfüllt sie Voraussetzungen, die an die Anwendung des Bellmanschen Optimalitätsprinzips gestellt werden. Zum einen kann der diskrete Prozeß in Stufen (Perioden) zerlegt werden und zum anderen werden die einzelnen Perioden in der Zielfunktion voneinander unabhängig bewertet. Folglich können grundsätzlich analytische und numerische Lösungsverfahren, die sich unmittelbar an dem Optimalitätsprinzip orientieren, zur Ermittlung der optimalen Entscheidungsregel herangezogen werden. Nach dem Optimalitätsprinzip von Bellman[2)] ist eine Strategie dann optimal, wenn unabhängig von Anfangszustand und Anfangsentscheidung die Strategie in jedem Zeitpunkt t für den verbleibenden Planungszeitraum eine optimale Entscheidung in Abhängigkeit des gerade erreichten Zustandes angibt.

---

1) Vgl. dazu z.B. Chow, Gregory C., Analysis and Control, S. 226-276, hier insbesondere S. 276; Baetge, Jörg, Ballwieser, Wolfgang, Bolenz, Gerhard, Hömberg, Reinhold, Wullers, Paul, Feedback Models of Monopolistic Business Policies (Part 1: Price policy approaches), in: Kybernetes, Vol. 6 (1977), S. 15-25, hier S. 22-24.

2) Bellman, Richard, Dynamic Programming, Princeton, 1957, S. 83-85; derselbe, Dynamische Programmierung und Selbstanpassende Regelprozesse, Übersetzung des Buches, Adaptive Control Processes: A Guided Tour, Princeton 1961, von Fred Behringer, München-Wien 1967, S. 88-89.

Allgemein kann die Ermittlung der optimalen Strategie mit Hilfe der dynamischen Programmierung in einem mehrperiodigen Entscheidungsprozeß wie folgt beschrieben werden:
Bleibt die Entwicklung des Prozesses nach dem Planungshorizont T außer acht, dann kann zu Beginn der letzten Periode T der optimale Entscheidungsvektor u(T) durch Maximierung (oder Minimierung) des Erwartungswertes

$$(5.5) \quad \max_{u(T)} E_{T-1}[w(x(T))],$$

ermittelt werden, wobei x(T) der Zustandsgleichung (5.2) genügen muß. Der Abzinsungsfaktor $(1+q(t))^{-t}$ wird im folgenden vernachlässigt, da wir davon ausgehen werden, daß er bereits in der Funktion w(x(t)) berücksichtigt ist. Der Index des Erwartungswertoperators E_{T-1} besagt, daß der Erwartungswert ein bedingter Erwartungswert des Zustandes x(T-1) ist.

Zu Beginn von T-1 bzw. am Ende von T-2 muß nach dem Optimalitätsprinzip sowohl u(T) als auch u(T-1) den Erwartungswert

$$(5.6) \quad \max_{u(T-1)} E_{T-2}[\max_{u(T)} E_{T-1}[w(x(T))]].$$

für einen gegebenen Zustand x(T-2) maximieren. Setzt man diese Überlegung für den gesamten Planungszeitraum fort, dann gilt

(5.7)

$$\max_{u(1)} E_o[\ldots\{\max_{u(T-2)} E_{T-3}[\max_{u(T-1)} E_{T-2}[\max_{u(T)} E_{T-1}[w(x(T))]]]\}\ldots],$$

wobei in jeder Periode t das System von Differenzengleichungen (5.2) einzuhalten ist.

Die Maximierung der Erwartungswerte in (5.7) erfordert die Kenntnis der jeweiligen bedingten Wahrscheinlichkeitsfunktionen $f(x(t)|x(t-1),u(t),y(t))$, $t = 1,...,T$. Diese gibt die Dichte für den Zustandsvektor $x(t)$ unter der Bedingung an, daß der prädeterminierte Zustandsvektor $x(t-1)$, der Entscheidungsvektor $u(t)$ und dic exogenen Variablen $y(t)$ bekannt sind. Dies setzt voraus, daß das nichtlineare stochastische Modell (5.2) in der reduzierten Form vorliegt, was bei der praktischen Anwendung Schwierigkeiten bereiten kann.[1] Selbst wenn die reduzierte Form vorliegt, dürfte es kaum möglich sein, (5.7) simultan zu maximieren. Deshalb wird das mehrperiodige Optimierungsproblem in T Stufen zerlegt, wobei jede Stufe für sich maximiert (minimiert) werden kann.

Die Zerlegung des Optimierungsproblems (5.7) erfolgt mit Hilfe der sogenannten Funktionalgleichungs-Methode.[2] Die Funktionalgleichung gibt die funktionale Verknüpfung $S(t)$ zwischen den einzelnen Stufen (Perioden) des jeweiligen Optimierungsproblems an. Gesucht ist also eine Gleichung

(5.8)

$$S(t) = \max_{u(t)} S(E_{t-1}[w(f(x(t),x(t-1),u(t),y(t),v(t)))]$$

$$t = T,T-1,...,1,$$

deren bedingter Erwartungswert E_{t-1} in jeder Periode t über $u(t)$ zu maximieren (minimieren) ist. Wie man sieht, enthält die Funktionalgleichung als

---

1) Vgl. dazu Abschnitt 3311.

2) Zur Funktionalgleichungsmethode vgl. Bellman, Richard, Dynamic Programming, S. 7-9; Bellman, Richard, Selbstanpassende Regelprozesse, S. 103-104. Zur Anwendung der Funktionalgleichungsmethode auf stochastische Entscheidungsprozesse mit quadratischer Zielfunktion und linearen Zustandsgleichungen vgl. Chow, Gregory C., Analysis and Control, S. 176-180.

Argument den Zustandsvektor x(t-1) der Vorstufe, so daß die maximale Lösung $u^*(t)$ von (5.8) in jeder Stufe t nur als Funktion des noch unbekannten Zustandsvektors x(t-1) angegeben werden kann.

$$(5.9) \quad u^*(t) = g^*(x(t-1)), \qquad t = T,T-1,\ldots,1.$$

Bei einem endlichen Planungszeitraum für T wird die optimale Strategie g^* als Funktion des Zustandes x(T-1) bestimmt und die entsprechenden Berechnungen für die Perioden T-1,T-2,...,1, wiederholt.[1] Ist der Anfangszustand des Entscheidungsprozesses x(0) gegeben, dann kann aufgrund (5.9) für Periode t=1 die optimale Entscheidungsvariable bestimmt werden. Für die übrigen Perioden t > 1 werden die optimalen Entscheidungsvariablen $u^*(t)$ erst nach Eintritt des jeweiligen Zustandes x(t-1) ebenfalls mit Hilfe von (5.9) ermittelt. Eine analytische Bestimmung der optimalen Strategie (5.9) mit Hilfe der Funktionalgleichungsmethode ist nur für Funktionalgleichungen mit sehr einfachen Verknüpfungen zwischen den einzelnen Stufen möglich.

Für den uns interessierenden mehrdimensionalen stochastischen Entscheidungsprozeß (5.1) und (5.2) ist eine analytische Lösung nicht zu erwarten. Dies liegt daran, daß zum einen das System von stochastischen Differenzengleichungen noch in der strukturellen Form vorliegt, d.h. die rechte Seite von (5.2) ist auch von x(t) abhängig, und zum anderen sind die Zustands- und Entscheidungsvariablen nichtlinear miteinander verknüpft. Scheitert eine analytische Bestimmung der optimalen Strategie g^* und damit auch der jeweiligen Entscheidungsvariablen $u^*(t)$, t = 1,...,T, dann ist zu

1) Es ist auch möglich, mehrperiodige Prozesse vorwärtsschreitend zu lösen, vgl. dazu z.B. Schneeweiß, Christoph, Dynamisches Programmieren, Würzburg-Wien 1974, S. 30-31.

überlegen, ob die optimalen Entscheidungsvariablen eines konkreten Prozesses nicht mit Hilfe numerischer Verfahren bestimmt werden können.[1)]

Diese Verfahren sind so angelegt, daß sie die Wertbereiche der Zustandsvariablen in jeder Periode t, t = 1,...,T, diskretisieren und den jeweils maximalen Wert bzw. die maximalen Werte der Entscheidungsvariablen für alle Perioden suchen. Die Leistungsfähigkeit dieser numerischen Verfahren ist allerdings sehr begrenzt, da die Anzahl der zulässigen Werte für mehrere Zustandsvariablen, die bei der Extremierung überprüft werden müssen, exponentiell mit der Zahl der Zustandsvariablen wächst. Es ist auch nicht zu erwarten, daß Rechenanlagen der kommenden Generationen diesen "Fluch der Dimensionen"[2)] bewältigen.

Analytische und numerische Lösungsverfahren, die sich unmittelbar an dem Bellmanschen Optimalitätsprinzip orientieren, sind also kaum geeignet, die optimale Strategie eines mehrdimensionalen stochastischen Entscheidungsprozesses zu bestimmen. Man ist also gezwungen, andere, nicht immer absolut optimale, Verfahren zur Lösung von entsprechend komplexen Entscheidungsprozessen heranzuziehen. Bei diesen Verfahren kann durchaus die dynamische Programmierung zum Nachweis der (Sub)Optimalität der Strategie herangezogen werden.

---

1) Vgl. dazu Nemhauser, George L., Einführung in die Praxis der dynamischen Programmierung, Übersetzung des Buches, Introduction to Dynamic Programming, New York-London-Sydney 1966, von Franz X. Scharinger unter Mitarbeit von Dieter Pfaffenzeller, München-Wien 1969, S. 78-138.

2) Vgl. Athans, Michael, The Discrete Time, Linear-Quadratic-Gaussian Stochastic Control Problem, in: AESM, Vol. 1 (1972), S. 449-491, hier S. 454.

53 Approximationsverfahren zur Lösung nichtlinearer stochastischer Entscheidungsprozesse

531 Das Approximationsverfahren von Athans auf der Basis dynamischer Sicherheitsäquivalente

Athans[1] hat ein Lösungsverfahren entwickelt, das nichtlineare stochastische Entscheidungsprozesse mit nichtquadratischem Zielfunktional so approximiert, daß mit Hilfe des Prinzips dynamischer Sicherheitsäquivalente eine lineare Entscheidungsregel berechnet werden kann. Die sich ergebende lineare Entscheidungsregel wird in der Regel nur suboptimal sein, da die von Simon[2] und Theil[3] nachgewiesenen Sicherheitsäquivalente nur für eine spezielle Klasse von stochastischen Entscheidungsprozessen optimal sind. Das Prinzip der dynamischen Sicherheitsäquivalente besagt, daß es zur Lösung für eine spezielle Klasse von stochastischen Entscheidungsprozessen genügt, äquivalente deterministische Entscheidungsprozesse zu optimieren.

Der Nachweis der Existenz dynamischer Sicherheitsäquivalente setzt folgende Annahmen voraus:[4]

1. Der Entscheidungsprozeß besitzt für jede Periode t eine intertemporal unabhängige quadratische Zielfunktion, die sowohl von den Zustands- als auch Entscheidungsvariablen abhängen kann und deren Erwartungswert zu maximieren (minimieren) ist

---

1) Vgl. Athans, Michael, The Discrete Time, S. 449-491.

2) Simon, H.A., Dynamic Programming under Uncertainty with a Quadratic Criterion Function, in: Econometrica, Vol. 24 (1956), S. 74-81.

3) Theil, Henri, A Note on Certainty Equivalence in Dynamic Planning, in: Econometrica, Vol. 25 (1957), S. 346-349; derselbe, Optimal Decision Rules for Government and Industry, 2. Aufl., Amsterdam-Chicago 1968, S. 121-162.

4) Vgl. Theil, Henri, Optimal Decision Rules, S. 34-35.

$$(5.10) \quad W = E_0 \left[\sum_{t=0}^{T} k(t)'x(t) + x(t)'K(t)x(t) \right].$$

In diesem Zielfunktional sei im Vektor x(t) sowohl die Zustands- als auch Entscheidungsvariablen enthalten.[1]

2. Die Verknüpfung der Zustands- und Entscheidungsvariablen erfolgt durch ein System von linearen Differenzengleichungen (oder bei kontinuierlicher Zeitbetrachtung durch lineare Differentialgleichungen) mit additiven stochastischen Störvariablen

$$(5.11) \quad x(t) = A(t)x(t-1) + B(t)u(t) + b(t) + v(t),$$

$$t = 1,\dots,T \text{ und}$$

$$x(0) \text{ gegeben.}$$

x(t) ist nach der Erweiterung um u(t) ein n-Vektor und u(t) ein m-Vektor. Der n-Vektor b(t) = C(t)y(t) enthält die exogenen Variablen.

3. Die stochastischen Störvariablen besitzen endliche Varianzen und sind von den Entscheidungsvariablen stochastisch unabhängig.

4. Parameter des linearen Modells (5.11) und die der Zielfunktion sind innerhalb des Planungszeitraumes bekannt.

5. Es existieren keine Nebenbedingungen hinsichtlich der Zustands- und Entscheidungsvariablen.

Unter diesen Annahmen ist es möglich, das stochastische Entscheidungsproblem durch ein deterministisches zu ersetzen, und zwar werden anstelle der Wahrscheinlichkeitsfunktionen für die Störvariablen deterministische Schätzwerte, in der Regel deren Erwartungswerte, gesetzt und das entsprechende deterministische Problem

---

1) Vgl. dazu Abschnitt 3313.

gelöst. Wie die optimale lineare Entscheidungsregel mit Hilfe eines kontrolltheoretischen Verfahrens gelöst werden kann, wird in Anhang 3 gezeigt.

Das Verfahren von Athans berücksichtigt gleichzeitig den Fall, daß der tatsächliche Zustandsvektor x(t) in den einzelnen Perioden t = 1,...,T nicht mit Sicherheit beobachtet, sondern nur geschätzt werden kann. Er geht also davon aus, daß der zur Ermittlung der optimalen Entscheidung u(t) erforderliche Zustandsvektor x(t-1) in der Periode t nur als Schätzung vorliegt und entwickelt bei seinem Lösungsverfahren gleichzeitig einen sogenannten Zustandsbeobachter (auch Kalman-Filter[1] genannt), der den Zustand optimal, d.h. mit minimaler Varianz und erwartungstreu, schätzt.[2] Die Anwendungsmöglichkeiten des Kalman-Filters sind in der Betriebswirtschaftslehre bisher wenig erforscht worden. Eine Anwendung wird dann erforderlich, wenn Zustandsvariablen nicht rechtzeitig, d.h. nicht zum jeweiligen Entscheidungszeitpunkt, beobachtet werden können oder die Beobachtung zu hohe Kosten verursacht.[3]

Ausgangspunkt des Lösungsverfahrens ist der stochastische nichtlineare Entscheidungsprozeß (5.2) mit

---

1) Zur Herleitung des Kalman-Filters vgl. Kalman, R.E., A New Approach to Linear Filtering and Prediction Problems, in: Journal of Basic Engineering Transactions ASME, Vol. 82 D (1960), S. 33-45.

2) Vgl. dazu Chow, Gregory C., Analysis and Control, S. 191.

3) Zur Anwendung des Kalman-Filters für betriebswirtschaftliche Fragestellungen vgl. Taylor, Lance, The Existence of Optimal Distributed Lags, in: RoES Vol. 37 (1970) S. 95-106, bzw. für allgemeine ökonomische Anpassungsmodelle Nerlove, M., Lags in Economic Behavior, in: Econometrica, Vol. 40 (1972), S. 221-252.

dem Zielfunktional (5.1). Das Verfahren von Athans setzt sich aus drei Stufen zusammen:[1]

1) Die stochastischen Variablen der Vektoren v(t), t = 1,...,T, werden gleich ihrem Erwartungswert $\bar{v}(t)$, t = 1,...,T, gesetzt. Die Entscheidungsvariablen u(1),...,u(T) des deterministischen Prozesses werden nun hinsichtlich des Zielfunktionals (5.1) maximiert. Als Verfahren zur Lösung des deterministischen Problems verwendet Athans das diskrete Maximumprinzip. Das diskrete Maximumprinzip wurde in Anlehnung an das Pontrjaginsche Maximumprinzip[2] formuliert und bewiesen.[3] Die Anwendung des diskreten Maximumprinzips setzt voraus, daß das nichtlineare ökonomische Modell in der reduzierten Form vorliegt. Das bedeutet für die Zustandsgleichungen (5.2), daß diese zuerst in die reduzierte Form transformiert werden müssen. Es ist aber auch möglich mit Hilfe der verallgemeinerten Lagrange-Methode das deterministische Problem (5.1) und (5.2) zu lösen.[4] Wir verzichten hier auf die Darstellung irgendeines dieser Optimierungsverfahren, da, wie noch zu zeigen sein wird, die Lösung des deterministischen Probelms ein Spezialfall des in Abschnitt 533 dargestellten Lösungsalgorithmus ist.[5]

2) Der stochastische nichtlineare Prozeß (5.2) wird mit Hilfe der Taylorschen Reihenentwicklung um die optimalen Zustandsvariablen x(O), $x^*(1),...,x^*(T)$, die

---

1) Vgl. Athans, Michael, The Discrete Time, S. 454-484.

2) Das Maximumprinzip für zeitkontinuierliche Prozesse ist in Anhang 1 angegeben.

3) Zum diskreten Maximumprinzip vgl. Pindyck, Robert S., Optimal Planing, S. 11-23 und die dort angegebene Literatur. Pindyck beweist die Optimalität des diskreten Maximumprinzips mit Hilfe des Kuhn-Tucker-Theorems.

4) Vgl. dazu Chow, Gregory C., Analysis and Control, S. 280-285.

5) Vgl. dazu S. 178-181.

optimalen Entscheidungsvariablen $u^*(t),...,u^*(T)$ und die Erwartungswerte der stochastischen Variablen $\bar{v}(t),...,\bar{v}(T)$ linear approximiert, es gilt also

$$(5.12)\quad f(x(t),x(t-1),u(t),y(t),v(t)) = f(x^*(t),x^*(t-1),u^*(t),y(t),\bar{v}(t)) + \frac{\partial f}{\partial x(t)}\Big|_*(x(t) - x^*(t)) + \frac{\partial f}{\partial x(t-1)}\Big|_*(x(t-1) - x^*(t-1)) + \frac{\partial f}{\partial u(t)}\Big|_*(u(t) - u^*(t)) + \frac{\partial f}{\partial \bar{v}(t)}(v(t) - \bar{v}(t)) + r(x(t),x(t-1),u(t),y(t),\bar{v}(t)),$$

$$t = 1,...,T.$$

Das Restglied $r(x(t),x(t-1),u(t),y(t),\bar{v}(t))$ enthält alle Ableitungen höherer Ordnung. Es gelten nun folgende Definitionen[1)]

$$(5.13)\quad D_1(t) = \frac{\partial f}{\partial x(t)}\Big|_*, \qquad t = 1,...,T,$$

$$(5.14)\quad D_2(t) = \frac{\partial f}{\partial x(t-1)}\Big|_*, \qquad t = 1,...,T,$$

$$(5.15)\quad D_3(t) = \frac{\partial f}{\partial u(t)}\Big|_*, \qquad t = 1,...,T.$$

---

1) Die ersten Ableitungen der Vektorfunktion (5.2) sind durch folgende Matrizen

$$\frac{\partial f}{\partial x(t)} = \left(\frac{\partial f_1}{\partial x(t)},...,\frac{\partial f_n}{\partial x(t)}\right); \quad \frac{\partial f}{\partial x(t-1)} = \left(\frac{\partial f_1}{\partial x(t-1)},...,\frac{\partial f_n}{\partial x(t-1)}\right) \quad \frac{\partial f}{\partial u(t)} = \left(\frac{\partial f_1}{\partial u(t)},...,\frac{\partial f_n}{\partial u(t)}\right)$$

und den Vektor

$$\frac{\partial f}{\partial \bar{v}(t)} = \left(\frac{\partial f_1}{\partial \bar{v}(t)},...,\frac{\partial f_n}{\partial \bar{v}(t)}\right)$$ definiert.

$$(5.16)\quad D_4(t) = \frac{\partial f}{\partial \bar{v}(t)}, \qquad t = 1,\ldots,T,$$

$$(5.17)\quad A(t) = (I - D_1(t))^{-1} D_2(t), \quad t = 1,\ldots,T,$$

$$(5.18)\quad B(t) = (I - D_1(t))^{-1} D_3(t), \quad t = 1,\ldots,T,$$

$$(5.19)\quad \tilde{v}(t) = (I - D_1(t))^{-1} D_4(t)(v(t) - \bar{v}(t)), \quad t = 1,\ldots,T.$$

Die Koeffizientenmatrizen A(t) und B(t) haben die Dimensionen (n,n) bzw. (n,m) und der Vektor $\tilde{v}(t)$ die Dimension n. Da bei der Optimierung das Restglied $r(x(t),x(t-1),u(t),y(t),\bar{v}(t))$ verschwinden kann, erhält man unter Berücksichtigung der Definitionen (5.13) - (5.19) folgende Approximation für den nichtlinearen stochastischen Prozeß

$$(5.20)\quad x(t) - x(t)^* = A(t)(x(t-1) - x^*(t-1)) + B(t)(u(t) - u^*(t)) + \tilde{v}(t), \quad t = 1,\ldots,T \text{ und } x(0) \text{ gegeben.}$$

Damit ist die 2. Stufe des Lösungsverfahrens von <u>Athans</u> beschrieben.

3. In der dritten Stufe wird eine lineare optimale Entscheidungsregel berechnet, die in jeder Periode t die Abweichungen des tatsächlich eingetretenen Zustandes x(t) von dem optimalen deterministischen Zustand $x^*(t)$ minimiert. Setzt man für $x(t) - x^*(t) = \partial x(t)$, $x(t-1) - x^*(t-1) = \partial x(t-1)$ und $u(t) - u^*(t) = \partial u(t)$, dann kann man für (5.20) auch schreiben

$$(5.21)\quad \partial x(t) = A(t)\partial x(t-1) + B(t)\partial u(t) + \tilde{v}(t), \quad t = 1,\ldots,T \text{ und } \delta x(0) = 0.$$

$\partial u(t)$ soll nun den optimalen deterministischen Entscheidungsvektor $u^*(t)$ so korrigieren, daß die Abweichungen des tatsächlichen Zustandes $x(t)$ von dem Zustand $x^*(t)$, verursacht durch die stochastische Störvariable $v(t)$, minimal werden.

Athans[1] formuliert dazu eine quadratische (Straf-) Kostenfunktion. Die Form der Kostenfunktion wird damit begründet, das sie die durch das Restglied $r(x(t), x(t-1), u(t), y(t), v(t))$ verursachten Abweichungen in (5.21) minimal werden läßt. Die entsprechende quadratische Kostenfunktion lautet

(5.21)

$$\min J = E_o\left[\partial x(T)'Q(T)\partial x(T) + \sum_{t=1}^{T-1} \partial x(t)'Q(t)\partial x(t) + \partial u(t)'R(t)\partial u(t)\right],$$

wobei $Q(t)$ und $R(t)$, $t = 1,\ldots,T$ positiv-semidefinite bzw. positiv-definite symmetrische Matrizen sind.

Gemäß dieser quadratischen Zielvorschrift und des linearisierten Entscheidungsprozesses ergibt sich eine lineare optimale Entscheidungsregel

(5.23) $\partial u(t) = G(t)\partial x(t-1)$, $t = 1,\ldots,T$,

die in Verbindung mit der deterministischen optimalen Entscheidung $u^*(t)$ die Abweichung $\partial x(t)$ gegen Null regelt. Die Bestimmungsgleichungen für $G(t)$, $t = 1,\ldots,T$, können Anhang 3 entnommen werden.

---

1) Vgl. dazu Athans, Michael, The Discrete Time, S. 461-463.

Damit ist das Approximationsverfahren von Athans vollständig für exakt beobachtbare Zustandsvariablen beschrieben. Der Ansatz ist dann suboptimal, wenn die Approximationspfade $x^*(t)$, $u^*(t)$ und $\bar{v}(t)$, die bei der Linearisierung zugrunde gelegt wurden, ungleich den Erwartungswerten des nichtlinearen stochastischen Entscheidungsprozesses sind.

Bei quadratischen Zielfunktionalen und linearen Zustandsgleichungen tritt dieses Problem nicht auf, da die Erwartungswerte der künftigen Zustandsvariablen und der des Zielfunktionals, die der Optimierung des deterministischen Teils zugrunde gelegt werden, exakt bestimmt werden können.[1] Bei einem nichtlinearen Entscheidungsprozeß können dagegen die Erwartungswerte nicht exakt ermittelt werden, so daß $u^*(t) + \partial u(t)$, $t = 1,\dots,T$, auch nicht optimal ist. Denn die optimalen Entscheidungsvariablen $u^*(t) + \partial u(t)$ sind nur für den durch die Linearisierung erfaßten Bereich $\partial x(t) = x(t) - x^*(t)$ optimal. Liegt der tatsächliche Zeitpfad der Zustandsvariablen $x(t)$ des stochastischen Modells außerhalb des Bereiches $\partial x(t)$, was zu erwarten ist, dann ist auch die zu Beginn des Planungszeitraumes $t = 1,\dots,T$ berechnete Entscheidungsregel (5.23) suboptimal.

Der von Athans entwickelte Ansatz überträgt also das Prinzip dynamischer Sicherheitsäquivalente, das nur für stochastische linear quadratische Entscheidungsprozesse optimal ist, auf stochastische nichtlineare Prozesse. Der Autor weist dabei auf die Suboptimalität des Ansatzes hin. Dieses Lösungsverfahren läßt sich für mehrdimensionale nichtlineare stochastische Entscheidungsprozesse deshalb rechtfertigen, da für diese derzeit noch keine absolut optimalen Verfahren existieren. Doch gibt es Möglichkeiten, den Ansatz von Athans

---

1) Vgl. dazu Chow, Gregory C., Analysis and Control, S. 176-180 und S. 195-197.

zu verbessern, was wir im nächsten Abschnitt zeigen werden.

532 Der Lösungsansatz von Chow zur Ermittlung einer (sub)optimalen Strategie in nichtlinearen stochastischen Entscheidungsprozessen

5321 Die allgemeine Herleitung der (sub)optimalen Strategie

Chow hat in jüngster Zeit einen Ansatz zur Lösung nichtlinearer stochastischer Entscheidungsprozesse entwickelt, der das Prinzip der dynamischen Sicherheitsäquivalente verbessert.[1] Der Ansatz unterscheidet sich von dem Ansatz des vorangegangenen Abschnittes dadurch, daß er den stochastischen Einfluß der additiven und nicht-additiven stochastischen Variablen explizit berücksichtigt, während der Ansatz von Athans die Unsicherheit durch Bildung von Sicherheitsäquivalenten ausschaltet.

Das im folgenden dargestellte Lösungsverfahren geht wiederum von dem nichtlinearen stochastischen Entscheidungsprozeß

(5.2) $x(t) = f(x(t), x(t-1), u(t), y(t), v(t)), \quad t = 1, \ldots, T,$

und der nichtlinearen nichtquadratischen Zielfunktion

(5.1) $E_0 \left[\sum_{t=0}^{T} w(x(t)) \right]$

aus, deren Erwartungswert unter der Bedingung eines gegebenen Anfangszustandes $x(0)$ zu maximieren ist.[2]

---

1) Chow, Gregory C., The Control of Nonlinear Econometric Systems with Unknown Parameters, in: Econometrica, Vol. 44 (1976), S. 685-695.

2) Vgl. dazu Chow, Gregory C., The Control, S. 687-691.

Zur Berechnung der konkreten Entscheidungsvariablen verwendet Chow ein kontrolltheoretisches Verfahren, das zur Herleitung der (sub)optimalen Strategie sich der dynamischen Programmierung bedient.

Nach dem Prinzip der dynamischen Programmierung muß der Entscheidungsvektor u(T) den Erwartungswert

$$(5.24) \qquad \max_{u(T)} V(T) = E_{T-1}\left[w(x(T))\right]$$

unter der Bedingung, daß der Zustand x(T-1) bekannt ist, maximieren. Da für diesen komplexen Ausdruck keine einfache Bestimmungsgleichung für u(T) ermittelt werden kann, wird in Zeitpunkt T das System der Zustandsgleichungen linear und die Zielfunktion quadratisch approximiert. Das Vorgehen bei der Approximation läßt sich wie folgt beschreiben: Für einen gegebenen Vektor $x^{o}(T-1)$ und einen exogen vorgegebenen Versuchswert für den Entscheidungsvektor $u^{o}(T)$ wird (5.2) nach x(T) aufgelöst. Diese Lösung wird mit $\tilde{x}(T)$ bezeichnet. Da (5.2) noch von v(T) abhängt, ist die Lösung $\tilde{x}(T)$ ebenfalls eine Funktion von v(T). Die Approximation von (5.2) erfolgt nun mit Hilfe der Taylorschen Reihenentwicklung um die Werte x(T), $x^{o}(T-1)$ und $u^{o}(T)$

$$(5.25) \qquad x(T) = \tilde{x}(T) + D_1(T)(x(T) - \tilde{x}(T))$$

$$+ D_2(T)(x(T-1) - x^{o}(T-1))$$

$$+ D_3(T)(u(T) - u^{o}(T)).$$

In (5.24) bedeuten

$$(5.26) \qquad D_1(v(T)) = \left.\frac{\partial f(x(T),x(T-1),u(T),y(T),v(T))}{\partial x(T)}\right|_{\sim}$$

$$(5.27) \qquad D_2(v(T)) = \left.\frac{\partial f(x(T),x(T-1),u(T),y(T),v(T))}{\partial x(T-1)}\right|_{o}$$

$$(5.28) \quad D_3(v(T)) = \frac{\partial f(x(T),x(T-1),u(T),y(T),v(T))}{\partial u(T)}\Big|_o$$

Die ersten Abteilungen der Vektorfunktion f(.) nach den Vektoren x(T),x(T-1) und u(T) stellen wiederum jeweils eine Funktion des stochastischen Vektors v(T) dar.[1)] Unter Berücksichtigung der zusätzlichen Definitionen

$$(5.29) \quad A(v(T)) = (I - D_1(v(T))^{-1}D_2(v(T)),$$

$$(5.30) \quad B(v(T)) = (I - D_1(v(T))^{-1}D_3(v(T)),$$

$$(5.31) \quad b(v(T)) = \tilde{x}(T) - A(v(T))x^o(T-1) - B(v(T))u^o(T),$$

läßt sich für (5.25) auch schreiben

$$(5.32) \quad x(T) = A(v(T))x(T-1) + B(v(T))u(T) + b(v(T)).$$

In folgenden Ausführungen verwenden wir die verkürzte Schreibweise $A(T) = A(v(T))$, $B(T) = B(v(T))$ $b(T) = b(v(T))$ und $D_i(T) = D_i(v(T))$, $i = 1,...,3$.

Das zweifach differenzierbare Zielfunktional (5.1) wird um den Vektor $\tilde{x}(T)$ quadratisch approximiert

$$(5.33) \quad w(x(T)) = \tilde{w}(T) + \frac{\partial w(x(T))}{\partial x(T)}\Big|_{\sim}(w(T) - \tilde{x}(T)) + (x(T) - \tilde{x}(T))' \frac{\partial^2 w(x(T))}{\partial x(T)\ x(T)'}\Big|_{\sim}(x(T) - \tilde{x}(T)).$$

Setzt man für den Vektor

$$(5.34) \quad \frac{\partial w(x(T))}{\partial x(T)}\Big|_{\sim} = 2p(T)',$$

für die symmetrische Matrix

$$(5.35) \quad \frac{\partial^2 w(x(T))}{\partial x(T)\ x(T)'}\Big| = K(T)$$

1) Für die Ableitungen (5.26) - (5.28) gelten die gleichen Definitionen wie in Fußnote 1), S. 159.

und für die skalare Größe

$$(5.36) \quad \tilde{w}(T) - 2p(T)'\tilde{x}(T) + \tilde{x}(T)'K(T)\tilde{x}(T) = a(T),$$

dann gilt

(5.37)

$$\begin{aligned} w(x(T)) &= a(T) + [2p(T)' - 2\tilde{x}(T)'K(T)]'x(T) + \\ &\quad x(T)'K(T)x(T) \\ &= a(T) + x(T)'k(T) + x(T)'K(T)x(T), \end{aligned}$$

wobei $k(T) = (2p(T)-2\tilde{x}(T)'K(T))$.

Setzt man nun (5.37) in (5.24) ein, dann erhält man

(5.38)

$$\begin{aligned} V(T) &= E_{T-1}\,[x(T)'K(T)x(T) + 2x(T)'k(T) + a(T)] \\ &= E_{T-1}\,[x(T)'H(T)x(T) + 2x(T)'h(T) + c(T)], \end{aligned}$$

wobei für die zweite Gleichung in (5.38) die nachfolgenden Definitionen gelten

$$(5.39) \quad H(T) = K(T),$$

$$(5.40) \quad h(T) = k(T),$$

$$(5.41) \quad c(T) = a(T).$$

Maximiert man den (deterministischen) bedingten Erwartungswert (5.38) nach dem Entscheidungsvektor u(T) und setzt für x(T) die linear approximierte Zustandsgleichung (5.32) ein, dann erhält man

(5.42)

$$\frac{\partial V(T)}{\partial u(T)} = 2E_{T-1}\,[\frac{\partial x(T)'}{\partial u(T)} H(T)x(T) + \frac{\partial x(T)'}{\partial u(T)} h(T)] = 0$$

bzw.

$$(5.43) \quad 2E_{T-1}\left[B(T)'H(T)(A(T)x(T-1) + B(T)u(T) + b(T)) + B(T)'h(T)\right] = 0.$$

(5.37) besitzt dann ein Maximum, wenn die Matrix K(T) negativ-semidefinit ist.

In Gleichung (5.42) wurden folgende Differentiationsregeln für Vektoren angewendet

$$(5.44) \quad \frac{\partial x'Ax}{\partial x} = 2\,Ax \text{ bzw. } \frac{\partial x'a}{\partial x} = a,$$

wobei x einen n-dimensionalen Variablenvektor, A eine (n,n)-dimensionale symmetrische Matrix von konstanten Koeffizienten und a ebenfalls einen n-dimensionalen Vektor von konstanten Koeffizienten darstellen.

Löst man Gleichung (5.43) nach dem Entscheidungsvektor u(T) auf, dann erhält man die optimale Entscheidung $\hat{u}(T)$ als lineare Funktion des Zustandes x(T-1)

$$(5.45) \quad \hat{u}(T) = G(T)x(T-1) + g(T),$$

mit

(5.46)

$$G(T) = -(E_{T-1}[B(T)'H(T)B(T)])^{-1}(E_{T-1}[B(T)'H(T)A(T)])$$

(5.47)

$$g(T) = -(E_{T-1}[B(T)'H(T)B(T)])^{-1}(E_{T-1}[B(T)'H(T)b(T)] + E_{T-1}[B(T)'h(T)])$$

G(T) ist eine (n,n)-dimensionale Matrix und g(T) ein n-dimensionaler Vektor. Die zu invertierende Matrix $(E_{T-1}[B(T)'H(T)B(T)])^{-1}$ hat nur die Dimension (m,m) wobei m die Zahl der Entscheidungsvariablen angibt. Die Größen G(T) und g(T) bzw. die jeweiligen Erwartungswerte sind Funktionen der stochastischen Größe v(T). Die Bestimmung der Erwartungswerte in (5.46) und (5.47) ist analytisch nicht mehr möglich, da A(t) und B(T) komplizierte Funktionen von v(T) sind. Wie sie numerisch berechnet werden können, wird im nächsten Abschnitt gezeigt.

Für das Verständnis des gesamten Lösungsverfahrens ist es hilfreich, wenn man sich die konkrete Ermittlung des Entscheidungsvektors $\hat{u}(T)$ kurz verdeutlicht. Hierbei gehen wir noch nicht auf die numerischen Berechnungen ein, sondern zeigen lediglich, wie das Iterationsverfahren auf die oben beschriebenen Bestimmungsgleichungen aufbaut. Das Iterationsverfahren zur Ermittlung von $\hat{u}(T)$ setzt sich aus drei Stufen zusammen:

1. Aus der Verteilung der stochastischen Variablen v(T) wird eine Stichprobe entnommen. Für jeden einzelnen Wert dieser Stichprobe, einen gegebenen Zustandsvektor $x^o(T-1)$ und Entscheidungsvektor $u^o(T)$ wird Gleichung (5.2) mit Hilfe eines geeigneten Suchverfahrens nach $\tilde{x}(T)$ aufgelöst.[1] Die sich ergebenden Lösungen sind damit zufällige Funktionen des zufälligen Vektors v(T).

2. Die verschiedenen Vektoren der in Stufe 1 berechneten Verteilung für $\tilde{x}(T)$ sowie die Vektoren $x^o(T-1)$ und $u^o(T)$ werden zur linearen Approximation von (5.2) verwendet. Diese Approximation gemäß (5.25) - (5.28) wird nun für die einzelnen Werte der mehrdimensionalen x(T) wiederholt, so daß sich für die entsprechenden Werte in (5.25) - (5.32) ebenfalls Verteilungen ergeben werden. Diese Verteilungen verwendet man zur Berechnung des Entscheidungsvektors $\hat{u}(T)$ gemäß (5.45) - (5.47).

---

1) Zu den Suchverfahren vgl. Abschnitt 3311, S. 84.

3. Der in Stufe 2. ermittelte Wert für $\hat{u}(T)$ wird dann wieder in Stufe 1. für $u^o(t)$ eingesetzt. Die Berechnungen dieser drei Stufen werden solange wiederholt, bis $\hat{u}(T)$ gegen $u^o(T)$ in zwei aufeinanderfolgenden Iterationsschritten konvergiert.

Konvergiert $\hat{u}(T)$ gegen $u^o(T)$, dann muß der optimale Zustandsvektor $x(T)$ der linearen Approximation (5.32) gleich dem Lösungsvektor $\tilde{x}(T)$ von (5.2) sein. Dies läßt sich wie folgt beweisen: Konvergiert $\hat{u}(T)$ des linear approximierten Prozesses (5.32) gegen $u^o(T)$ in (5.2), dann fällt der letzte Summand der rechten Seite in (5.25) weg. Außerdem gilt $x(T-1) = x^o(T-1)$, da der Zustandsvektor der Periode T-1 für alle Iterationsschritte unverändert bleibt. Demnach wird auch der zweite Summand der rechten Seite in (5.25) Null. Die Gleichung (5.25) lautet dann

(5.48) $x(T) = x(T) + D_1(T)(x(T) - \tilde{x}(T))$

oder

(5.49) $(I - D_1(T))x(T) = (I - D_1(T))\tilde{x}(T)$.

Daraus folgt $x(T) = \tilde{x}(T)$, wenn $(I-D_1(T))$ nicht singulär ist.[1] Würde der Entscheidungsprozeß nur eine Periode umfassen, dann wäre das konvergierende $\hat{u}(T)$ nach (5.45) auch absolut optimal, vorausgesetzt, der Anfangszustand $x(T-1)$ ist mit Sicherheit bekannt.

Wendet man dagegen die lineare Entscheidungsregel (5.45) in einem mehrperiodigen Kalkül an, dann ist diese nur dann optimal, wenn am Ende der Periode T-1 $x(T-1)$ ($= x^o(T-1)$) eintreten wird. Tritt $x^o(T-1)$ nicht ein, dann sind die in (5.25) - (5.28) vorgenommenen Approximationen nicht mehr korrekt, da diese stets von $x^o(T-1)$ als Approximationspfad und nicht von dem tatsächlich eingetretenen $x(T-1)$ ausgehen. Folglich sind auch die Koeffizienten der linearen Entscheidungsregel G(T) und

---

1) Vgl. dazu Chow, Gregory C., The Control, S. 689.

g(T) nicht mehr optimal. Mit anderen Worten, das hier vorgeschlagene Verfahren ist deshalb nicht absolut optimal, da eine wesentliche Grundvoraussetzung der dynamischen Programmierung nicht erfüllt ist, nämlich die Voraussetzung, daß nach einer beliebigen Anzahl von Entscheidungen k die verbleibenden T-k Entscheidungen nur noch von dem Zustand nach der k-ten Entscheidung und den nachfolgenden Entscheidungen abhängen darf.[1] Zur Ermittlung der (sub)optimalen Strategie wird deshalb im folgenden stets davon ausgegangen, daß der Zustand der unmittelbar vorausgegangenen Periode gegeben ist.

Zur Berechnung der optimalen Entscheidungen $\hat{u}(T-1),\ldots,\hat{u}(1)$ benötigt man den optimalen Wert für $\hat{V}(T)$ unter Berücksichtigung der linearisierten Zustandsgleichung (5.32) für x(T) und der linearen Entscheidungsregel (5.45). Dazu setzt man (5.32) und (5.45) in Gleichung (5.38) ein und erhält

(5.50)

$$\begin{aligned}\hat{V}(T) &= E_{T-1}\left[x(T)'H(T)x(T) + 2x(T)'h(T) + c(T)\right] \\ &= E_{T-1}\left[((A(T) + B(T)G(T))x(T-1) + b(T) + B(T)g(T))'\cdot\right. \\ &\quad H(T)((A(T) + B(T)G(T))x(T-1) + b(T) + B(T)g(T)) + \\ &\quad \left.2((A(T) + B(T)G(T))x(T-1) + b(T) + B(T)g(T))'h(T)\right] \\ &\quad + c(T).\end{aligned}$$ [2]

1) Vgl. dazu Bellman, Richard, Selbstanpassende Regelungsprozesse, S. 86.

2) In der letzten Periode T ergibt sich c(T)=a(T) als deterministische Größe, da a(T) gemäß (5.36) nur von den jeweiligen Approximationspfaden der letzten Periode abhängt.

Eine Umformung von (5.50) und eine lineare Transformation des Erwartungsoperators ergibt

(5.51)

$$\hat{V}(T) = x(T-1)'E_{T-1}\left[(A(T) + B(T)G(T))'H(T)(A(T) + B(T)G(T))x(T-1)\right] + 2x(T-1)'E_{T-1}\left[(A(T) + B(T)G(T))'H(T)b(T) + h(T))\right] + E_{T-1}\left[(b(T) + B(T)g(T))'H(T)(b(T) + B(T)g(T))\right] + 2E_{T-1}\left[(b(T) + B(T)g(T))'h(T)\right] + c(T).$$

Damit ist der optimale Wert der Funktionalgleichung für ein gegebenes $x^{O}(T-1)$ bestimmt. Selbstverständlich können die Berechnungen bis zu dieser Stelle für verschiedene $x^{O}(t-1)$ wiederholt werden, um die Stochastizität des Zustandes $x(T-1)$ besser zu erfassen. Wir werden auf diesen Punkt bei der Beschreibung des numerischen Lösungsverfahrens im nächsten Abschnitt noch näher eingehen.

Betrachtet man nun die Periode T-1, dann muß gewährleistet sein, daß sowohl $u(T)$ als $u(T-1)$ optimal bestimmt werden. Da $\hat{V}(T)$ und das zugehörige $\hat{u}(T)$ bereits für den Wert $x^{O}(T-1)$ oder auch für verschiedene Werte $x^{O}(T-1)$ optimal bestimmt wurden, genügt es, $V(T-1)$ hinsichtlich $u(T-1)$ zu maximieren, wobei der Einfluß von $x^{O}(T-1)$ auf $u(T-1)$ vernachlässigt wird.

Der Wert des Zielfunktionals für die beiden letzten Perioden ergibt sich wie folgt

(5.52) $$V(T-1) = E_{T-2}\left[w(x(T-1)) + V(T)\right].$$

Unterstellt man wieder eine lineare Approximation für das System der Zustandsgleichungen (5.2) in Periode

T-1 und eine quadratische Approximation der Zielfunktion w(x(T-1)), dann gilt für (5.52) folgende Beziehung

$$(5.53)\quad V(T-1) = E_{T-2}\big[x(T-1)'K(T-1)x(T-1) + 2x(T-1)'k(T-1) + a(T-1) + \hat{V}(T)\big],$$

$$(5.54)\quad V(T-1) = E_{T-2}\big[x(T-1)'H(T-1)x(T-1) + 2x(T-1)'h(T-1) + c(T-1) + \hat{V}(T)\big].$$

Setzt man nun (5.51) für $\hat{V}(T)$ ein, dann ergeben sich folgende Beziehungen

$$(5.55)\quad H(T-1) = K(T-1) + E_{T-1}\big[(A(T) + B(T)G(T))' H(T)(A(T) + B(T)G(T))\big]$$

bzw. unter Berücksichtigung von (5.46) für das zweite G(T) der rechten Seite in (5.55)

$$(5.56)\quad H(T-1) = K(T-1) + E_{T-1}\big[A(T)'H(T)A(T)\big] + G(T)'E_{T-1}\big[B(T)'H(T)A(T)\big],$$

(5.57)

$$h(T-1) = k(T-1) + E_{T-1}\big[A(T) + B(T)G(T)(h(T) + H(T)b(T))\big]$$

bzw.

(5.58)

$$h(T-1) = k(T-1) + E_{T-1}\big[(A(T) + B(T)G(T))'\big]h(T) + E_{T-1}\big[A(T)'H(T)b(T)\big] + G(T)'E_{T-1}\big[B(T)'H(T)b(T)\big]$$

und

(5.59)

$$c(T-1) = E_{T-1}\left[(b(T) + B(T)g(T))'H(T)(b(T) + B(T)g(T))\right] + 2E_{T-1}\left[(b(T) + B(T)g(T))'h(T)\right] + c(T) + a(T-1).$$

Wie man sieht, hat (5.54) die gleiche Struktur wie (5.38), folglich gelten für Periode T-1 die gleichen Überlegungen wie für Periode T, um den optimalen Entscheidungsvektor u(T-1) zu berechnen. In den Gleichungen (5.45) - (5.47) ist lediglich der Zeitindex T durch T-1 zu ersetzen. Die gleichen Überlegungen gelten auch für die übrigen Perioden T-2,T-3,...,1, d.h. wir erhalten somit für jede Periode eine lineare Entscheidungsregel, die aber wegen der Vorgabe der jeweiligen Approximationspfade $x^o(t-1)$, t = T,...,1, nur suboptimal sein wird.

Zur Berechnung der (sub)optimalen Strategie für den gesamten nichtlinearen Entscheidungsprozeß verwenden wir im folgenden die Gleichungen (5.45) - (5.47), (5.56) und (5.58), deren Parameter für jede Periode t zu berechnen sind. Der Wert des Zielfunktionals für die erste Periode t-1 erhält man mit Hilfe der Gleichung (5.51), wobei T durch 1 zu ersetzen ist, und der Differenzengleichung (5.59), die rekursiv bis t=1 zu lösen ist. Mit den numerischen Berechnungen der Parameter der linearen Entscheidungsregel für T,T-1,...,1, beschäftigen wir uns im folgenden Abschnitt.

5322 Die numerische Berechnung (sub)optimaler Strategien

53221 Die Berechnung der (sub)optimalen Strategie gemäß dem Lösungsansatz von Chow

Die in Abschnitt 5321 ermittelte (sub)optimale Strategie läßt sich nicht analytisch, sondern nur in mehreren Iterationen in den einzelnen Perioden und entsprechenden Approximationen numerisch ermitteln. Im folgenden geben wir einen Lösungsvorschlag von Chow zur Berechnung der Parameter der (sub)optimalen Strategie (5.53) für die Perioden T,T-1,...,1, wieder.[1]

1. Stufe:

Gegeben ist eine Folge von Entscheidungsvektoren $u^o(1),\dots,u^o(T)$, die zu Beginn der Berechnungen festgelegt und in (5.2) eingesetzt werden. Die stochastischen Vektoren v(t) in (5.2) werden gleich dem Erwartungswert $\bar{v}(t)$, t = 1,...,T, gesetzt. Das jeweilige deterministische System von nichtlinearen Differenzengleichungen der strukturellen Form wird mit einer geeigneten Suchmethode, z.B. Gauß-Seidel-Methode, nach $x^o(0),\dots,x^o(T-1)$ aufgelöst.

2. Stufe:

In jeder Periode t werden mehrere Ausprägungen aus der Verteilung der stochastischen Variablen v(t), t = 1,...,T, entnommen und für jede Ausprägung wird (5.2) mit Hilfe der Gauß-Seidel-Methode nach $\tilde{x}(t)$ aufgelöst.

---

1) Vgl. dazu Chow, Gregory C., The Control, S. 691-692.

$$(5.60) \quad \tilde{x}(t) = f(\tilde{x}(t), x^o(t-1), u^o(t), y(t), v(t)),$$

$$t = 1,\dots,T \text{ und}$$

$$x^o(0) \text{ gegeben.}$$

Für jede Ausprägung $\tilde{x}(t)$, $t = 1,\dots,T$, und den in Stufe 1 gewonnenen Werten $x^o(t-1)$ und $u^o(t)$, $t = 1,\dots,T$, wird dann (5.60) linear approximiert

(5.61)

$$x(t) = x(t) + D_1(t)(x(t) - x(t))$$
$$+ D_2(t)(x(t-1) - x^o(t-1))$$
$$+ D_3(t)(u(t) - u^o(t)), \quad t = 1,\dots,T.$$

Die partiellen Ableitungen $D_1(t)$, $D_2(t)$ und $D_3(t)$ gemäß (5.25) - (5.28) werden dabei für jede einzelne Ausprägung des stochastischen Vektors $v(t)$, $t = 1,\dots,T$, berechnet. Man erhält so entsprechende Verteilungen der jeweiligen Zustands- und Entscheidungsvariablen. Dazu wird mit Hilfe der Gleichungen (5.29) - (5.31) für jeden Wert $D_1(t)$, $D_2(t)$ und $D_3(t)$ jeweils $A(t)$, $B(t)$ und $b(t)$, $t = 1,\dots,T$, berechnet. Außerdem wird das Zielfunktional $w(x(t))$, $t = 1,\dots,T$, um den Wert $\tilde{x}(t)$ quadratisch approximiert

$$(5.62) \quad w(x(t)) = a(t) + x(t)'k(t) + x(t)'K(t)x(t),$$

$$t = 1,\dots,T,$$

wobei $a(t)$, $k(t)$ und $K(t)$ mit Hilfe der Gleichungen (5.35) - (5.37) bestimmt werden. In Stufe 2 erhält man also für jede Periode $t = 1,\dots,T$ aufgrund der stochastischen Größen $v(t)$ Wahrscheinlichkeitsverteilungen der Matrizen $A(t)$ und $B(t)$ sowie der Vektoren $b(t)$.

3. Stufe:

Mit Hilfe der in Stufe 2 berechneten Verteilungen für A(t), B(t) und b(t) werden die Erwartungswerte $E_{T-1}[B'(T)H(T)B(T)]$, $E_{T-1}[B'(T)H(T)A(T)]$, $E_{T-1}[B'(T)H(T)b(T)]$ und $E_{T-1}[B'(T)]$ entweder durch numerische Integrationen oder Monte-Carlo-Simulationen für die simulierten Störvariablen berechnet. Bei Anwendung von Monte-Carlo-Simulationen werden die Erwartungswerte als arithmetisches Mittel der einzelnen Werte aus Stufe 2 berechnet. Aufgrund dieser Erwartungswerte kann die zu $\tilde{x}(T)$, $x^o(T-1)$ und $u^o(T)$ optimale Entscheidungsregel (5.45) - (5.47) und die Entscheidungsvariable $\hat{u}(T)$ bestimmt werden. $\hat{u}(T)$ wird anstelle von $u^o(T)$ in Stufe 2 eingesetzt und die Berechnungen der Stufen 2 und 3 werden solange wiederholt, bis u(T) konvergiert. "...the solution $\hat{u}(T)$ is optimal for the last period, provided that the initial condition is indeed $x^o(T-1)$."[1]

4. Stufe:

Die Erwartungswerte der Stufe 3, die sich bei Konvergenz von u(T) ergeben, plus die Erwartungswerte $E_{T-1}[A(T)'H(T)A(T)]$ und $E_{T-1}[A(T)'H(T)b(T)]$ sowie die Matrix G(T) dienen der Berechnung der Größen H(T-1) und h(T-1) gemäß (5.56) bzw. (5.58). Kennt man H(T-1), dann kann wiederum in Stufe 3 unter Berücksichtigung der Ergebnisse der Stufe 2 das zu $\tilde{x}(T-1)$, $x^o(T-2)$ und $u^o(T-1)$ optimale G(T-1), g(T-1) und $\hat{u}(T-1)$ bestimmt werden. $u^o(T-1)$ in Stufe 2 wird dann durch $\hat{u}(T-1)$ ersetzt. Die Berechnungen der Stufen 2 bis 4 werden solange wiederholt, bis $\hat{u}(T-1)$ konvergiert, wobei zu beachten ist, daß das konvergierende

1) Chow, Gregory C., The Control, S. 691. Der unterstrichene Teil ist im Original kursiv-gedruckt. Die Symbole des Zitats wurden an unsere Notation angepaßt.

$\hat{u}(T-1)$ nur dann optimal ist, wenn $x^{o}(T-2)$ tatsächlich eintritt. Zur Berechnung von $\hat{u}(T-3)$, $\hat{u}(T-4)$, $\ldots,\hat{u}(1)$ sind die Berechnungen der Stufen (2) - (4) entsprechend oft zu wiederholen. Es sei nochmals darauf hingewiesen, daß die optimale Lösung $\hat{u}(1)$ nur dann optimal ist, wenn die den Approximationen (5.61) zugrunde gelegte Folge $x^{o}(t-1)$, $t = 1,\ldots,T$, in der Zukunft eintritt, was aber nicht zu erwarten ist.

5. Stufe:

In dieser Stufe wird versucht, den Approximationsfehler zu verringern, der dadurch entsteht, daß in der ersten Stufe die deterministischen Folgen $x^{o}(T-1)$ und $u^{o}(T)$, $t = 1,\ldots,T$, zugrunde gelegt wurden. Aus diesem Grunde verbessert man die in Stufe 1 willkürlich angenommene Folge von Entscheidungsvektoren $u^{o}(1),\ldots,u^{o}(T)$ durch Entscheidungsvektoren, die mit Hilfe der optimalen Entscheidungsregel (5.45) ermittelt werden. Dabei geht man wie folgt vor: Für den gegebenen Anfangszustand $x(0)$ wird gemäß (5.45) $\hat{u}(1)$ berechnet. Dieser Wert wird in Stufe 1 für u^{o} eingesetzt. Dann wird für $\bar{v}(1)$ und das neue $u^{o}(1)$ das deterministische System von Differenzengleichungen erneut nach $x^{o}(1)$ aufgelöst. Setzt man das neue $x^{o}(1)$ in die entsprechende Gleichung (5.45) ein, dann erhält man ein neues $\hat{u}(2)$, mit dem dann ein neues $x^{o}(2)$ bestimmt werden kann. Wiederholt man diese Berechnungen bis T, dann ergibt sich ein neuer Approximationspfad für Stufe 2. Daran schließen sich wieder die Berechnungen der Stufen 2 - 4 an.

6. Stufe:

In der letzten Stufe wird der erwartete maximale Wert des Zielfunktionals für die erste Periode berechnet. Diesen Wert erhält man mit Hilfe der Gleichung (5.50), wobei T durch 1 zu ersetzen ist, und durch die rekursive Lösung der vektoriellen Differenzengleichung (5.59) bis zum Zeitpunkt $t = 1$.

Damit ist das iterative Lösungsverfahren von Chow vollständig beschrieben.

Der von Chow entwickelte Vorschlag verbessert die nach dem Verfahren von Athans ermittelte Entscheidungsregel, da bei dem erstgenannten Verfahren die Entscheidungsregel Informationen über die Verteilung der stochastischen Variablen v(t), t = 1,...,T, berücksichtigt. Das hier vorgestellte Lösungsverfahren enthält als Spezialfall die Lösung eines nichtlinearen stochastischen Entscheidungsprozesses auf der Basis des Prinzips dynamischer Sicherheitsäquivalente, wie es von Athans vorgeschlagen wurde.[1] Das entsprechende Lösungsverfahren wird im folgenden Abschnitt angegeben.

53222 Die Berechnung dynamischer Sicherheitsäquivalente für nichtlineare stochastische Entscheidungsprozesse als Spezialfall des Chowschen Lösungsansatzes

Im folgenden geben wir das Lösungsschema zur Berechnung dynamischer Sicherheitsäquivalente für nichtlineare stochastische Entscheidungsprozesse an, das sich als Spezialfall des in Abschnitt 53221 beschriebenen Verfahrens ergibt. Die im folgenden angegebenen Lösungsstufen zeigen recht deutlich, wo die Erweiterungen des Chowschen Ansatzes im Vergleich zu dem Verfahren von Athans liegen.

Die Berechnung des Prinzips dynamischer Sicherheitsäquivalente für nichtlineare stochastische Entscheidungsprozesse umfaßt folgende Stufen:[2]

---

1) Vgl. dazu Abschnitt 531.

2) Vgl. dazu Chow, Gregory C., Analysis and Control, S. 291-292 in Verbindung mit S. 280-284; derselbe, An Approach to the Feedback Control of Nonlinear Econometric Systems, in: AESM, Vol. 5 (1976), S. 297-309, hier S. 301.

1. Stufe:

Diese Stufe ist identisch mit der Stufe 1 des Lösungsverfahrens von Chow in Abschnitt 53221.

2. Stufe:

Hier erfolgt die Berechnung der reduzierten Form des deterministischen Entscheidungsprozesses um die Linearisierungspunkte aus Stufe 1, wobei im Vergleich zur Stufe 2 in Abschnitt 53221 eine zusätzliche Approximation um $\bar{v}(t)$, $t = 1,\ldots,T$, vorgenommen werden muß.[1] Als lineare Approximation für den stochastischen Vektor $v(t)$ um den Erwartungswert $\bar{v}(t)$ erhält man

(5.63)

$$D_4(t) = \left(\frac{\partial f_1}{\partial \bar{v}(t)},\ldots,\frac{\partial f_n}{\partial \bar{v}(t)}\right), \qquad t = 1,\ldots,T,$$

(5.64)

$$\tilde{v}(t) = (I - D_1(T))^{-1} D_4(t)(v(t) - \bar{v}(t)), t = 1,\ldots,T,$$

(5.65)

$$x(t) = A(t)x(t-1) + B(t)u(t) + b(t) + \tilde{v}(t), \qquad t = 1,\ldots,T.$$

Für die Matrizen $A(t)$ und $B(t)$ sowie den Vektor $b(t)$ gelten die Definitionen (5.29) - (5.31). Das Zielfunktional wird analog zu (5.62) quadratisch approximiert.

3. Stufe:

In dieser Stufe werden die Koeffizienten $H(t)$, $G(t)$, $h(t)$ und $g(t)$, $t = T,\ldots,1$, berechnet. Sie bestimmen die optimale Entscheidungsregel und die zugehörigen Entscheidungsvariablen für die in Stufe 1 festgelegten Linearisierungspunkte

1) Vgl. dazu S. 158-160.

(5.66)

$$H(t-1) = K(t-1) + A(t)'H(t)A(t) + G(t)'B(t)'H(t)A(t), \quad t = T-1,...,1$$

und $H(T) = K(T)$;

(5.67) $$G(t) = -(B(t)'H(t)B(t))^{-1}B(t)'H(t)A(t), \quad t = T-1,...,1$$

und $h(T) = k(T)$;

(5.68)

$$g(t) = -(B(t)'H(t)B(t))^{-1}B(t)'(h(t) + H(t)b(t)), \quad t = T,...,1,$$

(5.69) $$u(t) = G(t)x(t-1) + g(t), \quad t = 1,...,T.$$

4. Stufe:

Mit den Entscheidungsvariablen $u(t)$, $t = 1,...,T$, der Stufe 3 werden die in Stufe 1 benutzten Variablen $u^o(t)$ ersetzt und die Berechnungen der Stufen 1 bis 4 solange wiederholt, bis $u(t)$, $t = 1,...,T$, in zwei aufeinanderfolgenden Iterationen konvergiert.

5. Stufe:

In der letzten Stufe wird der erwartete Zielfunktionswert zu Beginn des Planungszeitraumes $\hat{V}(1)$ berechnet

(5.70)

$$\hat{V}(1) = x(0)'(A(1) + B(1)G(1))'H(1)(A(1) + B(1)G(1))x(0)$$
$$+ 2x(0)'(A(1) + B(1)G(1))'(H(1)b(1) + h(1)) + c(1).$$

(5.70) enthält die Größe c(1), die mit Hilfe der Differenzengleichung

(5.71)

$$c(t-1) = (b(t) + B(t)g(t))'H(t)(b(t) + B(t)g(t)) + 2(b(t) + B(t)g(t))'h(t) + a(t) + E_{t-1}\left[\tilde{v}(t)'H(t)\tilde{v}(t)\right] + c(t), \quad t = T,T-1,\ldots,2,$$

für c(T) = a(T) rekursiv bestimmt werden kann.

Damit ist der Spezialfall, der auf dem Prinzip der dynamischen Sicherheitsäquivalente basiert, vollständig beschrieben.

Bei Anwendung des Prinzips dynamischer Sicherheitsäquivalente ist im Vergleich zu dem allgemeineren Ansatz von Chow nur der Erwartungswert $E_{t-1}\left[\tilde{v}(t)'H(t)\tilde{v}(t)\right]$, t = 1,...,T, zu berechnen, der sich relativ einfach aufgrund der stochastischen Variablen $\tilde{v}(t)$ bzw. v(t) ergibt.[1]

---

1) Zu $\tilde{v}(t)$ vgl. (5.19). Zur Bestimmungsgleichung für $E_{t-1}\left[\tilde{v}(t)'H(t)\tilde{v}(t)\right]$ vgl. auch Chow, Gregory C., An Approach, S. 301.

6 Die Ermittlung der (sub)optimalen Strategie für das nichtlineare stochastische Modell zur Planung langfristiger Investitions- und Finanzierungsentscheidungen

61 Die Anwendung des Lösungsverfahrens von Chow zur Ermittlung der optimalen Strategie

In diesem Abschnitt wird erläutert, wie mit Hilfe des Lösungsverfahrens von Chow[1] die (sub)optimale Strategie und die Entscheidung der ersten Periode für das in Abschnitt 4 entwickelte Modell zur langfristigen Investitions- und Finanzplanung bestimmt werden kann. Das nichtlineare stochastische Modell umfaßt die in dem Zustandsvektor $x(t) = (E(t), G_1(t),...,G_m(t), F_1(t), F_2(t), A_{k+1}(t),...,A_m(t))$ und die in dem Entscheidungsvektor $u(t) = (I_1(t),...,I_m(t), FA_1(t), FA_2(t))$ enthaltenen Zustands- bzw. Entscheidungsvariablen. Wegen der Diskontierung im Zielfunktional (4.33) mit einem zustandsabhängigen Eigenkapitalkostensatz k(t) muß die optimale Strategie durch sukzessives Anwenden des Chowschen Lösungsverfahrens (Abschnitt 53221) für verschiedene Eigenkapitalkostensätze k(t), die jeweils dem Finanzierungsrisiko der Gesellschaft anzupassen sind, wiederholt werden. Die Berechnung der (sub)optimalen Strategie für eine gegebene Folge von Werten $k(t)$, $t = 1,...,T$, wird als ein Iterationsschritt bezeichnet.

Die Struktur des Modells wird durch die folgenden Gleichungen bestimmt:

Das Zielfunktional ergibt sich aus (4.33) unter Berücksichtigung der Definitionsgleichungen (4.25) - (4.27) sowie (4.36) und (4.37)

1) Vgl. dazu Abschnitt 53221.

(6.1)

$$\max_{u(t)} = E_o\Big[\sum_{t=0}^{T}\Big(\sum_{j=1}^{m}\big[G_j(t) - I_j(t)\big] + FA_1(t) + FA_2(t) - \frac{1}{\hat{r}_1} F_1(t-1) - \frac{1}{\hat{r}_2} F_2(t-1) - (1-s(t))(m_1(t) + c_4(t)\frac{F(t)}{E(t)})F_1(t) - (1-s(t))(m_2(t) + c_5(t)\frac{F(t)}{E(t)})\cdot F_2(t) - (c_6(t)FA_2(t) + c_7(t)FA_2(t)^2)\Big)(1+k(t))^{-t} + E(T)(1+k(T))^{-T}\Big],$$

wobei der Eigenkapitalkostensatz $k(t)$ für jede Periode t mit Hilfe von (4.7) oder (4.8) berechnet und exogen vorgegeben wird.

Bei den folgenden Überlegungen gehen wir von einem degressiv ansteigendem Eigenkapitalkostensatz $k(t)$ gemäß (4.8) aus

$$(6.2)\quad k(t) = z + c_2(t)\,\frac{F(t)}{E(t)} + c_3(t)\left(\frac{F(t)}{E(t)}\right)^2,$$

$$c_2(t) > 0,$$
$$c_3(t) < 0,$$
$$t = 0,\dots,T.$$

Die Zustandsgleichungen des Entscheidungsprozesses lauten:

Der Marktwert des Eigenkapitals wird durch Gleichung (4.34) und die Definitionsgleichungen (4.25) - (4.27) sowie (4.36) und (4.37) determiniert

(6.3)

$$E(t) = (1+k(t))E(t-1) - \sum_{j=1}^{m}\big[G_j(t) - I_j(t)\big] -$$

$$FA_2(t) + \frac{1}{\hat{r}_1}F_1(t-1) + \frac{1}{\hat{r}_2}F_2(t-1) + (1-s(t))\cdot$$

$$(m_1(t) + c_4(t)\frac{F(t)}{E(t)})F_1(t) + (1-s(t))(m_2(t) +$$

$$c_5(t)\frac{F(t)}{E(t)})F_2(t) + c_6(t)FA_2(t) + c_7(t)FA_2(t)^2.$$

Für $k(t)$, $t = 0,\ldots,T$, gilt jeweils der exogen vorgegebene Wert aus (6.2).

Die kumulierten Gewinne der einzelnen Investitionsbereiche ergeben sich wie folgt

(6.4)

$$G_j(t) = G_j(t-1) + (1-s(t))(\tilde{r}_j(t)I_j(t)),\quad j = 1,\ldots,k,\quad t = 1,\ldots,T,$$

bzw.

(6.5)

$$G_j(t) = G_j(t-1) + (1-s(t))(b_{1j}(t) + b_{2j}(t)\frac{I_j(t)}{A_j(t-1)})I_j(t) + v_j(t),\quad j = k+1,\ldots,m\quad t = 1,\ldots,T.$$

Der Vektor der zufälligen Renditen $\tilde{r}_j(t)$, $j = 1,\ldots,k$, hat einen Erwartungswert $E[\tilde{r}(t)]$ und eine Kovarianz-Matrix $V[\tilde{r}(t)]$. der Vektor der Störvariablen $v_j(t)$, $j = k+1,\ldots,m$, in (6.5) hat einen Erwartungswert $E[v(t)]$ und eine Kovarianz-Matrix $V[v(t)]$.

Die Zustandsgleichungen für kurz- und langfristiges Fremdkapital lauten

(6.6)

$$F_1(t) = F_1(t-1) + FA_1(t) - \frac{1}{\hat{r}_1}F_1(t-1), \quad t = 1,\ldots,T$$

bzw.

(6.7)

$$F_2(t) = F_2(t-1) + FA_2(t) - \frac{1}{\hat{r}_2}F_2(t-1), \quad t = 1,\ldots,T.$$

Die Summe $F_1(t) + F_2(t) = F(t)$ beschreibt den Bestand an Fremdkapital, der zur Berechnung des Verschuldungsgrades $F(t)/E(t)$ benötigt wird. Die Vermögensbestände der einzelnen Investitionsbereiche ergeben sich gemäß

(6.8) $$A_j(t) = A_j(t-1) + I_j(t), \qquad j = k+1,\ldots,m, \quad t = 1,\ldots,T.$$

Außerdem sind die Anfangszustände $E(0), G_1(0),\ldots,G_m(0)$, $F_1(0), F_2(0)$ und $A_1(0),\ldots,A_m(0)$ gegeben.

Da es aufgrund der künftigen unsicheren Periodengewinne $\Delta G_j(t)$, $t = 1,\ldots,T$, nicht sinnvoll ist, den Entscheidungsvektor $u(t)$ für alle Perioden endgültig festzulegen, wird mit Hilfe des <u>Chowschen</u> Lösungsverfahrens[1] die (sub)optimale Strategie $u^*(t) = G(t)x(t-1) + g(t)$, $t = 1,\ldots,T$, bestimmt, welche die Erst-Perioden-Entscheidung $u^*(1) = (I_1(1),\ldots,I_m(1), FA_1(1), FA_2(1))$ sofort und die künftigen Entscheidungen $u^*(t)$, $t = 2,\ldots,T$, jeweils nach Kenntnis des tatsächlich eingetretenen Zustandsvektors $x(t-1)$ festlegt.

Wie bereits zu Beginn dieses Abschnittes angedeutet wurde, genügt es nicht, die lineare Entscheidungsregel nur einmal zu berechnen, da der Kalkulations-

---

1) Vgl. dazu Abschnitt 53221.

zinsfuß $k(t)$, $t = 1,\ldots,T$, der das Finanzierungsrisiko berücksichtigen muß, nicht von vornherein bekannt ist. Dem Einfluß des Verschuldungsgrades auf den Eigenkapitalkostensatz wird wie folgt Rechnung getragen:

Die lineare Entscheidungsregel $u^*(t) = G(t)x(t-1) + g(t)$, $t = 1,\ldots,T$, wird im ersten Iterationsschritt mit Hilfe des Chowschen Lösungsverfahrens (Stufe 1-6), Abschnitt 53221, für $k(t) = z$ bestimmt, wobei z der Eigenkapitalkostensatz der Gesellschaft bei Nichtverschuldung darstellt. Zu Beginn des zweiten Iterationsschrittes werden mit Hilfe der Erwartungswerte für $F(t)$ und $E(t)$, die aus Stufe 5 des ersten Iterationsschrittes des Chowschen Lösungsansatzes entnommen werden, die Verschuldungsgrade $F(t)/E(t)$, $t = 0,\ldots,T$, berechnet. Mit Hilfe dieser Verschuldungsgrade werden die Eigenkapitalkostensätze für den zweiten Iterationsschritt

(6.2)

$$k(t) = z + c_2(t)\frac{F(t)}{E(t)} + c_3(t)\left(\frac{F(t)}{E(t)}\right)^2, \quad c_2(t) > 0, \quad c_3(t) < 0, \quad t = 0,\ldots,T,$$

bestimmt. Die neuen Werte $k(t)$, $t = 0,\ldots,T$, werden dann im zweiten Iterationsschritt im Zielfunktional (6.1) und der Zustandsgleichung (6.3) eingesetzt. Mit diesen Werten wird durch erneute Anwendung der Stufen 1-6 des Chowschen Lösungsverfahrens eine neue Strategie $u^*(t) = G(t)x(t-1) + g(t)$, $t = 1,\ldots,T$, ermittelt. Dieser Iterationszyklus wird solange wiederholt, bis sich $u^*(t) = G(t)x(t-1) + g(t)$, $t = 1,\ldots,T$, in zwei aufeinanderfolgenden Iterationsschritten nicht mehr bzw. nur noch innerhalb im voraus festgelegten Intervall

$$(6.9) \quad u^*(t) = \{\underline{u}(t) \leq u^*(t) \leq \bar{u}(t)\}, \quad t = 1,\ldots,T,$$

ändert. $\underline{u}(t)$ stellt die Untergrenze und $\bar{u}(t)$ die Obergrenze des Intervalls dar, wobei sich diese Grenzwerte als realtive Veränderung (Prozentsätze) der Entscheidungsvariablen in zwei aufeinanderfolgenden Iterationen ergeben.[1]

62 Die Beurteilung der Konkursgefahr wegen Überschuldung

Das hier entwickelte Modell schließt durch die Bilanzgleichung (4.31) den Fall der Illiquidität aus, da in jeder Periode t die insgesamt erwarteten Einnahmen gleich den insgesamt erwarteten Ausgaben sein müssen. Die Konkursgefahr wird in unserem Modell lediglich unmittelbar berücksichtigt, indem die Zinssätze für Kredite mit zunehmender Verschuldung steigen, was einem zu starken Ansteigen der Verschuldung und damit einem Konkurs entgegenwirkt.

Bei juristischen Personen kann der Konkurs nicht nur durch Zahlungsunfähigkeit[2] des Schuldners ausgelöst werden, sondern auch durch Überschuldung. Der Konkursgrund Überschuldung liegt dann vor, wenn die Liquidationswerte des Vermögens die Verbindlichkeiten der Gesellschaft nicht mehr decken.[3] Die optimale Strategie des in Kapitel t enthaltenen Entscheidungsprozesses enthält keine Bedingung, die den Konkurs-

1) Ein Konvergenzbeweis für dieses Iterationsverfahren wurde bisher noch nicht geführt.

2) Ein Konkurs wegen Zahlungsunfähigkeit kann dann herbeigeführt werden, wenn der Schuldner dauerhaft nicht in der Lage ist, seine Verbindlichkeiten zu begleichen, vgl. dazu § 102 Konkursordnung.

2) Der Konkursgrund Überschuldung wird im § 207 Konkursordnung geregelt.

grund Überschuldung ausschließt. Es werden lediglich die obengenannten Kosten berücksichtigt, die nach Möglichkeit eine Überschuldung verhindern sollen.

Die mit Hilfe des Chowschen Lösungsansatzes ermittelte Strategie bietet dem Anwender des hier vorgeschlagenen Modells die Möglichkeit, die Gefahr eines Konkurses wegen Überschuldung nachträglich abzuschätzen. Zur Formulierung des entsprechenden Konkurskriteriums werden folgende Größen des optimalen Entscheidungsprozesses benötigt: Die Liquidationswerte der Vermögensgegenstände können aus den bis zum Zeitpunkt t insgesamt investierten Vermögensgegenstände $A(t) = \sum_{t=1}^{m} A_i(t)$ berechnet werden. Da die Marktwerte meist niedriger als die jeweiligen Anschaffungswerte (= Investitionsbeträge) sind, wird A(t) um einen prozentualen Abschlag a korrigiert, der im Zeitverlauf als konstant angenommen wird. Die Verbindlichkeiten der Gesellschaft im Zeitpunkt t setzen sich aus dem bis zum Zeitpunkt t insgesamt aufgenommenen Kreditbetrag und den Zinszahlungen der Periode t zusammen. Das Konkurskriterium wegen Überschuldung lautet dann

(6.10)

$$F_1(t) + F_2(t) + i_1(t)F_1(t) + i(t)F_2(t) \geq (1-a)A(t), \quad t = 1,...,T,$$

bzw. nach Umformung

(6.11)

$$(1+i_1(t))F_1(t) + (1+i_2(t))F_2(t) \geq (1-a)A(t), \quad t = 1,...,T.$$

Die erwarteten Zustandsvariablen $F_1(t)$, $F_2(t)$ und A(t) fallen in jedem Iterationsschritt (in Stufe 5) an[1)]

1) Vgl. dazu Abschnitt 53221 und 61.

und können für jede Periode t zur Berechnung der Ungleichung (6.11) verwendet werden. Damit besitzt man für die praktische Anwendung des Modells ein zusätzliches Beurteilungskriterium für die Konkursgefahr wegen Überschuldung. Es ist aber zu beachten, daß die Ungleichung (6.11) nicht in den Kalkül zur Ermittlung der optimalen Strategie eingeht, sondern erst nachträglich berechnet wird. Ergibt sich bspw. eine optimale Strategie, die gemäß (6.11) eine Überschuldung der Gesellschaft anzeigt, dann kann man etwa durch Erhöhung der Kosten für finanzielle Schwierigkeiten, d.h. durch Planung von konkursverhindernden Maßnahmen, versuchen, die Konkursgefahr abzuwenden.

7 Zusammenfassende Thesen

1. Die Unternehmensleitung einer Aktiengesellschaft versucht, so wird angenommen, durch Maximierung des (erwarteten) Marktwertes des Eigenkapitals, den aus ihrer Sicht bestmöglichen Betrag zur Maximierung des Reichtums der gegenwärtig an der Gesellschaft beteiligten Anteilseigner zu leisten. Das Ziel Marktwertmaximierung kann unter bestimmten Voraussetzungen gegen das Ziel Maximierung des Erwartungswertes des Nutzens der Anteilseigner verstoßen. Das Ziel Marktwertmaximierung hat den Vorteil, daß die Unternehmensleitung bei ihren Entscheidungen zumindest nicht explizit die subjektive Risikoeinstellung der einzelnen Anteilseigner berücksichtigen muß.

2. Legt die Unternehmensleitung das Investitionsvolumen, den Eigen- und Fremdkapitalbedarf unter Berücksichtigung eines unvollkommenen Kapitalmarktes für Fremdfinanzierungsmöglichkeiten so fest, daß der Marktwert des Eigenkapitals maximiert wird, dann müssen die Investitionsentscheidungen und die Entscheidungen bezüglich der Strukturierung von Eigen- und Fremdkapital simultan getroffen werden. Nur unter den sehr speziellen Annahmen des Elton-Gruber-Modells kann gezeigt werden, daß auf einem beschränkten Kapitalmarkt mit einem konstanten Kreditzinssatz Investitionsentscheidungen von Finanzierungsentscheidungen getrennt werden können.

3. Eine adäquate Abbildung der zeitlichen Struktur der relevanten Größen in einem Modell zur langfristigen Investitions- und Finanzplanung erfordert sowohl unter sicheren als auch unsicheren Erwartungen die Formulierung von mehrperiodigen Entscheidungsmodellen, deren endogene Größen im Zeitverlauf variabel sind. Ein Entscheidungsmodell mit

stochastischen Variablen wird die zeitliche Struktur nur dann adäquat abbilden, wenn es die Entscheidungsvariablen nicht bereits zu Beginn des Planungszeitraumes für jeden Entscheidungszeitpunkt endgültig festlegt.

4. Das Elton-Gruber-Modell zur simultanen Planung von Investitions- und Finanzierungsentscheidungen bei einwertigen Erwartungen, aber mit einer die zeitliche Entwicklung der Variablen explizit berücksichtigende Modellstruktur liefert folgende Ergebnisse:

   a) Der Verschuldungsumfang ist stets soweit auszudehnen, daß das exogen vorgegebene Verhältnis zwischen Fremd- und Eigenkapital gerade noch eingehalten wird.

   b) Die Investitionsentscheidungen können von den Finanzierungsentscheidungen getrennt werden und mit Hilfe des Kapitalkostenkriteriums getroffen werden. Im Optimum sind die Fremd- und Eigenkapitalkosten identisch.

   c) Der Marktwert des Eigenkapitals ist unabhängig von den Dividendenentscheidungen der Gesellschaft.

   d) Das Modell gibt neben dem marktwertmaximalen Investitionsvolumen, die optimale Eigen- und Fremdkapitalaufnahme sowie den ausschüttungsfähigen Betrag an die Anteilseigner im Zeitverlauf an.

5. Das kontrolltheoretische Instrumentarium eignet sich zur Beschreibung und Optimierung von komplizierteren investitions- und finanzierungstheoretischen Entscheidungsmodellen als das Entscheidungsmodell von Elton-Gruber.

6. Für konkrete Investitions- und Finanzierungsentscheidungen benötigt die Unternehmensleitung zur Bestimmung der Eigenkapitalkosten Hypothesen darüber, wie der Markt den unsicheren Netto-Ausschüttungsstrom unter Berücksichtigung des Finanzierungsrisikos bewertet. Der entsprechende Eigenkapitalkostensatz bei Nichtverschuldung wird mit Hilfe von Ergebnissen der Kapitalmarkttheorie zu ermitteln versucht. Der Einfluß der Fremdfinanzierung auf den Eigenkapitalkostensatz ist eine Funktion der Kapitalstruktur, die wiederum von den Entscheidungen der Unternehmensleitung im Zeitverlauf abhängt.

7. Bei den Fremdfinanzierungsmöglichkeiten wird hinsichtlich kurz- und langfristiger Kredite unterschieden, wobei jeweils nur die in Anspruch genommenen Kreditbeträge und nicht einzelne Kredite berücksichtigt werden. Die Zinsen für kurz- und langfristige Kredite hängen zum einen von den am Markt beobachtbaren Zinssätzen und zum anderen vom Verhalten der Kreditgeber gegenüber dem Konkurs- und Vergleichsrisiko ab.

8. Die erwarteten Einzahlungsüberschüsse resultieren aus verschiedenen Investitionsbereichen und werden durch die in diesen Bereichen erwarteten Gewinne gemessen. Diese Gewinne sind unsichere Grössen und hängen von dem Netto-Investitionsvolumen ab, das in den betreffenden Investitionsbereichen realisiert wird.

9. Das stochastische Entscheidungsmodell zur Investitions- und Finanzplanung, das in jeder Periode

durch mehrere Zustands- und Entscheidungsvariablen beschrieben wird, ist so strukturiert, daß die Entscheidungen nicht bereits zu Beginn des Planungszeitraumes endgültig festgelegt werden, sondern jeweils unter Berücksichtigung des tatsächlich eingetretenen Zustandes.

10. Zur Lösung von nichtlinearen stochastischen Entscheidungsprozessen, die durch Systeme von Differenzengleichungen beschrieben werden, existieren bisher keine Optimierungsverfahren, die eine absolut optimale Strategie bestimmen. Man ist deshalb gezwungen, bestimmte Approximationsverfahren heranzuziehen. Das Verfahren von Chow ermittelt eine lineare Entscheidungsregel, welche die Entscheidungsvariablen der Periode t in Abhängigkeit des gerade eingetretenen Zustandes festlegt. Bei der Herleitung dieser Strategie wird deutlich, wo die Suboptimalität dieser Strategie begründet liegt.

11. Die Parameter der (sub)optimalen Strategie eines nichtlinearen stochastischen Prozesses lassen sich mit Hilfe des Computers ermitteln. Das vorgeschlagene Lösungsverfahren ist so angelegt, daß der Approximationsfehler der linearen Entscheidungsregel verringert werden kann. Vermeiden läßt er sich nicht.

12. Der Vorteil des numerischen Lösungsverfahrens liegt darin, daß der Algorithmus allgemein zur Berechnung von Parametern einer linearen Entscheidungsregel in nichtlinearen Entscheidungsprozessen herangezogen werden kann, wenn das Zielfunktional des Prozesses quadratisch approximiert werden kann und der Prozeß durch ein System von nichtlinearen stochastischen Differenzengleichungen mit stocha-

stischen Parametern und/oder additiven Störvariablen beschrieben wird.

13. Das allgemein beschriebene Lösungsverfahren kann zur Ermittlung der (sub)optimalen Strategie in einem stochastischen Entscheidungsprozeß der Investitions- und Finanzplanung herangezogen werden. Die (sub)optimale Strategie, die das marktwertmaximale Investitionsvolumen für verschiedene Investitionsbereiche und die zugehörigen optimalen Bestände an Eigenkapital, kurz- und langfristigem Fremdkapital simultan festlegt, stellt für die Unternehmensleitung eine Entscheidungshilfe zur Ermittlung von Investitions- und Finanzierungsentscheidungen auf einem unvollkommenen Kapitalmarkt dar.

Anhang 1: Die notwendigen Bedingungen des Pontrjaginschen Maximumprinzips[1)]

Das Pontrjaginsche Maximumprinzip liefert einen Existenzbeweis zur Optimierung von deterministischen, zeitkontinuierlichen Prozessen. Wir geben im folgenden lediglich die notwendigen Bedingungen für ein deterministisches Steuerungsmodell (Entscheidungsmodell) mit Nebenbedingungen in Gleichungs- und Ungleichungsform an.

Das allgemeine Problem lautet wie folgt

(1) $\max \int_{0}^{T} (W(w(t),u(t),t)dt + Z(x(T)))$

unter Berücksichtigung von

(2) $\dot{x}(t) = f(x(t),u(t),t),$ $t \in [0,T]$ und $x(0)$ gegeben,

(3) $h(x(t),u(t),t) = 0$ $t \in [0,T],$

(4) $k(x(t),u(t),T) \geq 0,$ $t \in [0,T].$

Außerdem gilt noch die Endbedingung

(5) $g(x(T)) \geq 0.$

$x(t)$ ist ein n-dimensionaler Zustandsvektor, während $u(t)$ einen m-dimensionalen Steuerungsvektor (Entscheidungsvektor) darstellt. $h(x(t),u(t),t)$ und $k(x(t),u(t),t)$ sind r- bzw. s-dimensionale Vektorfunktionen.

---

1) Vgl. Pontrjagin, L.S., u.a., Mathematische Theorie, S. 246-302; Athans, Michael, Falb, Peter L., Optimal Control; Arrow, Kenneth J., Applications of Control Theory, S. 85-119; Stöppler, Siegmar, Dynamische Produktionstheorie, S. 87-102.

Die Endbedingung $g(x(T))$ ist eine q-dimensionale Vektorfunktion, die den Bereich angibt, innerhalb dessen $x(T)$ liegen muß. Die verallgemeinerte Hamiltonfunktion (Lagrangefunktion)

(6) $H(x(t),u(t),p(t),v(t),w(t),t) =$

$$W(x(t),u(t),t) + p(t)'f(x(t),u(t),t)$$

$$+ v(t)'h(x(t),u(t),t) + w(t)'k(x(t),u(t),t)$$

erlaubt es, die Zielfunktion (1) für jeden Zeitpunkt t getrennt zu maximieren. In (6) bedeuten $p(t)$, $t\varepsilon[0,T]$, einen n-dimensionalen Kozustandsvektor, $v(t)\lesseqgtr 0$, $t\varepsilon[0,T]$, einen r-dimensionalen Vektor von Lagrange-Multiplikatoren und $w(t) \geq 0$, $t\varepsilon[0,T]$, einen s-dimensionalen Vektor von Kuhn-Tucker-Multiplikatoren.

Das Theorem zur optimalen Steuerung unter Berücksichtigung des Systems von Zustandsgleichungen (2) und der Nebenbedingungen (3) - (5) lautet:

Ist $u^*(t)$ die optimale Steuerung, welche die Zielvorschrift (1) maximiert und $x^*(t)$ der zugehörige optimale Zustandsverlauf, $t\varepsilon[0,T]$, dann sind die folgenden Funktionen $p^*(t)$, $v^*(t)$, $w^*(t)$ und a notwendige Optimumsbedingungen, wenn sie folgenden Beziehungen genügen:

1. Kozustandsfunktion $p^*(t)$ und die Zustandsvariablen $x^*(t)$ müssen folgende Beziehungen erfüllen, wobei $H^*(t) = H(x^*(t),u^*(t),v^*(t),w^*(t),t)$ gilt:

$$\dot{x}^*(t) = \left.\frac{\partial H^*(t)}{\partial p^*(t)}\right|_* = f(x^*(t),u^*(t),t)$$

$$\dot{p}(t) = \left.\frac{\partial H^*(t)}{\partial x(t)}\right|_* = -\left[\frac{\partial W(x^*(t),u^*(t),t)}{\partial x(t)} + \frac{\partial p^*(t)'f(x^*(t),u^*(t),t)}{\partial x(t)} + \frac{\partial v^*(t)'h(x^*(t),u^*(t),t)}{\partial x(t)} + \frac{\partial w^*(t)'k(x^*(t),u^*(t),t)}{\partial x(t)}\right]$$

2. Das System der Zustandsgleichungen genügt den Anfangsbedingungen $x(0)$.

3. Die Hamiltonfunktion $H^*(t)$ nimmt für $u^*(t)$, und zwar für alle $t \varepsilon [0,T]$, ein Maximum an

$$\max_{u(t)} H(x^*(t),u(t),p^*(t),v^*(t),w^*(t),t) =$$
$$H(x^*(t),u^*(t),p^*(t),v^*(t),w^*(t),t).$$

4. In einem Modell des explizit von t abhängt, genügt $H^*(t)$ entlang dem optimalen Zustandsverlauf $x^*(t)$ der Bedingung

$$H^*(t) = H^*(T) - \int_0^T \frac{\partial H(\tau)}{\partial \tau} d\tau.$$

5. Für die Nebenbedingungen in Gleichungsform gilt $h(x^*(t),u^*(t),t) = 0$, wobei $v^*(t)$ keiner Vorzeichenbeschränkung unterliegt.

6. Die Nebenbedingungen in Ungleichungsform erfüllen $w^*(t)'k(x^*(t),u^*(t),t) = 0$ und $w^*(t) \geq 0$, $t \varepsilon [0,T]$.

7. Bezüglich der Endbedingung der optimalen Zustandsvariablen $x^*(T)$ muß folgende Beziehung, auch Transversalitätsbedingung genannt, erfüllt sein

$a \cdot g(x(T)) = 0$ und $a \geq 0$.

Außerdem muß gelten

$$p^*(T) = a \cdot \frac{\partial g(x^*(T))}{\partial x(T)} + \frac{\partial Z(x^*(T))}{\partial x(T)}.$$

Damit sind die notwendigen Bedingungen des Pontrjaginschen Maximumprinzips vollständig angegeben. Anhand der notwendigen Optimumbedingungen kann für kleine Probleme u.U. eine analytische Lösung gefunden werden, wohingegen bei mehreren Zustandsgleichungen und Nebenbedingungen nur numerische Lösungsverfahren angewendet werden können.[1)]

1) Zu den numerischen Lösungsverfahren zur Ermittlung der optimalen Steuerung vgl. z.B. Lee, E.P., Markus, L., Foundations of Optimal Control Theory, New York u.a. 1967, S. 481-515; Bryson, Arthur E., Ho, Yu-Chi, Applied Control, S. 212-245; Stöppler, Siegmar, Dynamische Produktionstheorie, S. 143-157.

Anhang 2: Allgemeine Lösung der linearen Differentialgleichung (2.56)

Die Lösung der linearen Differentialgleichung erster Ordnung

$$(2.56)\quad \dot{E}^*(t) = mE^*(t) - \frac{G(O) + (1-s)\hat{r}(I^*)I^*t - I^*}{1+Q}$$

wird durch Variation der Konstanten gelöst. Die Lösung des homogenen Teils der Differentialgleichung $E(t)-mE(t)=0$ ist gleich

$$(1)\quad E^*(t) = C(t)\ .\ e^{-\int(-m)dt} = C(t)\ e^{mt}.$$

Differenziert man (1) nach t, dann erhält man

$$(2)\quad \dot{E}^*(t) = \dot{C}(t)\ e^{mt} + C(t)\ me^{mt}.$$

Durch Einsetzen von (1) und (2) in (2.56) ergibt sich

$$(3)\quad \dot{C}(t)\ e^{mt} + C(t)me^{mt} - mC(t)e^{mt} = -q(t),$$

wobei $q(t) = \frac{G(O) + (1-s)\hat{r}(I^*)I^*t - I^*}{1+Q}$ gilt.

Gleichung (3) läßt sich umformen in

$$(4)\quad \dot{C}(t) = -q(t)e^{-mt}.$$

Die allgemeine Lösung der linearen Differentialgleichung (2.56) ergibt sich nach Integration von (4) und Einsetzen der Lösung in (1)

(5)

$$C(t) = -\int\dot{C}(t)dt + C_1 = \int \frac{G(O) + (1-s)\hat{r}(I^*)I^*t - I^*}{1+Q}\, e^{-mt}dt$$

$$+ C_1$$

$$= - \frac{G(O)}{1+\hat{Q}} \int e^{-mt}dt - \frac{(1-s)r(I^*)I^*}{1+\hat{Q}} \int te^{-mt}dt$$

$$+ \frac{I^*}{1+\hat{Q}} \int e^{-mt}dt + C_1,$$

$$C(t) = - \frac{G(O)}{1+\hat{Q}} [- \frac{e^{-mt}}{m}] - \frac{(1-s)r(I^*)I^*}{1+\hat{Q}} [- \frac{te^{-mt}}{m} -$$

$$\frac{e^{-mt}}{m^2}] + \frac{I^*}{1+\hat{Q}} [- \frac{e^{-mt}}{m}] + C_1$$

$$= \frac{1}{1+\hat{Q}} [\frac{G(O)}{m} e^{-mt} + \frac{(1-s)r(I^*)t}{m} e^{-mt} +$$

$$\frac{(1-s)r(I^*)I^*}{m^2} e^{-mt} - \frac{I^*}{m} e^{-mt}] + C_1,$$

(6)

$$E(t) = C(t)\ e^{mt} = \frac{1}{1+\hat{Q}} [\frac{G(O)}{m} + \frac{(1-s)r(I^*)t}{m} +$$

$$\frac{(1-s)r(I^*)I^*}{m^2} - \frac{I^*}{m}] + C_1e^{mt}$$

Für $t = 0$ und $C_1 = 0$ ergibt sich

(7) $$E(O) = \frac{1}{1+\hat{Q}} [\frac{G(O)}{m} - \frac{I^*}{m} + \frac{(1-s)r(I^*)I^*}{m^2}].$$

Anhang 3: Optimierung eines linear quadratischen Entscheidungsprozesses mit Hilfe der Lagrange-Methode[1]

Es soll hier gezeigt werden, wie die optimalen Parameter der linearen Entscheidungsregel für einen stochastischen linear quadratischen Entscheidungsprozeß bestimmt werden können. Außerdem wollen wir die zugehörige Bestimmungsgleichung für die Kovarianzmatrix der Zustandsgleichungen ermitteln.

Gegeben ist die Zielvorschrift

$$(1) \quad \max J = E_O\left[\sum_{t=O}^{T} (k(t)'x(t) - \tfrac{1}{2}x(t)'K(t)x(t))\right]$$

und die Zustandsgleichungen

$$(2) \quad x(t) = A(t)x(t-1) + B(t)u(t) + b(t) + \tilde{v}(t),$$

$$t = 1,...,T \text{ und}$$

$$x(O) \text{ bekannt.}$$

x(t) ist ein n-dimensionaler Zustandsvektor, A(t) eine (n,n)-dimensionale Koeffizienten-Matrix, u(t) ein m-dimensionaler Entscheidungsvektor und B(t) eine (n,m)-dimensionale Koeffizienten-Matrix, während b(t) einen n-dimensionalen Vektor der exogenen Variablen und v(t) einen n-dimensionalen Vektor stochastischer Störvariablen mit $\bar{v}(t) = O$ und der Varianz V(t) darstellen.

Die Gleichungen (1) und (2) können in einen deterministischen und stochastischen Teil zerlegt werden

1) Zu dieser Ableitung vgl. Chow, Gregory C., Analysis and Control, S. 156-160 und S. 163-167, und derselbe, Optimal Control of Linear Econometric Systems with Finite Time Horizion, in: IER, Vol. 13 (1972), S. 16-25, hier, S. 19-25.

$$(3)\quad \max J = \sum_{t=0}^{T} (k(t)'\bar{x}(t) - \frac{1}{2}\bar{x}(t)'K(t)\bar{x}(t)) - \frac{1}{2} E_0 \left[\sum_{t=0}^{T} x^*(t)'K(t)x^*(t) \right]$$

bzw.

$$(4)\quad \bar{x}(t) = A(t)\bar{x}(t-1) + B(t)\bar{u}(t) + b(t),$$

$$t = 1,\dots,T \text{ und}$$

$$\bar{x}(1) = x(1)$$

und

$$(5)\quad x^*(t) = A(t)x^*(t-1) + B(t)u^*(t) + \tilde{v}(t),$$

$$t = 1,\dots,T \text{ und}$$

$$x^*(0) = 0,$$

wobei die Werte $\bar{x}(t)$ und $\bar{u}(t)$ von den stochastischen Störvariablen $\tilde{v}(t)$, $t = 1,\dots,T$, unabhängig sind.
Für $x^*(t)$ und $u^*(t)$ gilt $x^*(t) = x(t) - \bar{x}(t)$ und $u^*(t) = u(t) - \bar{u}(t)$.

Bevor wir dieses Problem mit Hilfe der Lagrange-Methode lösen, wollen wir folgende Annahme setzen:
Die optimale Entscheidung für den stochastischen Teil werde durch eine lineare Funktion

$$(6)\quad u^*(t) = G(t)x^*(t-1),\ t = 2,\dots,T,$$

bestimmt. Die Optimalität der (linearen) Struktur der Entscheidungsregel kann mit diesem Ansatz nicht nachgewiesen werden, doch läßt sich z.B. mit Hilfe der dynamischen Programmierung zeigen, daß (6) für den stochastischen Teil auch optimal ist.[1]

---

1) Vgl. Chow, Gregory C., Analysis and Control, S. 176-180.

Der stochastische Teil der Zielfunktion (3) läßt sich dann wie folgt umformen

$$(7) \quad J_2 = -\frac{1}{2} E_0 \left[\sum_{t=0}^{T} x^*(t)'K(t)x^*(t) \right]$$

$$= -\frac{1}{2} E_0 \left[\sum_{t=0}^{T} sp(x^*(t)'K(t)x^*(t)) \right]$$

$$= -\frac{1}{2} \sum_{t=0}^{T} sp(K(t)E[x^*(t)x^*(t)'])$$

$$= -\frac{1}{2} \sum_{t=0}^{T} sp(K(t)\Gamma(t)),$$

wobei sp die Spur der Matrix bedeutet. Die Spur der Matrix kann deshalb verwendet werden, da es sich hierbei um ein Skalar handelt. $E[x^*(t)x^*(t)']$ stellt die Kovarianz-Matrix der Zustandsvariablen dar und hängt wegen (6) von $G(t)$, $t = 1,\dots,T$, ab, wie folgende Umformungen zeigen. Durch Einsetzen von (6) in (5) ergibt sich

$$(8) \quad x^*(t) = (A(t) + B(t)G(t))x^*(t-1) + \tilde{v}(t)$$

$$= R(t)x^*(t-1) + \tilde{v}(t), \qquad t = 1,\dots,T,$$

wobei $R(t) = A(t) + B(t)G(t)$. Multipliziert man (8) von rechts mit $x^*(t)'$ und bildet den Erwartungswert, dann erhält man

$$(9) \quad E[x^*(t)x^*(t)'] = R(t)E[x^*(t-1)x^*(t)'] + E[\tilde{v}(t)x^*(t)']$$

$$= R(t)E[x^*(t-1)x^*(t)'] + V(t), \; t = 1,\dots,T,$$

wobei $E[\tilde{v}(t)x^{*}(t)'] = E[\tilde{v}(t)v(t)'] = V(t)$

und $V(0) = 0$ gilt.

Transponiert man (8), multipliziert diesen Ausdruck von links mit $x^{*}(t-1)$ und bildet außerdem den Erwartungswert, dann gilt

$$(10) \quad E[x^{*}(t-1)x^{*}(t)'] = E[x^{*}(t-1)x^{*}(t-1)']R(t)', \quad t = 1,\ldots,T.$$

Nach Einsetzen von (10) in (9) erhält man

(11)

$$E[x^{*}(t)x^{*}(t)'] = \Gamma(t) = V(t) + R(t)E[x^{*}(t-1)\cdot x^{*}(t-1)']R(t)'$$
$$= V(t) + (A(t) + B(t)G(t))\Gamma(t-1)\cdot (A(t) + B(t)G(t))', t = 1,\ldots,T.$$

J_2 könnte nun wegen der Abhängigkeit von $G(t)$, $t = 1,\ldots,T$, gemäß (8) als Funktion von $G(t)$, $t = 1,\ldots,T$, aufgefaßt und nach $G(t)$ maximiert werden.[1] Da dies zu sehr zu komplizierten Ausdrücken führt, kann auch ein äquivalentes Maximierungsproblem mit Nebenbedingungen formuliert werden, wo J_2 unter der Nebenbedingung (11) maximiert wird.

Berücksichtigt man diese Umformung des zweiten (stochastischen) Terms des Zielfunktionals, dann lautet die Lagrange-Funktion für das deterministische und stochastische Problem

(12)

$$L = \sum_{t=1}^{T} (k(t)'\bar{x}(t) - \frac{1}{2}\bar{x}(t)'K(t)\bar{x}(t)) - \frac{1}{2}\sum_{t=1}^{T} sp(K(t)\Gamma(t))$$

---

1) Vgl. Chow, Gregory C., Optimal Control, S. 19-20.

$$- \sum_{t=1}^{T} \lambda(t)'(\bar{x}(t) - A(t)\bar{x}(t-1) - B(t)\bar{u}(t) + b(t))$$

$$+ \sum_{t=1}^{T} sp\{H(t)\left[\Gamma(t) - V(t) - (A(t)\right.$$

$$\left. + B(t)G(t))\Gamma(t-1)(A(t) + B(t)G(t))'\right]\}$$

In (12) bedeuten $\lambda(t)$ und $H(t)$, $t = 1,\ldots,T$, die jeweiligen Lagrange-Multiplikatoren, wobei der stochastische Teil sowohl von $\Gamma(t)$ und $G(t)$, $t = 1,\ldots,T$, abhängt.

Aufgrund der notwendigen Optimumbedingungen ist L nach $\bar{x}(t)$, $\bar{u}(t)$, $\lambda(t)$, $G(t)$, $\Gamma(t)$ und $H(t)$ zu differenzieren. Dabei wird folgende Differentiationsregel zugrunde gelegt [1]

$$(13) \quad \frac{\partial sp(H(t)B(t)G(t)\Gamma(t-1)A(t)')}{\partial G(t)}$$

$$= \frac{\partial sp(G(t)\Gamma(t-1)A(t)'H(t)B(t))}{\partial G(t)}.$$

Nach der Differentiation von (13) erhält man

$$(14) \quad (\Gamma(t-1)A(t)'H(t)B(t))' = B(t)'H(t)A(t)\Gamma(t-1).$$

Die Ableitungen der Lagrange-Funktion lauten:

$$(15) \quad \frac{\partial L}{\partial \bar{x}(t)} = k(t) - K(t)\bar{x}(t) - \lambda(t)$$

$$+ A(t+1)'\lambda(t+1) = 0, \text{ und } \lambda(T+1) = 0,$$

$$(16) \quad \frac{\partial L}{\partial \bar{u}(t)} = B(t)'\lambda(t) = 0, \qquad t = 1,\ldots,T,$$

$$(17) \quad \frac{\partial L}{\partial \lambda(t)} = -(\bar{x}(t) - A(t)\bar{x}(t-1) - B(t)\bar{u}(t) - b(t))$$

$$= 0,$$

$$(18)\quad \frac{\partial L}{\partial G(t)} = - 2B(t)'H(t)A(t)\Gamma(t-1)$$

$$- 2B(t)'H(t)B(t)G(t)\Gamma(t-1) = 0,$$

$$t = 1,\ldots,T,$$

$$(19)\quad \frac{\partial L}{\partial \Gamma(t)} = - K(t) + H(t) - (A(t+1) + B(t+1)\cdot$$

$$G(t+1))'H(t+1)(A(t+1) + B(t+1)G(t+1))$$

$$= 0, \qquad t = 1,\ldots,T-1,$$

$$(20)\quad \frac{\partial L}{\partial \Gamma(T)} = - K(T) + H(T) = 0$$

$$(21)\quad \frac{\partial L}{\partial H(t)} = \Gamma(t) - V(t) - (A(t) + B(t)G(t))\cdot$$

$$\Gamma(t-1)(A(t) + B(t)G(t))' = 0,$$

$$t = 1,\ldots,T.$$

Die Bedingungen (15) - (17) stellen ein System von Differenzengleichungen dar, das sich für jeden Zeitpunkt t lösen läßt. Dies geschieht am besten rekursiv. Für t=T läßt sich (15) umformen

$$(22)\quad \lambda(T) = - K(T)\bar{x}(T) + k(T) + A(T+1)'\lambda(T+1)$$

$$= - H(T)\bar{x}(T) + h(T).$$

Wegen $\lambda(T+1) = 0$ gilt

$$(23)\quad H(T) = K(T) \text{ und}$$

$$(24)\quad h(T) = k(T)$$

Nach Einsetzen von (22) und (17) in (16) erhält man

$$(25) \quad B(T)'\lambda(T) = B(T)'(-H(T)\bar{x}(t) + h(T))$$

$$= B(T)'(-H(T)A(T)'x(T-1) -$$

$$H(T)B(T)u(T) - H(T)b(T) + h(T)).$$

(25) läßt sich nach $\bar{u}(T)$ auflösen

$$(26) \quad \bar{u}(T) = G(T)\bar{x}(T-1) + g(T), \text{ wobei}$$

$$(27) \quad G(T) = -(B(T)'H(T)B(T))^{-1}B(T)'H(T)A(T) \text{ und}$$

$$(28) \quad g(T) = -(B(T)'H(T)B(T))^{-1}B(T)'(H(T)b(T) - h(T)).$$

Durch Einsetzen von (26) in (17) erhält man

$$(29) \quad \bar{x}(T) = (A(T) + B(T)G(T))\bar{x}(T-1) + b(T) + B(T)g(T).$$

Setzt man (29) in (22) ein, dann gilt

$$(30) \quad \lambda(T) = - H(T)(A(T) + B(T)G(T))\bar{x}(T-1) - H(T)\cdot$$

$$(b(T) + B(T)g(T)) + h(T).$$

Damit ist $\lambda(T)$ in (22) in Abhängigkeit von $x(T)$, der Entscheidungsvektor $u(T)$ in Abhängigkeit von $\bar{x}(T-1)$ und $\bar{x}(T)$ wiederum in Abhängigkeit von $\bar{x}(T-1)$ bestimmt worden. Substituiert man $\lambda(T)$ in (15) durch (30), wobei $t = T-1$ gilt, dann erhält man

$$(31) \quad \lambda(T-1) = - K(T-1)\bar{x}(T-1) + k(T-1) + A(T)'\lambda(T)$$

$$= - H(T-1)\bar{x}(T-1) + h(T-1)$$

mit

(32) $H(T-1) = K(T-1) + A(T)'H(T)(A(T) + B(T)G(T))$

und

(33) $h(T-1) = k(T-1) - A(T)'H(T)(b(T) + B(T)g(T))$

$$+ A(T)'h(T)$$

Gleichung (31) hat die gleiche Struktur wie (22), folglich gelten für die Periode T-1 und auch für T-2,...,2 die gleichen Überlegungen wie für Periode T.

Mit Hilfe von (23), (32) und (27) können H(t) und G(t), t = T,...,1 und mit (24), (33) und (28) h(t) und g(t), t = T,...,1, rekursiv bestimmt werden, wobei jeweils T durch t zu ersetzen ist.

Mit diesen Größen sind die optimalen Entscheidungsvektoren $\bar{u}(t)$ als lineare Entscheidungsregel für t = 1,...,T vollständig bestimmt

Aus den notwendigen Optimumbedingungen (18) - (20) ergeben sich folgende Beziehungen

(34) $G(t) = -(B(t)'H(t)B(t))^{-1}B(t)'H(t)A(t),$

$$t = 1,...,T,$$

(35) $H(t) = K(t) + (A(t+1) + B(t+1)G(t+1))'\cdot$

$$H(t+1)(A(t+1) + B(t+1)G(t+1)),$$

$$t = 1,...,T-1$$

und

(36) $H(T) = K(T).$

Daraus könnten ebenfalls $H(t)$ und $G(t)$, $t = T,\ldots,1$, rekursiv bestimmt werden. Da Gleichung (34) mit (27), (35) mit (32) und (36) mit (23) identisch ist, ist auch die Koeffizienten-Matrix $G(t)$ der Entscheidungsregel, $t = 1,\ldots,T$, für den deterministischen und stochastischen Teil gleich. Dies läßt sich wie folgt zeigen:

(36) und (23) sind offensichtlich identisch, ebenso wird (35) gleich (32), wenn man (35) um eine Periode verzögert und für das zweite $G(t)$ in (35) Gleichung (34) einsetzt. Aus dieser Identität folgt, daß $G(t)$ und damit auch $H(t)$, $t = 1,\ldots,T$, nur einmal berechnet werden müssen.

Aus der notwendigen Optimumsbedingung (21) resultiert weiter die Bestimmungsgleichung für die Kovarianzmatrix $\Gamma(t)$

$$(37)\quad \Gamma(t) = V(t) + (A(t) + B(t)G(t))\Gamma(t-1)(A(t) + B(t)G(t))', \qquad t = 1,\ldots,T.$$

Verbindet man die optimale Entscheidungsregel für den deterministischen Teil (26) mit derjenigen für den stochastischen Teil, dann erhält man die optimale Regel des gesamten Problems

$$\begin{aligned}(38)\quad u(t) &= \bar{u}(t) + u\;(t) = \\ &G(t)\bar{x}(t-1) + g(t) + G(t)x^*(t-1) \\ &= G(t)(\bar{x}(t-1) + x^*(t-1)) + g(t) \\ &= G(t)x(t-1) + g(t), \qquad t = 1,\ldots,T.\end{aligned}$$

Die zur Ermittlung von $g(t)$, $t = 1,\ldots,T$, notwendigen Bestimmungsgleichungen ergeben sich aus (28) in

Verbindung mit (24) und (33).

Abschließend werden die relevanten Gleichungen zur Bestimmung der optimalen Entscheidungsregel und der Zielvorschrift noch einmal zusammengefaßt:

1. $H(t)$ und $G(t)$, $t = T,\ldots,1$, erhält man rekursiv mit Hilfe von (23), (32) und (27)

2. $h(t)$ und $g(t)$, $t = T,\ldots,1$, erhält man rekursiv mit Hilfe von (24), (33) und (28)

3. die Kovarianzmatrix $\Gamma(t)$, $t = 1,\ldots,T$, erhält man vorwärtsschreitend für ein gegebenes $V(0)$ und $G(t)$, $t = 1,\ldots,T$.

Damit sind die optimalen Parameter der linearen Entscheidungsregel bestimmt. Die Optimalität der Struktur wurde nicht bewiesen, es läßt sich aber zeigen, daß die lineare Struktur für sequentielle, linear quadratische Entscheidungsprozesse auch optimal ist.[1)]

1) Vgl. die Fußnote 1, S. 201.

LITERATURVERZEICHNIS:

Allais, M. — Le Comportement de l'Homme Rationnel devant le Risque. Critique des Postulats et Axiomes de l'Ecole Américaine, in: Econometrica, Vol. 21 (1953), S. 503-546

Arrow, Kenneth J. — Applications of Control Theory to Ecconomic Growth, in: Mathematics of the Decision Sciences. Part 2, Vol. 12, Lectures in Applied Mathematics, hrsg. von George B. Dantzig und Arthur F. Veinott, Jr., Providence 1968, S. 85-119

Athans, Michael — The Diskrete Time Linear-Quadratic-Gaussian Stochastic Control Problem, in: AESM, Vol. 1 (1972), S. 449-491

Athans, Michael, Falb, Peter, L. — Optimal Control. A Introduction to the Theory and Its Applications, New York u.a. 1966

Baetge, Jörg — Betriebswirtschaftliche Systemtheory. Regelungstheoretische Planungs-Überwachungsmodelle für Produktion, Lagerung und Absatz, Opladen 1974

Baetge, Jörg — Systemtheorie, in: HdWW, hrsg. von W. Albers u.a., 9./10. Lieferung, Stuttgart u.a. 1977, S. 510-534.

Baetge, Jörg, Ballwieser, Wolfgang, Bolenz, Gerhard, Hömberg, Reinhold, Wullers, Paul — Feedback Models of Monopolistic Business Policies (Part 1: Price policy approaches) in: Kybernetes, Vol. 6 (1977), S. 15-25

Bamberg, Günter, Coenenberg, Adolf Gerhard — Betriebswirtschaftliche Entscheidungslehre, München 1974

Barges, Alexander — The Effect of Capital Structure on the Cost of Capital. A Test and Evaluation of the Modigliani and Miller Propositions, Englewood Cliffs 1963

Bellman, Richard — Dynamic Programming, Princeton 1957

Bellman, Richard — Dynamische Programmierung und selbstanpassende Regelprozesse, Übersetzung des Buches, Adaptive Control Processes: A Guided Tour, Princeton 1961, von Fred Behringer, München-Wien 1967

Bensoussan, A., Hurst, E. Gerald, Jr., Näslund, B. — Management Applications of Modern Control Theory, Amsterdam-Oxford-New York 1974

Boltjanskij, W.G. — Mathematische Methoden der optimalen Steuerung, München 1972

Borch, Karl H. — Wirtschaftliches Verhalten bei Unsicherheit, Wien-München 1969

Box, George E.P., Jenkins, Gwilym, M. — Time Series Analysis Forecasting and Control, San Francisco 1970

Bryson, Arthur E., Ho, Yu-Chi — Applied Optimal Control, Optimization, Estimation, and Control, Waltham 1969

Buffa, Elwood S., Taubert, William H. — Production-Inventory Systems: Planning and Control, 2. Aufl., Homewood 1972

Carleton, Willard T. — Linear Programming and Capital Budgeting Models: A New Interpretation, in: JoF, Vol. 24 (1969), S. 825-833

Carleton, Willard T. — An Analytical Model für Long-Range Financial Planning, in: JoF, Vol. 25 (1970), S. 291-315

Chow, Gregory C. — Optimal Control of Linear Econometric Systems with Finite Time Horizon, in: IER, Vol. 13 (1972), S. 16-25

Chow, Gregory C. — Analysis and Control of Dynamic Economic Systems, New York u.a. 1975

Chow, Gregory C. — The Control of Nonlinear Econometric Systems with Unknown Parameters, in: Econometrica, Vol. 44 (1976), S. 685-695

Chow, Gregory C, — An Approach to the Feedback Control of Nonlinear Econometric Systems, in: AESM, Vol. 5 (1976), S. 297-309

Dorfman, Robert — An Economic Interpretation of Optimal Control Theory, in: AER, Vol. 59 (1969), S. 817-831

Drukarczyk, Jochen — Probleme individueller Entscheidungsrechnung, Wiesbaden 1975

Fama, Eugene F., Mac Beth, James D. — Risk Return and Equlibrium: Empirical Tests, in: JoPE, Vol. 81 (1973), S. 607-636

Fama, Eugene F., Miller, Merton H. — The Theory of Finance, New York u.a. 1972

Fischer, Thomas — Einige Grundlagen zur Experimentellen Indifikation ökonomischer Systeme, in: Wirtschaftskybernetik und Systemanalyse, Band 3. Systemtheorie und sozio-ökonomische Anwendung. Beiträge zur Tagung der Gesellschaft für Wirtschafts- und Sozialkybernetik 1975, hrsg. von Jörg Baetge, Berlin 1976, S. 285-320

Fisher, Irving — The Theory of Interest, New York 1930, Reprint Augustus M. Kelley 1965

Fränkel, Hainer — Diskrete optimale Steuerungsprobleme und konvexe Optimierung, Berlin-New York 1971

Franke, Günter — Verschuldungs- und Ausschüttungspolitik im Lichte der Portfeuille-Theorie, Köln-Berlin-Bonn-München 1971

Franke, Günter — Conflict and Compatibility of Wealth and Welfare Maximization, in: European Finance Association. 1974 Proceedings, hrsg. von Bertrand Jacquillat, Amsterdam-Oxford-New York 1975, S. 223-246

Gordon, Myron J. — The Investment, Financing and Valuation of the Coporation, Homewood 1962

Grochla, Erwin — Unternehmensorganisation. Neue Ansätze und Konzeptionen, Reinbek bei Hamburg 1972

Haley, Charles W., Schall, Lawrence D. — The Theory of Financial Decisions, New York u.a. 1973

Hax, Herbert — Koordination von Entscheidungen, Köln-Berlin-Bonn-München 1965

Hax, Herbert — Investitionstheorie, Würzburg-Wien 1970

Hax, Herbert — Entscheidungsmodelle in der Unternehmung / Einführung in Operations Research, Hamburg 1974

Hax, Herbert, Laux, Helmut — Investitionstheorie, in: Beiträge zur Unternehmensforschung. Gegenwärtiger Stand und Entwicklungstendenzen, hrsg. von G. Menges, Würzburg-Wien 1969, S. 227-284

Horne, van, James C. — Function and Analysis of Capital Market Rates, Englewood Cliffs 1970

Kalman, R.E. — A New Approach to Linear Filtering and Prediction Problems, in: Journal of Basic Engineering Transactions ASME, Vol. 82 D (1960), S. 33-45

Kuhn, H.W., Tucker, A.W., — Nonlinear Programming, in: Proceedings of the Second Berkeley Symposium on Mathematical Statistic and Probability, hrsg. von J. Neyman, Berkeley-Los Angelos 1951, S. 481-492

Koopmans, Tjalling C. — Stationary Ordinal Utility and Impatience, in: Econometrica, Vol. 8 (1960), S. 287-309

Laux, Helmut — Kapitalkosten und Ertragsteuern, Köln-Berlin-Bonn-München 1969

Laux, Helmut — Flexible Investitionsplanung. Einführung in die Theorie der sequentiellen Entscheidungen bei Unsicherheiten, Opladen 1969

Laux, Helmut — Expected Utility Maximization and Capital Budgeting Subgoals, in: Unternehmensforschung Jg. 15 (1971), S. 130-146; wieder abgedruckt in einer deutschen Übersetzung, Nutzenmaximierung und finanzwirtschaftliche Unterziele, in: Die Finanzierung der Unternehmung, hrsg. von Herbert Hax und Helmut Laux, Köln 1975, S. 65-84

Laux, Helmut — Marktwertmaximierung, Kapitalkostenkonzept und Nutzenmaximierung, in: ZgesStw, Bd. 131 (1975), S. 113-133

Lee, E.P., Markus, L. — Foundations of Optimal Control Theory, New York u.a. 1967

Lerner, Eugene M., Carleton, Willard T. — Financing Decisions of the Firm, in: JoF, Vol. 21 (1966), S. 202-214

Lesourne, Jacques — The Optimal Growth of the Firm in a Growing Environment, in: JoET, Vol. 13 (1976), S. 118-137

Levy, Robert A. — On The Short Stationary of Beta Coefficients, in: FAJ, Vol. 27, November-December 1971, S. 55-62

Lintner, John — The Cost of Capital and Optimal Financing of Corporate Growth, in: JoF, Vol. 18 (1963), S. 292-310

Lintner, John — Optimal Dividends and Corporate Growth under Uncertainty, in: QJoE, Vol. 78 (1964), S. 49-95

Lintner, John — Dividends, Earnings, Leverage Stock Prices, and the Supply of Capital to Corporations, in: RoESt, Vol. 44 (1962), S. 243-269

Lintner, John — The Valuation of Risk Assets and the Selection of Risky Investments in Stock Portfolios and Capital Budgets, in: RoESt, Vol. 47 (1965), S. 13-37

Long, J. — Wealth, Welfare, and the Price of Risk, in: JoF, Vol. 27 (1972), S. 419-433

Luce, Duncan R., Raiffa, Howard — Games and Decisions, New York-London-Sydney 1957

Malkiel, Burton — The Term Structur of Interest Rates. Expectations and Behavior Patterns, Princeton 1966

Markowitz, Harry M. — Portfolio Selection, New York 1959

Menges, Günter — Grundmodelle wirtschaftlicher Entscheidungen. Einführung in moderne Entscheidungstheorien unter besonderer Berücksichtigung volks- und betriebswirtschaftlicher Anwendung, Köln und Opladen 1969

Modigliani, Franco, Miller, Merton H. — The Cost of Capital Corporation Finance and the Theory of Investment, in: AER, Vol. 48 (1958), S. 261-297

Modigliani, Franco, Miller, Merton H. — Coporate Income Taxes and the Cost of Capital: A Correction, in: AER, Vol. 53 (1963), S. 433-443

Nemhauser, George L. — Einführung in die Praxis der dynamischen Programmierung, Übersetzung des Buches, Introduction to Dynamic Programming, New York-London-Sidney 1966, von Franz X. Scharinger unter Mitarbeit von Dieter Pfaffenzeller, München-Wien 1969

Nerlove, M. — Lags in Economic Behavior, in: Econometrica, Vol. 40 (1972), S. 221-252

Peters, Lutz — Simultane Produktions-Investitionsplanung mit Hilfe der Portfolio Selection. Diversifikation des Produktionsprogramms industrieller Unternehmungen als Mittel zur Streuung des Risikos im Investitionsprogramm, Berlin 1971

Pindyck, Robert S. — Optimal Planning for Economic Stabilization. The Application of Control-Theory to Stabilization Policy, Amsterdam-London 1973

Pontrjagin, L.S., Boltjanskij, V.G., Gamkrelidze, R.V., Misčenko, E.F. — Mathematische Theorie der optimalen Prozesse, aus dem Russischen übersetzt von W. Hahn und R. Herschel, München-Wien 1964

Porterfield, James T.S., — Investment Decisions and Capital Costs, Englewood Cliffs 1965

Raiffa, Howard — Decisions Analysis. Introductory Lectures on Choices under Uncertainty, Menlo Park-London-Don Mills 1968

Ramsay, Frank Plumpton — A Mathematical Theory of Saving, in: The Economic Journal 1928, Vol. 38, S. 543-549

Richter, Hans — Wahrscheinlichkeitstheorie, 2. Aufl., Berlin-Heidelberg-New York 1966

Roberts, Blaine, Schulze, David L. — Modern Mathematics and Economic Analysis, New York 1973

Robichek, Alexander A., Myers, Stewart C. — Optimal Financing Decisions, Englewood Cliffs 1965

Saelzle, Rainer — Investitionsentscheidungen und Kapitalmarttheorie, Wiesbaden 1976

Saelzle, Rainer — Kapitalmarktreaktionen bei Investitionsentscheidungen, in: Die Unternehmung. Schweizerische Zeitschrift für Betriebswirtschaftslehre, 30. Jg. (1976), S. 319-331

Schlaifer, Robert — Probability and Statistics for Business Decisions, New York-Toronto-London 1959

Schmidt, Reinhard H. — Empirische Kapitalmarktforschung und Anlageentscheidung, in: ZgesStw, 132. Bd. (1976), S. 649-678

Schneeweiß, Hans — Entscheidungskriterien bei Risiko, Berlin-Heidelberg-New York 1967

Schneeweiß, Hans — Ökonometrie, 2. Aufl., Würzburg-Wien 1974

Schneeweiß, Christoph — Dynamisches Programmieren, Würzburg-Wien 1974

Schneider, Dieter — Investition und Finanzierung, Lehrbuch der Investitions-, Finanzierungs- und Ungewißheitstheorie, Köln und Opladen 1970

Seelbach, H. — Planungsmodelle in der Investitionsrechnung, Würzburg-Wien 1967

Senchack, Andrew — The Firm's Optimal Financial Policies: Solution Equilibrium, and Stability, in: JFQA, Vol. 10 (1975), S. 543-555

Sharpe, William F. — Capital Asset Prices: A Theory of Market Equilibrium under Conditions of Risk, in: JoF, Vol. 19 (1964), S. 425-442

Sharpe, William F. — Portfolio Theory and Capital Markets, New York u.a. 1970

Simon, H.A. — Dynamic Programming under Uncertainty with a Quadratic Criterion Function, in: Econometrica, Vol. 24 (1956), S. 74-81

Solomon, Ezra — The Theory of Financial Management, New York 1963

Solomon, Ezra — Leverage and the Cost of Capital, in: JoF, Vol. 18 (1963), S. 273-279

Stöppler, Siegmar — Dynamische Produktionstheorie, Opladen 1975

Swoboda, Peter — Finanzierungstheorie, Würzburg-Wien 1973

Taylor, Lance — The Existence of Optimal Distributed Lags, in: RES, Vol. 37 (1970), S. 95-106

Theil, Henri — A Note on Certainty Equivalence in Dynamic Planning, in: Econometrica, Vol. 25 (1957), S. 346-349

Theil, Henri — Optimal Decision Rules for Government and Industry, 2. Aufl., Amsterdam-Chicago 1968

Tou, Julius T. — Modern Control Theory, New York u.a. 1964

Weston, Fred — A Test of Cost of Capital Proposition, in: SEJ, Vol. 30 (1963), S. 105-112

Whitmore, G.A. — Market Demand Curve for Common Stock and the Maximization of Market Value, in: JFQA, Vol. 5 (1970), S. 105-114

Wilde, Douglas J., Beightler, Charles S. — Foundations of Optimization, Cliffs 1967

Wippern, Ronald F. — Financial Structure and the Value of the Firm, in: JoF, Vol. 21 (1966), S. 615-633, wiederabgedruckt und ins Deutsche übersetzt, Finanzstruktur und Wert der Unternehmung, in: Die Finanzierung der Unternehmung, hrsg. von Herbert Hax und Helmut Laux, Köln 1975, S. 173-199

Zadeh, Lofti A., Desoer, Charles A. — Linear Systems Theory. The State Space Approach, New York-San Francisco-Toronto-London 1963

Stichwörterverzeichnis